地方創生 20の提言

考える時代から実行する時代へ

Yoshitsugu Hayashi　*Yoshio Nakamura*

林　宜嗣　中村欣央
（日本政策投資銀行）

関西学院大学出版会

地方創生 20 の提言

考える時代から実行する時代へ

は　し　が　き

　人間の肉体面・身体面の成長は 20 歳くらいで止まるが、精神面の成長はその後も続く。それは「成熟度が増す」と言い換えることもできる。地域も同様である。出生率が低下し、人口減少時代に突入した日本において、本来なら、地域も成熟化し、住み良い「地方の時代」を迎えるはずであった。しかし、人間に比べて地域の肉体的衰えのスピードは予想以上に速かった。とくに、少子化に加えて人口の転出が進む地方は急速に衰退しており、なかには「消滅」の可能性が出てきたところもあるほどだ。いまや、地方が直面する窮状は、大都市に比べて貧しいという「相対的」なものではなく、生活に最低限必要な要素の喪失と持続可能性の危機という意味で、「絶対的」なものとして認識しなければならなくなっている。

　もちろん、国や自治体が地方の衰退に対して手をこまねいているわけではない。しかし、現在のところ地方の衰退に歯止めがかかる可能性は小さい。過去においても、地方の衰退が政策の論点となるたびに、民間経済力の弱い地方に対して国は公共事業や地方交付税等の財政資金を投入し、経済と財政を支えてきた。国がこうした地域間再分配政策を続けてきた背景には、地方の問題を「地域間格差」という相対的なものとしてとらえ、格差是正に力を注いできたことがある。しかし、再分配政策は地方の根本的な体力強化にはつながらなかった。

　地方を取り巻く厳しい社会経済環境のなかで、「地方の再生を図り、持続的発展を可能とする政策は何か？」を検討することはわが国における最大かつ喫緊の課題の 1 つである。これは単に地方のみの課題ではなく、すでに成熟化し、超高齢社会に入ろうとしている日本全体の持続可能性にもかかわるものである。また、首都である東京を日本経済の推進力としようとしても、東京以外の地域が衰退したのでは日本経済は維持できない。

　人間が肉体的な衰えを遅らせようと努力しているのと同じように、地方も人口を逃さない努力が必要だ。しかしその努力の仕方はこれまでとは明

らかに異なっている。それは、強みや弱み、チャンスや脅威といった、地域が置かれている状況を十分に把握したうえで、住民、企業、自治体その他の関係者が共有できる地域ビジョンを作成し、将来のあるべき姿を見据えて、費用対効果の大きい戦略を策定し実行するものでなければならない。

とくに、人や企業といった民間経済主体は市場メカニズムに基づいて活動していることを認識し、活力ある地域市場を育てるとともに、市場を望ましい方向に誘導することにエネルギーを注ぐべきである。そのためにも、住民、企業、自治体、国等が一体となって地域づくりに取り組まなければならない。過去の政策や組織・制度を廃止し、成熟期にふさわしい地域づくりを効果的に進めるための環境整備を行うことは必要であるが、地方自らが知恵を出し、地方創生に向けて行動することが何よりも重要である。ところが、「地域のあるべき姿は理解できた。しかし、そこにたどり着くには、どうすれば良いのかわからない」という声を自治体関係者から聞くことが多いのも事実である。

本書はこうした現状を踏まえ、地方創生を実現するために必要な条件と、それに基づいた戦略の策定と実行のあり方を 20 の提言にまとめたものである。政策目標をどのように設定し、それをいかに実行に移していくか、これからの地方創生に不可欠な公民連携や自治体連携を成功させるためにはどのような条件が満たされるべきかなど、地方創生の戦略と、それを実行するためのマネジメント改革を提言していることが本書の第 1 の特徴である。地域にはそれぞれの事情があるため、個別自治体に的を絞った処方箋を示すことは本書の意図するところではない。事例研究は重要ではあるが、それを一般化できなければ地方創生を日本全体に行き渡らせることはできないからである。

本書の第 2 の特徴は、林が研究顧問を務め、地域活性化をともに考えてきた株式会社日本政策投資銀行のスタッフとのコラボレーションによって本書ができあがっていることである。つまり、本書には日本政策投資銀行が地域の実態を調査・分析してきた成果が活かされている。

本書は全体で20の提言と、提言に関係する5つの付録とで構成されている。提言1は人口減少によって地方が抱える問題の本質を明らかにし、地

方創生のヒントを総論的に提示している。提言2から4はとくに経済面、生活面の課題に焦点を当て、地域政策の方向性を示している。提言5から8では、製造業や観光産業の事例を中心に地域経済の問題点と産業政策のあり方について提言している。そこでは単なる成功事例の紹介ではなく、事例を一般化することによって今後の地域産業政策への活用可能性に配慮する。

　地方創生を実現するためには、経済の活性化によって地域資源を拡大することとともに、地方創生において重要な役割を果たす自治体が、創生に必要な財源を捻出するためにも「最小の経費で最大の効果」をあげる行財政運営をめざさなければならない。提言9から13はそのための処方箋を提示している。

　提言14から17は、地方創生にとってきわめて重要な戦略である広域連携と公民連携を成功に導くための条件と取り組み方を示している。提言18は都市再生で成功を収めている米国・ダーラムを取り上げ、成功の秘訣を紹介する。

　地方創生が実現できるかどうかは地元自治体の取り組みにかかっているが、同時に、現在の東京一極集中という激流を弱めるための政策も不可欠である。そうでなければ、地方の努力は激流に流されてしまう可能性が大きいからである。提言19と20は、地方創生のための環境整備として、東京一極集中を継続させている非市場的原因を取り除くとともに、地方分権改革が重要であることを提言している。

　本書は、衰退する地方を何とか再生できないかという思いで書かれたものであるが、自治体関係者、そして地域住民の奮起への期待が盛り込まれている。厳しさを増す地域の実情に焦りを覚えながら、思うように筆が運ばなかったが、本書がようやく完成したのは、地域問題について考え貴重な意見をお聞きする機会を与えてくださった、政府、自治体、シンクタンクをはじめとした多くの方々のおかげである。

　最後に、本書の出版を実現してくださった関西学院大学に感謝したい。本書が首都圏との力比べで劣勢を強いられている地域の活性化に役立ち、地元に残る若者が増えることを願っている。出版に際してお世話下さった

関西学院大学出版会の田中直哉氏、浅香雅代氏には心から御礼を申し上げる次第である。

2017 年 11 月

林　宜嗣

目　次

はしがき　　3

提言 *1*　**負の連鎖を断ち切れ** ･･････････････････････････････ *13*
　　　　　地方創生は現下の問題解決と構造改革の複線で

　✤人口減少は若者の転出が原因　　14
　✤地方で起こっている負の連鎖　　17
　✤負の連鎖 1 ── 地域産業の停滞　　17
　✤負の連鎖 2 ── ユニバーサル・サービスの喪失　　21
　✤負の連鎖 3 ── 財政力の低下と行政水準　　23
　✤東京では「逆 S 字型」で高齢化が進む　　27
　✤東京集中のメカニズムを理解する　　28

提言 *2*　**経済と生活は地方創生の両輪** ･･････････････････ *33*
　　　　　地域力ランキング

　✤地域力は何によって決まるか　　34
　✤地域力のランキング　　36
　✤世代によって異なる人口移動の動機　　39

提言 *3*　**貧困問題には地域政策的視点で対応すべき** ･･･････ *43*
　✤増え続ける貧困層　　44
　✤貧困は地域の問題　　45
　✤貧困対策は地域政策で ── 生活保護率の決定要因を踏まえて　　47

提言 *4*　**域外から稼げる産業の育成を** ･･････････････････ *51*
　✤公共投資への依存は危険　　52
　✤財政依存経済からの脱却　　54
　✤域外から稼げる産業の育成　　56
　✤ショッピングセンターの誘致 ── 地域活性化策としての限界　　57
　✤地域産業創生の視点 ── 中長期的な持続可能性と導入のしやすさ　　59

提言 *5*　**地方創生の鍵** ･･････････････････････････････････ *63*
　　　　　地域資源を活用する知恵と努力

　✤都市住民との交流に工夫を凝らす群馬県川場村　　64

✤離島でも地域資源の活用によって活性化する東京都御蔵島村・利島村　64
✤地元公設試験場と連携し、地場産業（漁業）を活性化させた北海道猿払村　65
✤大企業の中核機能が立地する長野県箕輪地域　68
✤立地企業へのフォローアップを大切にした岩手県北上市　69
✤ものづくりの人材育成により、地域の持続的発展を目指す新潟県燕市　70

提言 **6**　観光振興は可能なのか　‥‥‥‥‥‥‥‥‥‥‥‥‥‥　**73**
　　　　市場動向と地域ポテンシャルの見極めが不可欠

✤やはりインバウンドに期待するしかない（観光産業と需要動向）　74
✤地域産業としての観光産業の可能性　77
✤観光産業のポテンシャルを見極めるべき　79
✤観光地域振興のための体制　83

　提言 **6** 付録　各地の観光地から観光振興のヒントがみえる　‥‥‥‥**87**
✤北海道は日本観光の縮図 ──見えてくる観光振興のヒント　87
✤スキーリゾートにみる観光による地域活性化のヒント　92
✤白馬村はなぜ人口を維持できているのか　95

提言 **7**　農業と自然が売りでは限界‥‥‥‥‥‥‥‥‥‥‥‥‥‥‥　**99**
　　　　農村振興はコミュニティ・キャピタル・アプローチで

✤農業と自然に頼った農村地域の活性化の限界　100
✤農村への移住者を増やす条件　101
✤スコットランドの農村発展戦略に学ぶ　102
✤コミュニティ・キャピタル・アプローチ　105
✤コミュニティの持続可能な発展を成功させるには　108
✤住民参加のあるべき姿　109

提言 **8**　地方なればこその「地方経済開発戦略」
　　　　の策定と実行‥‥‥‥‥‥‥‥‥‥‥‥‥‥‥‥‥‥‥‥‥‥　**111**
✤「地方版総合戦略」の意義と限界　112
✤「地方経済開発」とは？　113
✤地方経済開発戦略をどうやって作るか　114
✤地方経済開発戦略を成功させる5つの原則　120

提言 **9**　自治体経営のあり方‥‥‥‥‥‥‥‥‥‥‥‥‥‥‥‥‥‥　**123**
　　　　管理者主義から企業家主義への転換が不可欠

✤地域政策の転換 ──「管理者主義」から「企業家主義」へ　124
✤地域ブランド戦略において重視すべきこと　127
✤地域経営には「組織活用型」リーダーシップが必要　128

提言 10　財政収支バランスの先をめざせ ･････････････････ **131**
　　　　　　最小の経費で最大の効果の実現

❖財政収支バランスの改善は過去のツケの返済にすぎない　132
❖地方公務員数の削減は進んでいるが　132
❖行政効率には大きな自治体間格差が存在する　134
❖ニュー・パブリック・マネジメントの考え方　136
　　　　──自治体の宿命を乗り越える
❖「最小の経費で最大の効果」の意味　138
❖自治体経営を企業経営に近づけるために　139
　　　　──費用と便益のとらえ方改革
❖自治体は生産主体であるべき　141

提言 11　外部委託の積極的な活用と新しい発想 ････････････ **145**

❖外部委託はサービスによって進み具合が異なる　146
❖図書館は民間委託にふさわしくないのか　149
❖外部委託に新しい発想を　151

提言 12　待ったなしの地方議会改革 ････････････････････ **155**
　　　　　　マネジメント改革の視点こそ重要

❖強まる地方議会への風当たり　156
❖首長優位の実態　158
❖議会の機能強化はなぜ必要なのか　160

提言 13　政策効果の最大化を実現するためになすべきこと ･･･ **165**

❖政策における総合性の確保　166
❖政策目標はアウトカムベースで　169
❖SMART ターゲットの活用　172
❖的確な戦略を実行するために　174
❖マネジメントサイクルの活用　176

　　提言 13 付録　ROAMEF サイクルの適用 ･･･････････････ **178**
　　　　　　　　イギリスの政策形成に学ぶ

提言 14　広域連携は地方創生の必須戦略 ･････････････････ **183**

❖国は広域連携をどうとらえているか　184
　　　　──地方制度調査会の答申にみる
❖地方創生になぜ広域連携が必要なのか　185
❖大都市と周辺都市は運命共同体　188
❖ある連携中枢都市圏の場合　190

✤新時代の広域連携 ——技術的連携から政治的連携へ　194

提言 *15*　広域連携を成功させるために ……………………… *201*

✤連携は他のパートナーの犠牲のうえに成立するものではない　202
✤競争相手の競争相手は友達という発想　204
✤協働型連携のガバナンス・モデル　207

提言 *15* 付録 1　ライバル同士の連携をめざせ ……………… *212*
連携を成功させたグラスゴーとエジンバラ

✤グラスゴーとエジンバラ—なぜコラボレーションなのか？　212
✤いかにして連携を進めたか？ ——成果と障害そして教訓　215

提言 *15* 付録 2　イギリスは国をあげて広域連携を進めた…… *218*

✤ City-Region 政策の推進　218
✤広域連携推進のための新たな制度　219

提言 *16*　インフラ整備は公民連携で……………………… *223*

✤インフラ整備と PPP　224
✤ PPP のメリット　226
✤ PPP は民間企業や地域経済の活性化にもつながる　230
✤ PPP は財政が厳しい自治体にとって救世主なのか？　232
✤「最初に PPP ありき」ではない　234

提言 *17*　公民連携を成功させるために必要なこと ………… *237*

✤プロジェクトが市場のテストを合格しなければならない　238
✤リスクの最適配分の考え方　241
✤リスクとリターンのトレードオフにうまく対応すべき　242
✤ PPP の成否はパートナーシップの強さにかかっている　244
✤ PPP を成功させるためには強い政治的支持が不可欠　245

提言 *17* 付録　地域・都市開発型 PPP の 10 原則 ………… *249*

✤地域・都市開発型プロジェクトへの PPP 活用の意義　249
✤地域・都市開発型 PPP を成功させる 10 原則　250

提言 *18*　米国・ダーラムの発展に学ぶ ………………… *255*
マスター・プランはどうあるべきか

✤米国ノースキャロライナ州ダーラムの経済発展戦略　256
　　——力強く多様な地域経済
✤地域経済発展に取り組む 3 つの原則と戦略　258
✤ダウンタウンの開発と公民連携　263

❖ダウンタウン・マスタープランの見直し　265

提言 **19**　東京一極集中を抑える勇気が必要 ⋯⋯⋯⋯⋯⋯ **269**

❖ナンバーワン都市への集中は先進国では異例　270
❖東京一極集中の落とし穴　271
❖情報化社会の進展と東京一極集中　277
❖首都であることも一極集中の大きな要因　279
❖都市政策におけるヨーロッパのトレンド　283
　　──第二階層都市の成長促進

提言 **20**　地方分権改革は地方創生の環境づくり ⋯⋯⋯⋯ **285**

❖新たな地域政策パラダイム　286
❖地方分権は地方創生の環境整備　287

執筆担当

- 提言に1から4および提言7から提言20は林が執筆。ただし、提言1および4については日本政策投資銀行からの材料提供を得て作成した。
- 提言5、6および提言6の付録は、日本政策投資銀行・経営企画部審議役の中村欣央が担当した。

COLUMN1 :	特化係数　19	
COLUMN2 :	地方公共団体の財政の健全化に関する法律　22	
COLUMN3 :	財政力指数　25	
COLUMN4 :	主成分分析　34	
COLUMN5 :	回帰分析　39	
COLUMN6 :	地方交付税と国庫支出金　56	
	製造業の振興　67	
COLUMN7 :	スコットランドの政策を支える地方分権改革　103	
COLUMN8 :	クリティカルマス　105	
COLUMN9 :	まち・ひと・しごと創生法　112	
COLUMN10 :	ファシリテーション型リーダーシップ　129	
COLUMN11 :	DEA　134	
COLUMN12 :	二元代表制　143	
COLUMN13 :	総合計画　167	
COLUMN14 :	ビジネス・ケース　181	
COLUMN15 :	連携中枢都市圏　185	
COLUMN16 :	連携先進都市グレーター・マンチェスター（Greater Manchester）　221	
COLUMN17 :	コンセッション方式　226	
COLUMN18 :	VFM　230	

負の連鎖を断ち切れ

地方創生は現下の問題解決と構造改革の複線で

少子化により日本は人口減少時代に入った。だが、地方では人口の転出に歯止めがかからず、コミュニティどころか自治体それ自体の存続が危ぶまれるところも出てきた。こうした実態は「地域間格差は拡大した」という考えに直結するが、地方の問題を「格差問題」としてとらえてしまうと、「東京で生まれた経済的成果を地方に再分配する」という政策に頼り、根本的な解決策が先送りされてしまう可能性がある。とくにバブル崩壊後、日本経済が停滞するなかで東京経済への期待が大きい日本では、とりあえず東京にがんばってもらわないと、という気持ちになりがちだ。しかし、格差是正のために事後的に地域間再分配を行うという政策がいかにもろいものであったかは歴史が教えている。地方創生への取り組みは、地方が直面する現下の問題に対処する（短期）ことはもちろん必要だが、同時に地方の自立を実現するために、地方創生の考え方から戦略の実行面までを網羅した新たな構造改革を進める（中長期）という複線型でなければならない。

❖人口減少は若者の転出が原因

　地域や国を支える主体は「ヒト」である。出生率の低下によってわが国はすでに人口減少時代に突入したが、地方は少子化による人口の自然減（死亡が出生よりも多い）に加えて、東京一極集中による社会減（転出が転入よりも多い）という二重の人口減少要因を抱えており、問題はさらに深刻だ。

　表1-1は、2010年の人口に対して35年の人口がどれほどになるかを指数（2010年を100）で示したものである。期間中、日本全体では87.6（12.4％の減少）になることが予測されているが、秋田県は70.3にまで減少する。そのほかにも、青森県が73.5、高知県が75.4、岩手県が75.6と、20％以上の人口減少が予測される地域は地方圏を中心に13県にのぼっている。一方、東京都は96.2、神奈川県は95.1、愛知県は95.1と、人口はほぼ横ばいだ。

　表中には、人口の転出、転入が起こらないと想定した場合の人口（閉鎖人口）をあわせて示した。閉鎖人口に影響するのは、住民の出生率と年齢構成である。2035年の人口減少率の差は依然として残るが、それでも地方圏の人口減少の幅は小さくなる。出生率を引き上げることが日本全体の課題となっているが、地方圏にとっての最大の課題は少子化を食い止めることではなく、社会減をどうやって抑えるかなのである。

　総人口の減少は地域経済にとって打撃である。しかし、地方の持続可能性を左右するのは働き手となる人口の動向だ。全国でも少子化の影響で20歳から64歳人口は2035年には78.1にまで減少するが、秋田県は59.6と同期間中に40.4％も減少するなど、30％を超えて減少するところは11道県にのぼる。

　人口移動をもう少し詳しく見てみると、地方圏から大都市圏への人口移動は10代終わりから20代前半という若年層を中心に起こっていることが分かる（図1-1）。とくに、18歳に移動が多いのは大学進学と就職、22歳は就職を契機とした移動である。こうした若年層の転出は地方における出生数の減少に直結し、消滅の可能性を高めることになる。

　若者の転出は中小都市や町村部に限ったことではない。地方制度上、大都市として扱われる政令指定都市である静岡市の推計人口が70万人を

表 1-1 2035 年の人口予測（2010 年を 100 とした指数）

地方圏では人口の転出によって、とくに生産年齢人口が大きく減少する。

	総人口	閉鎖人口	20-64 歳		総人口	閉鎖人口	20-64 歳		総人口	閉鎖人口	20-64 歳
北海道	81.0	83.3	69.0	石川	87.1	88.0	78.4	岡山	86.5	87.4	80.3
青森	73.5	80.5	62.9	福井	82.8	87.5	73.8	広島	87.3	88.4	78.2
岩手	75.6	81.6	66.9	山梨	81.6	85.7	72.0	山口	78.5	82.1	71.1
宮城	87.8	87.9	77.4	長野	81.8	86.1	73.9	徳島	77.7	81.6	67.9
秋田	70.3	76.8	59.6	岐阜	83.9	87.4	75.9	香川	82.1	85.0	73.2
山形	76.4	82.4	67.6	静岡	84.8	87.8	74.7	愛媛	79.7	83.4	70.9
福島	78.2	85.1	68.0	愛知	95.1	92.7	86.5	高知	75.4	80.2	66.9
茨城	85.7	87.4	75.6	三重	85.2	86.9	77.5	福岡	89.9	89.6	79.5
栃木	85.9	87.7	74.8	滋賀	95.4	93.8	86.6	佐賀	84.0	88.5	75.5
群馬	85.2	87.0	76.1	京都	88.2	87.4	79.0	長崎	78.3	85.1	68.0
埼玉	91.2	89.6	80.8	大阪	87.9	87.6	79.1	熊本	84.6	87.6	75.4
千葉	90.0	88.5	78.2	兵庫	87.5	87.7	78.4	大分	83.9	85.2	75.9
東京	96.2	87.8	86.7	奈良	82.9	86.2	73.0	宮崎	83.4	87.2	73.6
神奈川	95.1	90.6	83.8	和歌山	76.8	81.3	69.0	鹿児島	81.2	85.8	71.8
新潟	80.1	83.8	71.1	鳥取	79.5	84.9	70.4	沖縄	99.9	102.5	89.9
富山	81.6	84.1	73.3	島根	77.3	82.5	69.6	全国	87.6	87.6	78.1

資料）国立社会保障・人口問題研究所（2013 年 5 月推計）

切った（2017 年 4 月 1 日現在、69 万 9421 人。政令指定都市の人口要件は 100 万人だが、市町村合併を支援するために 70 万人に緩和されていた)。静岡市の人口減少の主な要因は進学や就職を目的とした若者の首都圏への転出だ。そこで静岡市は県外の大学に進学した学生に新幹線の定期代を補助するなど、人口減少対策を進めているが、その効果はいまのところ不明である。おそらく「やらないよりはまし」程度の効果しかないと考えられる。ただ、効果がないなら、静岡市への財政負担にはならないのであるから、政策の費用対効果という点では問題はないともいえるのだが。

　地方圏から大都市圏への若者の移動は、バブル崩壊後の一時期等を除けばほぼ一貫して続いている。しかし、状況は大きく変化した。高度経済成長期の人口移動は、農業の生産性が向上したために地方では人手が余り、

図1-1　地方圏から大都市圏への年齢別純転出人口 (2013)

地方の人口減少はとくに若年層において顕著である。

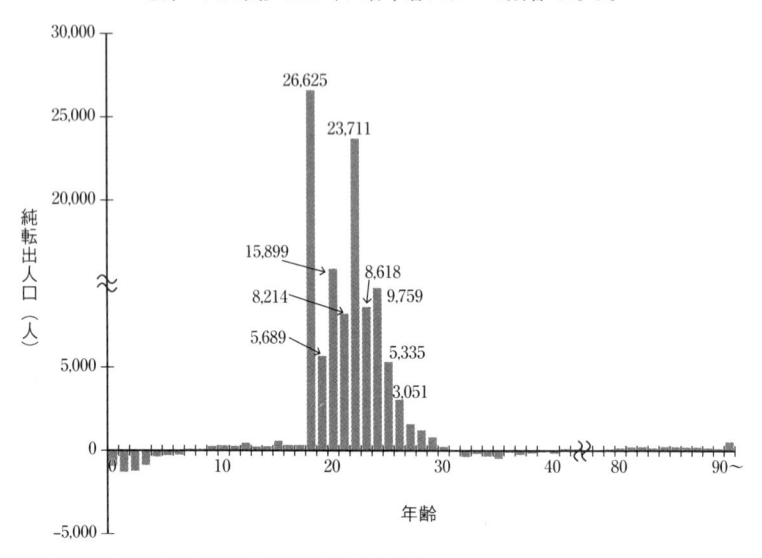

資料）総務省「住民基本台帳人口移動報告」より作成。

　大都市では急速な産業発展によって人手不足に陥っていたなかで生じたものであった。当時の人口移動は、大都市と地方の双方にとってメリットがあったのである。しかし、現在の人口移動は、地方経済の運営にとって不可欠な担い手の移動であり、地方にとって大きな打撃となる。

　地方の大学を出ても地元に就職先がない。大都市で働くほうが給料は高いし、キャリアの面でも有利となれば、若者が大都市圏の大学に進学し、そのまま大都市で就職するのは当然といえる。こうした実態を目の当たりにすると、東京での大学の新増設を抑制してはという考えが浮上しやすい。過去、実際にこの政策が採用されたことがあった。「工場等制限法」（正式には、「首都圏の既成市街地における工業等の制限に関する法律」（1959 年制定）と、「近畿圏の既成都市区域における工場等の制限に関する法律」（1964 年制定））によって大学の新設・増設が制限されたのである。その結果、東京や関西ではキャンパスの郊外への移転や拡充が進んだ。しかし、2002 年にこの法律が廃止されると、再び大学の都心回帰がおこっ

ている。つまり、大学の立地規制という政策は一時的には効果をあげたものの、構造的な改革をともなわなかったことから問題の根本解決にはつながらなかったのである。

　地方の大学にとって学生の確保は大きな課題だ。しかし、大学の努力だけで若者の転出を食い止めることはできない。全国の大学は決して同じスタートラインに立って競争しているわけではなく、地域という環境とセットで競争しているのである。地方大学の魅力を高めることはもちろん重要だが、同時に、就職をはじめとして、若者が生活するうえで不可欠な環境整備との連動がなければ若者の地方定着は実現しない。

❖ 地方で起こっている負の連鎖

　地域はさまざまな社会経済活動を行うための「器」である。人や企業といった民間経済主体の活動は市場メカニズムによって営まれており、民間経済を取り巻く環境は大きく、しかも急速に変化するのに対して、器を変えるための政策は、既得権益、慣習、大きな変化に対する抵抗等によって阻まれたり、遅れたりしがちだ。そのため、器と民間活動との間にミスマッチが起こることはむしろ普通である。

　器としての魅力がなくなると、より魅力ある器を求めて人や企業は離れていく。人も企業も出身地に縛られない現代社会においては、交通・通信手段の発達はより魅力のある地域への移動を促進する。工場をはじめとした事業所の海外移転や東京一極集中はこの現象が現実となったものである。地方では人口減少が人や企業の活動環境を悪化させ、その結果、人口がさらに転出するという「負の連鎖」が現実に起こっている（図1-2）。地方創生はこの負の連鎖によって生じている現下の問題に対処しながら、同時に負の連鎖を根元から断ち切るための構造改革を進めるという、短期・中期・長期の取り組みでなければならない。

❖ 負の連鎖1──地域産業の停滞

　負の連鎖は重層的に生じているが、その第1は就業の場の喪失にともなう負の連鎖である。働く場の喪失は若者にとって最大のダメージである。

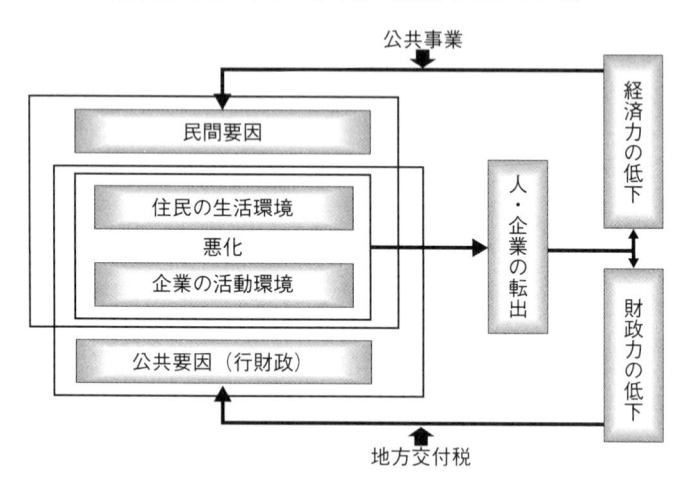

図1-2　地方で起こっている「負の連鎖」

住民の生活環境や企業の活動環境の悪化は人口や企業のさらなる
転出を引き起こすという「負の連鎖」が生じている。

若者の減少は地域の市場規模を縮小し、収益が悪化した企業は撤退を余儀なくされる。こうした需要面での影響だけでなく、人材の流出は企業活動を供給面から圧迫し、経済を衰退させ、労働需要を減少させるという負の連鎖が発生するのである。

　もちろん、地方における雇用創出や人口定着のための対策は、これまでも進められてきた。工業団地を作り、工場を誘致したこともその1つである。工場誘致は一定の成果を上げたかにみえたが、地方に立地した労働集約的な工場は輸出競争力が低下し、量産品は市場に近い場所で製造するということもあって製造拠点の海外シフトが進んだ。

　グローバル化時代にあっても成長可能な産業を育てることが、先進国である日本の地方が生き残るために不可欠だが、地方の産業はどのような特徴をもっているのだろうか。表1-2は各地方の産業構造の特徴を特化係数によって表したものである（Column1）。ここでは産業別就業者数を用いて計算した（2012年10月1日現在）。

📖 COLUMN 1：特化係数

地域の産業構造の特徴を知るための係数。産業分野別構成比の全国平均を 1 としたときの、各地域の構成比の比率である。たとえば、全国での製造業就業者数の全産業に占める割合が 40%、ある地域の製造業の構成比が 50% とすると、当該地域の製造業の特化係数は 1.25（＝ 50 ÷ 40）となる。特化係数が 1 を超える産業は当該地域において相対的に重要な役割を果たしていることになる。また、ある業種の特化係数が 1 であれば、その地域における当該業種の集積度は全国と同様であり、特化係数が 1 を上回れば当該業種の集積度は全国平均を上回り、1 を下回れば全国平均を下回るということになる。つまり、ある地域において特化係数が高ければ高いほど、その地域における当該業種の集積度は高く、その地域の特徴ある産業である可能性が高い。

　特化係数の大きい順に産業を並べると、北海道、北陸、中国では複合サービス（郵便局、協同組合など、信用事業、保険事業など複数のサービスを提供する産業）が第 1 位となっている。また複合サービスはその他の地域でも、東北で第 2 位、四国で第 2 位、九州で第 4 位と上位に位置している。農業は、東北、四国、九州では第 1 位、北海道で第 4 位、北陸で第 3 位、中国では第 2 位である。また、公務も北海道では第 2 位、東北では第 5 位、北陸では第 7 位、中国では第 6 位、四国では第 5 位、九州では第 3 位と地方圏で上位に入っている。建設業も、北海道は第 7 位、東北は第 3 位、北陸は第 4 位、中国は第 5 位、四国は第 6 位、九州は第 5 位と、地方圏で上位を占めている。このように、地方圏では農林業、公務、建設、複合サービスの特化係数が大きくなっている。

　地域経済にとって重要なことは、これらの産業が地域の雇用を支えるうえで十分な規模のものなのか、また将来性はあるのか、ということだ。2002 年の調査（全国ベース）と比較すると、全産業の就業者数が 2002 年から 2012 年にかけて 0.9% 減少しているのに対して、農林業は 17.5%、複合サービス業は 32.5% 減、建設業は 17.5% 減となっている。いずれも、現時点では成長産業とは言いがたい。また、全就業者数に占める割合は、農林業が 3.5%、複合サービス業は 0.8%（2012）にすぎず、地域の雇用を十分に支えるほどの産業ではない。

表1-2　地域別にみた産業構造の特徴

地方圏の産業は、農業、建設、複合サービス、公務に依存している。

	第1位	第2位	第3位	第4位	第5位	第6位	第7位
北海道	複合サービス 1.55	公務 1.45	電気・ガス等 1.32	農林 1.28	サービス 1.19	医療、福祉 1.18	建設 1.14
東北	農林 2.18	複合サービス 1.41	建設 1.29	電気・ガス等 1.22	公務 1.22	小売 1.07	医療、福祉 1.03
関東	情報通信 1.72	学術研究、専門・技術 1.33	不動産・物品賃貸 1.28	金融・保険 1.20	サービス 1.08	卸売 1.06	運輸・郵便 1.03
北陸	複合サービス 1.39	電気・ガス等 1.37	農林 1.22	建設 1.21	製造 1.20	生活関連・娯楽 1.11	公務 1.07
東海	製造 1.50	運輸・郵便 1.01	電気・ガス等 1.01	宿泊・飲食 1.00	建設 0.99	卸売 0.98	小売 0.98
近畿	不動産・物品賃貸 1.19	卸売 1.11	教育、学習支援 1.10	製造 1.08	運輸・郵便 1.08	医療、福祉 1.03	電気・ガス等 1.03
中国	複合サービス 1.37	農林 1.31	電気・ガス等 1.21	医療、福祉 1.18	建設 1.08	公務 1.06	教育、学習支援 1.06
四国	農林 2.08	複合サービス 1.71	電気・ガス等 1.66	医療、福祉 1.26	公務 1.17	建設 1.07	小売 1.06
九州	農林 1.77	医療、福祉 1.32	公務 1.25	複合サービス 1.22	建設 1.09	小売 1.08	電気・ガス等 1.08

資料）総務省「就業構造基本調査」http://www.stat.go.jp/data/shugyou/2012/

　地方圏の産業の特徴は公務の割合が高いことだが、「役所が最大の産業」と揶揄されるなか、厳しい財政事情と行政改革の進展を考慮すると、発展は期待できない。地方圏において高い特化係数を示す建設業も、公共投資の削減に直面する厳しい状況にある。このように、地方における産業構造は衰退・停滞産業に特化しており、このことが雇用吸収力を弱め、若者の流出に拍車をかけている。

❖負の連鎖2──ユニバーサル・サービスの喪失

　負の連鎖を引き起こす第2の理由は、「どこでも、だれでも、負担可能な料金で、一定のサービスを受けることができる」と定義されるユニバーサル・サービスの提供が困難になっていることだ。住民が安心して生活するために不可欠な医療サービスにも格差が目立っている。医師のいない市町村は全国で29にのぼり（2014）、医師がいる市町村でも、人口1000人当たりの医師数が少ないところは地方圏に多い。国民は等しく医療サービスを受ける機会を与えられるべきだとしても、コストをまかなう収入が必要である民間医療機関の場合、患者がいない土地での診療業務は困難である。

　しかも、近年の地方財政の悪化を受けて、自治体の財政破綻を未然に防ぐために2007年に「地方公共団体の財政の健全化に関する法律」が制定され（Column3）、地方公営企業を含めた連結で地方財政状況を把握することになったこともあって、経営の苦しい公立の医療機関も減少している。この結果、表1-3にみるように、地方圏での医療施設および病床数の減少が顕著である。

　昔から「無医村」「医師不足」は地方の問題として取り上げられてきたが、深刻さは増している。高齢化の進行による医療費の膨張と医療保険財政の悪化が問題となっているが、医療保険財政が改善しても、医療サービスを受ける場所がなければ問題の解決にはならない。

　その他にも、表1-4の商業（卸売・小売業）の事業所数および従業者数の変化からも明らかなように、地方圏では商業施設の閉店が進み、買い物弱者と呼ばれる人びとも増えてきた。このように人口の減少は住民にとっての生活基盤を喪失させ、さらなる人口転出を発生させる可能性があるとともに、高齢者など転居できない人びとの生活を困難にしている。

COLUMN2：地方公共団体の財政の健全化に関する法律

北海道夕張市が財政破綻したこともあり、地方財政再建法が 2007 年に半世紀ぶり
に改正された。自治体本体の収支（普通会計など）だけでなく、病院・水道など
の特別会計や第三セクターも含めた財政の健全性を示す指標を新たに設けたのが
特徴である。同法は財政破たんを未然に防ぐため、以下の健全化判断比率を用い
てチェックし、「早期健全化」と「財政再生」の 2 段階で自治体の財政悪化を防止
するする仕組みを規定している。

①実質赤字比率（一般会計に占める赤字割合）
②連結実質赤字比率（水道や国民健康保険事業など、全会計を合算した赤字割合）
③実質公債費比率
④将来負担比率（公営企業、出資法人等を含めた普通会計の実質的負債の標準財政
　規模に対する比率）

表1-3　医療施設および病床数の変化

医療サービスの供給体制は地方において大きく悪化している。

	増減数（2013-2015）			増減率		
	施設		病院病床	施設		病院病床
	病院	一般診療所		病院	一般診療所	
	（施設数）		病床数	（%）		
全国	-60	467	-7,804	-0.7	0.46	-0.50
東京圏	8	351	2,169	0.50	1.29	0.68
名古屋圏	-6	103	64	-1.13	1.24	0.06
大阪圏	-1	31	-183	-0.09	0.18	-0.08
地方圏	-61	-18	-9,854	-1.16	-0.04	-1.07

注）　東京圏：東京都、神奈川県、埼玉県、千葉県
　　　名古屋圏：愛知県、岐阜県、三重県
　　　大阪圏：大阪府、兵庫県、京都府、奈良県
　　　地方圏：東京圏、名古屋圏、大阪圏以外
資料）　厚生労働省「医療施設（動態）調査・病院報告」

表 1-4　商業（卸売・小売業）の事業所数および従業者数の変化

地方では商業施設の減少によって「買い物弱者」が発生している。

	増減数（2004-2011）		増減率	
	商業事業所数	商業従業者数	商業事業所数	商業従業者数
	（事業所）	（人）	（%）	（%）
全国	-208,297	-340,802	-12.9	-2.9
東京圏	-28,113	241,905	-7.9	7.6
名古屋圏	-14,364	-29,732	-10.3	-2.9
大阪圏	-33,792	-78,277	-14.2	-4.42
地方圏	-132,028	-474,698	-15.0	-8.5

注）　地域区分は表 1-3 と同じ。
資料）総務省「社会生活統計指標―都道府県の指標」

❖負の連鎖 3──財政力の低下と行政水準

　第 3 は財政を通じた負の連鎖である。現在の地方税は個人所得、法人所得、資産、消費といった経済的要素を課税ベースとしていることから、人口減少や企業の転出による地域経済の縮小は地方税収を減少させる。さらに、地方行政サービスは、施設やマンパワーといった固定費をともなってはじめて機能するものが多いため、受益者（人口）の減少に比例して財政支出を削減することは困難である。つまり、人口減少にともなって人口 1人当たり経費は割高になる。その結果、人口減少が顕著な地方の財政力は低下し、逆に人口が増加する自治体は税収の増加と、行政における規模の経済性の存在によって財政力が強化される。

　図 1-3 は全国市町村の人口と財政力（2014 年度）の関係をみたものである。人口規模が大きくなるにつれて人口 1 人当たり基準財政需要額は小さくなり、一方、基準財政収入額は大きくなっている。その結果、財政力指数（基準財政収入額÷基準財政需要額）は人口が多くなるにつれて強くなっている（Column3 を参照）。ただし、大都市は特有の財政需要が生まれるため、財政力は低くなっていく。

　今後、人口が減少していくと、規模の小さな自治体の財政力はさらに弱くなっていくと考えられる。財政力の格差を放置すると、行政水準の差に

図 1-3　人口規模と財政力

人口が小さい自治体ほど財政力は弱い。

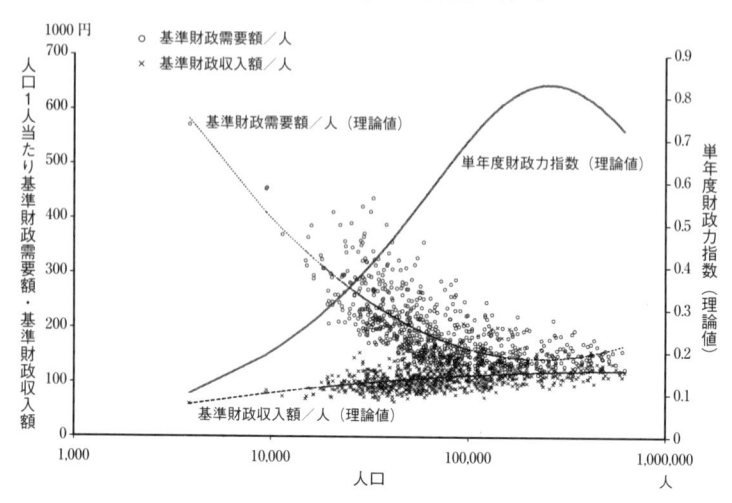

注)　財政力指数は 2014 年度のみの「基準財政収入額÷基準財政需要額」の値の近似線（理論値）
　　　である。
資料)　総務省「市町村決算状況」より作成。

直結し、場合によっては地方税率の差を生む可能性もある。また、人口減少によって財政運営の弾力性が失われると、住民ニーズに合った柔軟な政策を採用することも難しくなる。このように、人口減少が財政力の低下や財政運営の硬直化に結びつけば、地域の魅力がさらに低下し、人口と企業のさらなる転出を招き、それが経済力・財政力格差のいっそうの拡大を引き起こす。

COLUMN3：財政力指数

地方公共団体の財政力を示す指数で、基準財政収入額を基準財政需要額で除して得た数値の過去 3 年間の平均値。基準財政収入額は、標準的な状態において徴収が見込まれる税収入を一定の方法によって算定するものであり、次の算式によって算出される。

標準的な地方税収入× 75/100 ＋地方揮発油譲与税等

基準財政需要額とは、各地方公共団体が、合理的かつ妥当な水準における行政を行い、または施設を維持するための財政需要を算定するものである。財政力指数が高いほど、財源に余裕があるといえる。図 1-2 の財政力指数は、2014 年度だけの「基準財政収入額÷基準財政需要額」の数値である。

　地方財政を媒介とした負の連鎖は、かつては地方交付税という国からの財政移転によって断ち切られていた。しかし、国の財政が危機的な状況にある今日、地方交付税に大きく頼ることは難しくなっており、財政力の差が行政サービス水準の差に直結する可能性がある。

　それは、多くの自治体が力を入れている子育て支援にも現れている。図1-4 は自治体のホームページからの情報をもとに、保育料の水準（3 歳児、標準保育時間。2016 年度）を比較したものだ。国も保育料の基準を定めているが、すべての自治体が国基準を下回っている。しかし、水準には自治体間に差があり、東京都新宿区や浦安市といった財政力の強い自治体と、財政力の弱い北海道歌志内市との間には大きな差が存在する。

　保育サービス等の福祉政策を充実させることで子育て世代の呼び込みに成果を上げている自治体がある。たとえば兵庫県明石市だ。市のホームページを見ると、「こどもを産み育てやすいまちづくり」をめざして、「第2 子以降の保育料を完全無料化します　関西初」という文字が目に飛び込んできた。第 2 子以降の保育所や幼稚園などの保育料が対象で、兄弟姉妹の年齢や保護者などの所得にかかわらず無料となる制度（2016 年 9 月から）だ。さらに、「中学生までのこども医療費完全無料化　関西トップレベル」というように、中学 3 年生までの子どもは所得制限なしで対象となる医療費無償化制度も実施されている。これらの施策だけが要因とはいえな

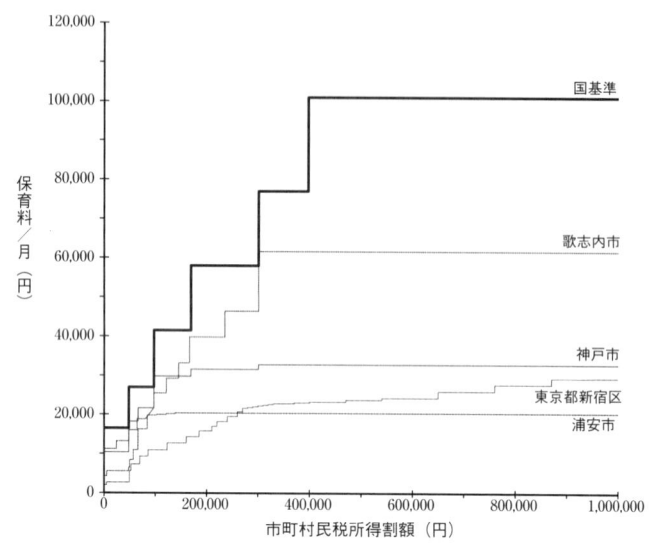

図1-4　保育料格差の実態

財政力の強弱によって保育料の水準には大きな差がある。

縦軸：保育料／月（円）、横軸：市町村民税所得割額（円）

凡例：国基準、歌志内市、神戸市、東京都新宿区、浦安市

出所）各自治体のホームページから作成。

いかもしれないが、減少していた明石市の人口はV字回復している。

　こうした施策は子育て世代を呼び込む戦略として注目を集め、他の自治体にも波及していく可能性がある。だが落とし穴もある。国からの補助金は保育料が国基準どおりに徴収されているとして計算される。保育料が国基準を下回る部分は自治体の負担であるから、こうした施策を実施できるのは財政に余裕のある自治体だ。あるいはギリギリの状態で財政運営を行っている自治体の場合、財源を賄うためには他の予算を削らなければならず、他の施策にしわ寄せが生じるため思い切った引き下げは難しい。

　しかも、人口を奪われた自治体は負けまいと対抗策をとるだろう。となれば、先に施策を実施した自治体の有利さは一時的なものとなり、結局は横並びになって自治体には財政負担だけが残ることになる。また、子育て世代が子育てを終えたとき、納税者としてその自治体にとどまる保証はない。「子供が小さいときは住んでくれるのだが、子供が大きくなると良好な住環境を求めて転出してしまう」という現象は昔から問題となっていた

図 1-5　総人口に占める雇用者数の割合の推移

東京では働く人の割合が急速に低下している。

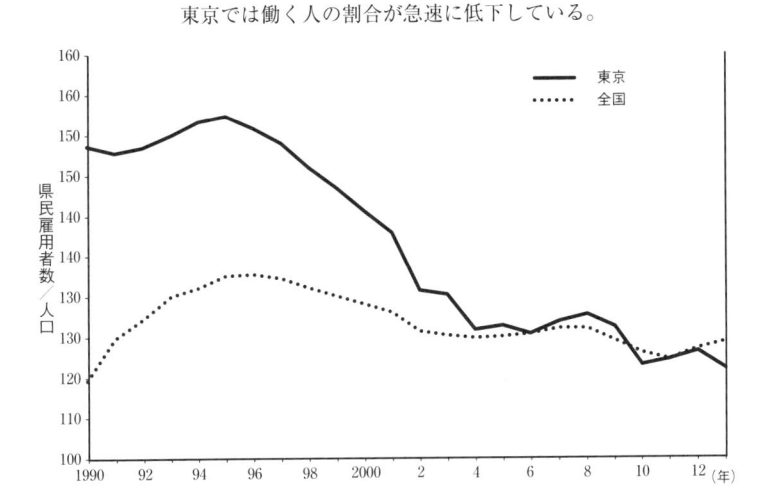

資料）内閣府「県民経済計算」の人口と雇用者数を利用。

ところであり、これでは自治体の持続可能性が高まったとはいえない。ま
た、財政力の弱い自治体が子育て支援に資金を使えば、ほかの施策が手薄
になり、他世代の生活環境を損ない、人口の転出を招く可能性がある。

✤東京では「逆 S 字型」で高齢化が進む

　東京一極集中の問題は地方圏だけで生じるわけではない。2010 年から
15 年の 5 年間の高齢者の増加率を見ると、埼玉県は 22.1％、千葉県は
20.0％、神奈川県 18.6％と、全国平均の 14.4％を上回っている。にもかか
わらず、高齢化の進行が目立たないのは地方から若者を受け入れているか
らだ。今後、地方から吸引する若者がいなくなった時点で、東京を含めた
首都圏は急速に高齢化が進むのは確実である。

　図 1-5 は、総人口に対する働いている人（県民雇用者）の割合の推移を、
東京と全国とで比較したものだ。1990 年代には 46％台と、全国平均と比
べて高い数値であった東京の雇用者の比率が 90 年代の後半に入って急激
に低下し、現在では 40％強と全国平均と同水準になった。この原因の 1 つ
は、若い世代を受け入れながらも一方で進行する東京の高齢化の影響があ

図1-6 東京の人口高齢化の予測

全国では 65 歳以上人口の増加は緩やかであるのに対して、
東京では「逆 S 字型」に増加していく。

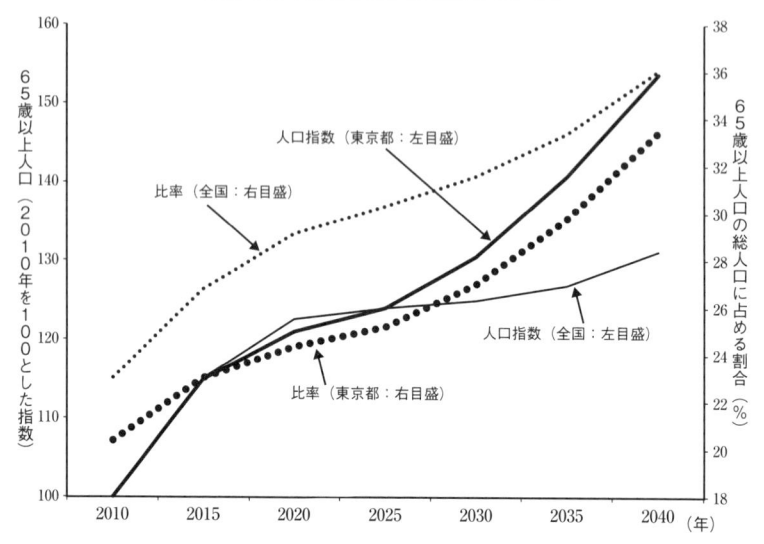

資料）国立社会保障・人口問題研究所（2013 年 5 月推計）

ると考えられる。今後、東京に送り出す若者の数が地方において減少した
とき、東京の高齢化は図 1-6 にみるように急速に進む。地方だけでなく東
京も現実を直視し、超高齢社会のさらなる進行と人口減少時代にソフトラ
ンディングする戦略を早急に立てる必要がある。

❖東京集中のメカニズムを理解する

「地方には働く場がないし、生活も東京のほうが楽しく、刺激的だ。
キャリアを積むのも東京のほうが有利である」。このように答える人は多
いだろう。たしかにそのとおりだが、地方創生への手がかりを得るために
は、東京集中のメカニズムをもう少し詳細に知る必要がある。

経済学では、行動を起こすかどうかは、行動による利益（メリット）が
費用（デメリット）を上回るかどうかで決まる。地方から東京に移り住む
かどうかも同様だ。地方の住民が東京に移ることによって得られる「利益」

図 1-7　地方転出の意思決定
東京へ移動するかどうかは、利益とコストの大小関係で決まる。

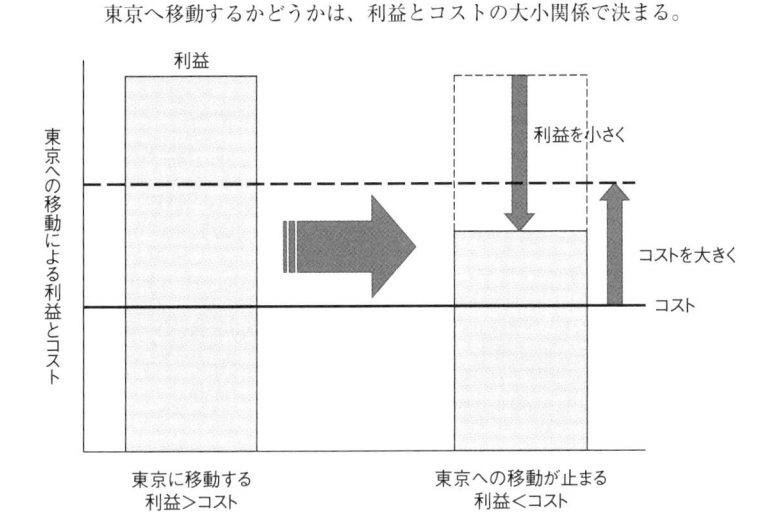

が移動にともなう「費用」を上回るなら、この人は東京に移動する。企業も同様である。東京はオフィスの賃貸料も高いし人件費も高い。しかし、本社を地方に置くより東京に置くほうが、売上げが大きく、差し引きして利益が大きくなるのであれば東京に移る。

　交通手段の発達によって地域間の時間距離が短くなったり、住むところにこだわらない「フットルース化」によって転居の心理的抵抗が弱まったりすれば、費用が小さくなり、人口移動が起こりやすくなる。ここで重要な点は、地域の魅力は人によって感じ方が違うということだ。しかし、最大公約数的にいえば、若い人は働く場や消費生活の豊かさといった利益を重視するのに対して、年配者は地域における人とのつながりや自然環境等を重視するだろう。また、若者にとっては転居にともなう心理的抵抗は年配者に比べると小さい。そのため、若年層は年配者に比べて移動がおこりやすいのである。

　図 1-7 は地方から東京に移動するかどうかの決定メカニズムを示している。地方の活性化政策前（左側）には、移動によって得られる利益が費用を上回っており、この人は東京に移動する。東京に転出させないようにす

る方法は、①移動にともなう費用を大きくする、②東京に移動することによる利益を小さくすることである。もちろん、その両方ができればさらに良い。

　移動による費用には転居費や東京の物価高による生活費の増加といったものも含まれるが、最も大切なのは「地元でなければ手に入らないモノ」つまり「東京に移ることによって失われるモノ」だ。それは「地元への愛着」であり、その中身は、他者（家族や友人）との結びつき、自然環境、豊かな居住空間等である。こうした要素を増やすことができれば移動の費用を大きくすることができる。規模に関しては圧倒的な違いがあるが、全国で金太郎飴のような相似形のまちづくりが進み、地元ならではのモノが失われていったことが移動の費用を小さくしていったと考えられる。

　現在、まちづくり会議に果たしてどれほどの若者が参加しているだろうか。都会からの移住促進をテーマに議論することも重要だが、若者を地元に残すことのほうがはるかに重要だ。にもかかわらずまちづくり会議への若者の参加はきわめて少ない。これからは、地元でしか手に入らないモノを若者の「本音」をもとに作り出していかなければならない。

　しかし、「地元への愛着」が大きくなっても、東京に移動することによる利益が大きいかぎり、東京への転出に歯止めがかからない。東京に住むことで得られる利益とは、所得の増加と、その所得を使って手に入れる財やサービスの多様性だ。東京と地方とではこの差は圧倒的に大きい。この差を縮めることも重要である。とくに若者にとっては都会的環境が居住地選択の大きな決め手になる（提言2を参照）。若者にとって魅力ある地方とはどのようなものか、その魅力を作り出すにはどうすればよいのか。これこそが地方創生の第1のテーマである。

　それでは、企業にとって東京転出は何によって決まるのだろうか。企業活動の目的は「利潤の獲得」であり、同じ資源を使うのなら利潤が大きい場所でビジネスを行うほうが有利である。それが経営者が株主に対して果たすべき責務だ。市場が大きく、またさまざまな情報を入手しやすい東京のほうが売上げは増える。一方、東京は労働コストも高く、オフィスの賃貸料も高い。しかし、こうしたコスト高を補って余りある売上増が見込め

るから東京に移動するのだ。

　京都生まれの世界企業が本社を京都から移さないのは、京都がその企業にとって特別な地であるからだ。しかし、こうした特別な思いを企業に抱かせる地域は多くはない。つまり、多くの地方は東京への企業の転出を抑えるためには、地方のビジネス環境を改善し、企業にとって地元を「かけがえのないビジネスの地」にするほかない。そのためには、企業が何を望んでいるのか、地元にはどのような資源が備わっており、どのような弱みを抱えているのか、といったことを検証しなければならない。これが地方創生の第2のテーマである。かつてのように、豊富な労働力や工業団地の整備による土地の提供では明らかに不十分なのである。提言18では、アメリカで成功したビジネス都市・ダーラムを取り上げ、その成功の秘訣を探っている。

　しかし、第1のテーマと第2のテーマは独立したものではなく、地方創生というコインの表裏の関係にあるといえる。地方での労働条件を改善するためには労働需要を拡大する必要があり、そのためにも企業活動の活発化が不可欠である。そして、高度な技術や専門性をもった人材が地方に豊富に存在するようになれば、企業活動も活発になる。これら2つのテーマは地方自らが知恵を絞り、時間とエネルギーを注いで解決する必要がある。

　しかし、地方の努力だけで東京一極集中に歯止めをかけるのは不可能だ。それほど一極集中の勢いは強い。地方自らが地域活性化に取り組むのと並行して、東京一極集中の流れを弱めることも必要である。とくに一極集中が市場メカニズムのみによるのではなく、その背景に現行の行財政システムをはじめとした非市場要因があるとするなら、少なくともそれらを取り除く必要がある。これが地方創生の第3のテーマである。以下では、地方創生の3つのテーマについての提言を進めていくこととする。

経済と生活は地方創生の両輪

地域力ランキング

負の連鎖を起こす最大の要因は地域経済力の減退だ。しかし、地域の魅力は経済だけで決まるわけではない。住宅の広さや公共施設の充実度といった生活のしやすさも重要である。検証の結果、生活環境は北陸３県などの地方圏で優れていることが明らかになったが、すべての地方圏で生活環境が良好だというわけではない。経済力も生活環境も不十分な地域も存在するのである。優れた生活環境を備えているにもかかわらず若者の転出に歯止めがかからない地域では、地域経済力の強化に政策の力点を置くべきだ。生活のしやすさだけでは若者は戻らないことも分析結果は示している。地域力を高めるためにも、経済力と生活環境の両立を目指した地域活性化戦略を立てなければならない。

❖地域力は何によって決まるか

　若者が有利な職場を求めて東京に移動する傾向は今後も続く可能性がある。しかし、地域の魅力は給与水準だけではない。家の広さ、文化環境、治安等々、私たちが居住地を決める際に考慮する要因は多い。給与水準が多少低くても、生活環境が良ければ人びとはそこに住み続けたり、場合によっては、他の地域から人を呼び込んだりすることもできると考えられる。

　人や企業の活動に影響を及ぼす要因は多い。そこで、経済活動や生活の営みに必要と考えられる各種の要因を組み合わせて、地域力を総合的に観察するために、主成分分析（Column4）という方法を用いて都道府県の地域力を調べてみた。

📖 COLUMN4：主成分分析

たとえば地域の構造は、経済、社会、文化などさまざまな要因で形成されている。こうした多くの情報をできるだけ損なわずに少ない数の情報に縮約する方法である。ここでは、文化施設、教育施設などの公共インフラ、小売店舗や大型店の充実度、住宅の広さ、医療機関、火災や犯罪などの安心・安全度、失業率や給与水準といった経済環境などの複数の指標から、地域特性を表す総合指標を作成した。そこで得られた総合指標ごとに各地域のポイントを求め、ポイントの多少によって地域の特性を表現することができる。また、ある総合指標が人口増減率に影響を与えることが検証できれば、人口を増やすために必要な政策に関してヒントが手に入る。

　図2-1は地域環境を決める要因として主成分分析に用いた指標である。持ち家世帯比率、1住宅当たりの延べ面積、平均通勤時間、可住地面積当たり第2次産業事業所数など、全部で35の指標を使って分析を行った。

　分析の結果、第1主成分にプラスに大きく影響するのは、小売業・大型店の売り場面積、第2次産業・第3次産業の事業所数、教育施設、保育所数、飲食店数などであり、これらの値が大きい地域ほど、第1主成分の得点は高くなる。逆に、マイナスに影響するのは1世帯当たり自家用自動車保有台数、介護福祉施設数、持ち家比率、住宅の延べ床面積などであり、これらの値が大きくなると、第1主成分の得点は小さくなる。以上のこと

図 2-1　地域力を決める要因と関連指標

地域力は雇用だけでなく居住環境、医療、福祉等、数多くの要因によって左右される。

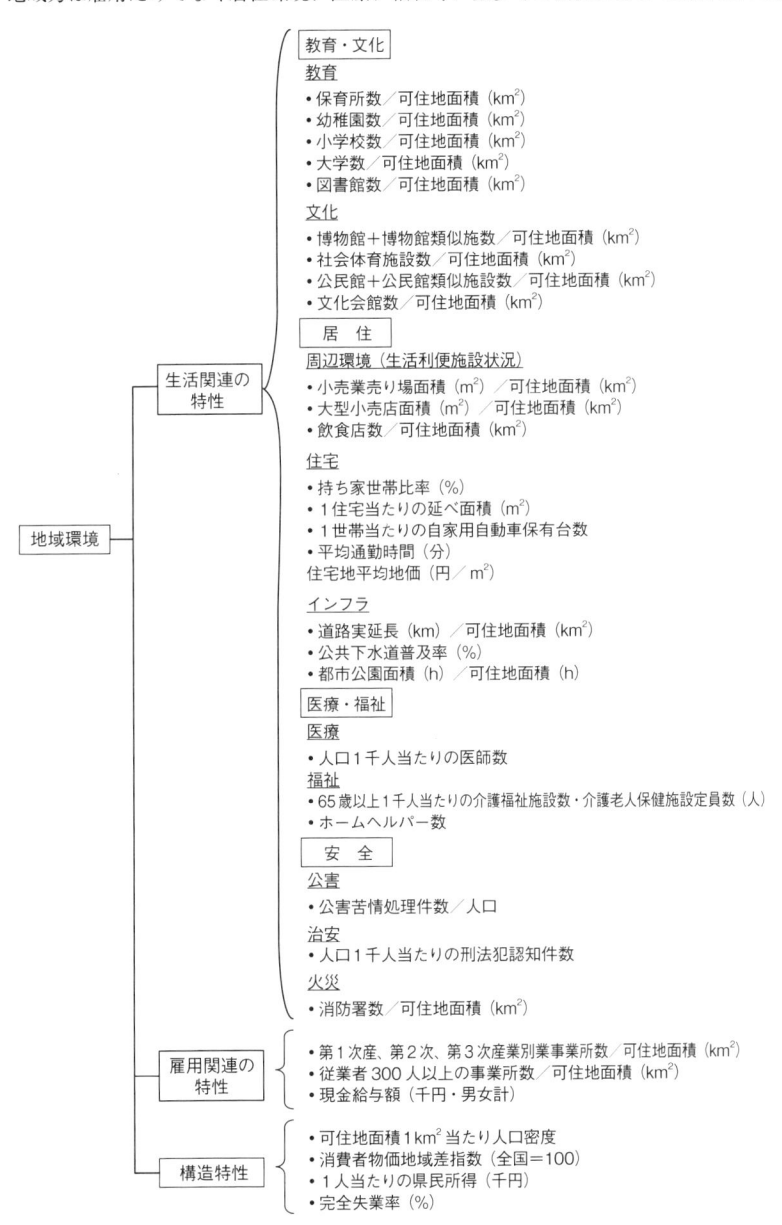

地域環境

生活関連の特性

教育・文化

教育
- 保育所数／可住地面積（km²）
- 幼稚園数／可住地面積（km²）
- 小学校数／可住地面積（km²）
- 大学数／可住地面積（km²）
- 図書館数／可住地面積（km²）

文化
- 博物館＋博物館類似施数／可住地面積（km²）
- 社会体育施設数／可住地面積（km²）
- 公民館＋公民館類似施設数／可住地面積（km²）
- 文化会館数／可住地面積（km²）

居住

周辺環境（生活利便施設状況）
- 小売業売り場面積（m²）／可住地面積（km²）
- 大型小売店面積（m²）／可住地面積（km²）
- 飲食店数／可住地面積（km²）

住宅
- 持ち家世帯比率（％）
- 1住宅当たりの延べ面積（m²）
- 1世帯当たりの自家用自動車保有台数
- 平均通勤時間（分）
- 住宅地平均地価（円／m²）

インフラ
- 道路実延長（km）／可住地面積（km²）
- 公共下水道普及率（％）
- 都市公園面積（h）／可住地面積（h）

医療・福祉

医療
- 人口1千人当たりの医師数

福祉
- 65歳以上1千人当たりの介護福祉施設数・介護老人保健施設定員数（人）
- ホームヘルパー数

安全

公害
- 公害苦情処理件数／人口

治安
- 人口1千人当たりの刑法犯認知件数

火災
- 消防署数／可住地面積（km²）

雇用関連の特性
- 第1次産、第2次、第3次産業別業事業所数／可住地面積（km²）
- 従業者300人以上の事業所数／可住地面積（km²）
- 現金給与額（千円・男女計）

構造特性
- 可住地面積1km²当たり人口密度
- 消費者物価地域差指数（全国＝100）
- 1人当たりの県民所得（千円）
- 完全失業率（％）

から、第1主成分は地域の経済環境や都市的環境を表す総合指標と考えることができる。この指標の得点が高い地域ほど、経済力があり都市的環境が整っているといえる。そして、この第1主成分だけで、全国都道府県の地域特性の約61.4%を説明できる。これを寄与率と呼ぶ。

第2主成分には、住宅当たり延べ床面積、持ち家世帯比率、1世帯当たり自家用自動車保有台数、可住地面積当たり文化施設などがプラスに大きく影響している。これらの値が大きい地域ほど得点が高くなることから、第2主成分は住宅水準や文化を含めた地域の生活環境を表す総合指標と考えられる。得点が高い地域ほど、生活環境が優れており、住みやすい。この第2主成分は地域特性の約8.4%を説明できる。

第3主成分には人口1000人当たり医師数、65歳以上人口1000人当たり介護福祉施設数、人口10万人当たりホームヘルパー数、保育所数、博物館や公民館等の施設数や社会教育施設数がプラスに大きく影響している。ここから、第3主成分は医療・福祉・教育文化施設水準を表す総合指標と考えられる。

こうして、35にのぼる指標を、経済・都市的環境（第1主成分）、住宅水準・生活環境（第2主成分）、医療・福祉・教育文化施設水準（第3主成分）という3つに集約した総合指標で、北海道から沖縄までの47都道府県の地域特性の約76%（累積寄与率）を説明することができる。これら3つの総合指標ごとに都道府県をランクづけしてみよう。

❖地域力のランキング

図2-2は第1主成分から第3主成分について、都道府県別の得点を表したものだ。地域経済力や都市的環境を表す総合指標（第1主成分）は、東京都が103と群を抜いて高く、大阪（59）、神奈川（48）と大都市圏の地域が続く。大都市圏以外はすべてマイナスだ。このように、地域経済力・都市的環境には大都市圏と地方圏との間に大きな格差が存在する。

住宅水準や生活環境の総合指標（第2主成分）の得点をみると、総じて地方圏の得点が高い。しかし、地方圏のすべてが高いかというとそうでもない。富山、石川、福井といった北陸地方や山梨、長野、岐阜といった中

部地方の得点が高く、住みよい地域であるのに対して、九州・沖縄地方や北海道、東北地方の一部では得点が低くなっている。また、大阪や神奈川、兵庫、千葉といった大都市圏の生活環境はそれほど良いとはいえない。

　医療・福祉・教育文化施設水準（第3主成分）はおおむね地方圏において高く、千葉、埼玉、愛知、兵庫、大阪といった大都市圏で低くなっている。ただ、大都市圏のなかで東京だけは例外であり、ランキングでも第1位となっている。

　以上の地域特性から、

① 　経済環境・都市的環境は大都市圏において、とりわけ東京において高いが、大都市圏の生活環境はそれほど良いとはいえない。

② 　東京は経済力や都市的環境が備わっているだけでなく、大阪や神奈川といったほかの大都市圏地域に比べて生活環境や医療・福祉・教育文化施設水準も高く、総合的に強い地域力を備えている。

図 2-2　地域力の総合評価

第1主成分は東京が飛び抜けて高く、他の大都市圏の地域が続くが、第2主成分は地方圏が上位にランクされる。ただし、すべての地方圏が高いわけではない。第3主成分は大都市圏のランクが低いが、東京は例外的に高い。

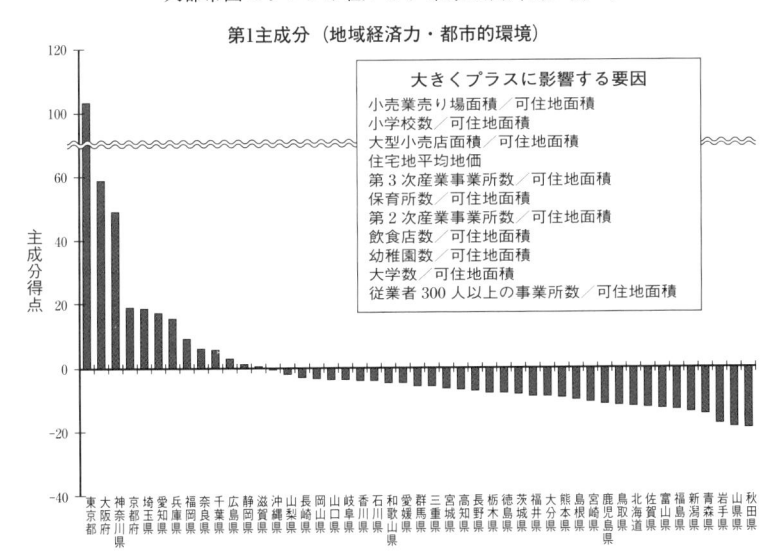

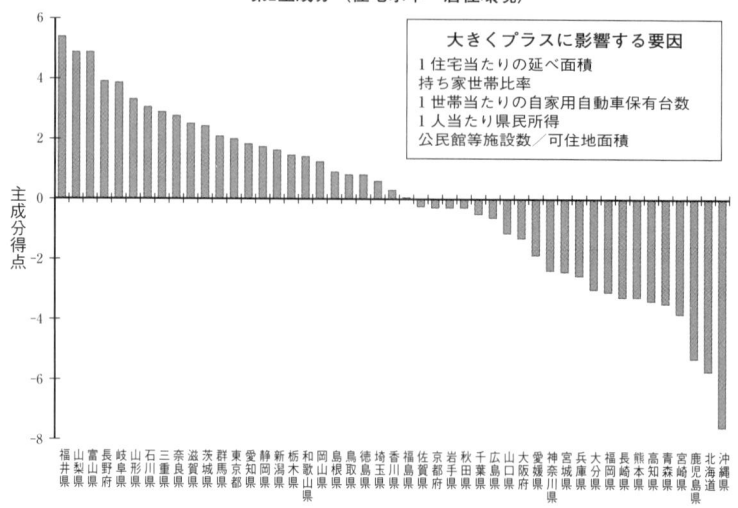

第2主成分（住宅水準・居住環境）

大きくプラスに影響する要因
1住宅当たりの延べ面積
持ち家世帯比率
1世帯当たりの自家用自動車保有台数
1人当たり県民所得
公民館等施設数／可住地面積

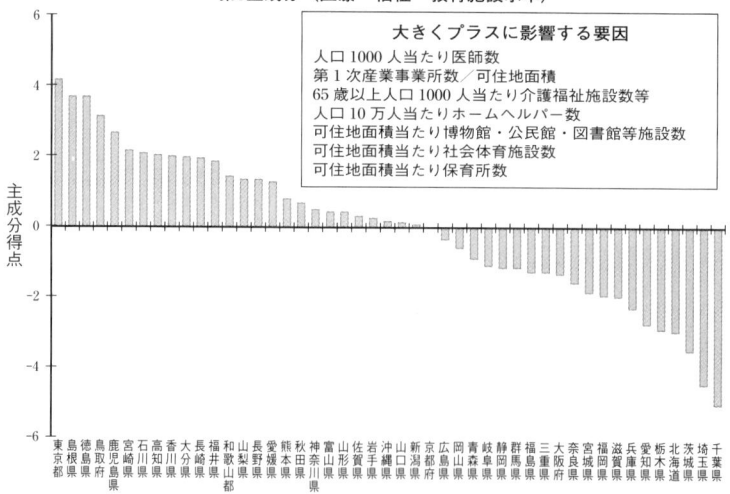

第3主成分（医療・福祉・教育施設水準）

大きくプラスに影響する要因
人口1000人当たり医師数
第1次産業事業所数／可住地面積
65歳以上人口1000人当たり介護福祉施設数等
人口10万人当たりホームヘルパー数
可住地面積当たり博物館・公民館・図書館等施設数
可住地面積当たり社会体育施設数
可住地面積当たり保育所数

③　生活環境は地方圏において良好だが、すべての地方で生活しやすい
　　環境が整っているわけではなく、北海道、東北、四国、九州は、経
　　済環境とともに生活環境も厳しい状況にある。

✤世代によって異なる人口移動の動機

　これまでに分析した地域力は人口の移動に影響を及ぼしているのだろうか。地域力を表すこれらの総合指標と人口増減率との間に何らかの関係を見いだせるなら、人口の転出を抑え、転入を促すヒントが見つかるかもしれない。たとえば、第 1 主成分の得点が高いところほど人口転入が多いなら、第 1 主成分の得点にプラスに影響する政策に力を入れ、逆に、マイナスに影響する要素が地域に存在するなら、その弱みを減らす政策を取れば良いことになる。しかし、人口移動の要因は世代によって異なる可能性がある。

　表 2-1 は、都道府県別の第 1 主成分から第 3 主成分と 5 歳刻み人口の純転入率（= 2015 年中の（転入 − 転出）／当該年齢層の 2015 年 4 月 1 日人口）との関係を示したものだ。回帰分析（Column5）という方法を用いて分析している。たとえば、20-24 歳だと決定係数は 0.792 なので、この年齢層の都道府県別純転入率の 79.2% をこれらの要因が決めていることを表している。ただ、すべての要因が影響を与えているわけではなく、統計的に影響を与えているといって良い要因は年齢階層によってさまざまである。影響しているといえる要因は表中では太字で記している。

📖🖊 COLUMN5：回帰分析

独立変数と従属変数の間の関係を表す式を統計的手法によって推計する方法。従属変数は説明したい変数を指し、独立変数（説明変数）とは、従属変数の動きや大きさの違いを説明するために用いる変数のことである。推計結果は以下のように示される。

$$（例示）\quad y = 0.3 + 0.4\,x_1 - 0.5\,x_2 \quad 決定係数 = 0.78$$

y が従属変数、x_1、x_2 が独立変数である。x の種類は例では 2 つだが、それ以外の数の場合もある。決定係数は独立変数（x）で従属変数（y）の値をどの程度の大きさを決めているかを示す数値である。例示では x_1、x_2 で y の値を 78% 決めているといえる。また、x_1 が 1 単位増えると、y は 0.4 増え、x_2 が 1 単位増えると y は 0.5 減る。

表 2-1　年齢階層別に見た純転入率の決定要因

年齢層によって純転入率に影響を及ぼす要因は異なり、及ぼし方も違っている。

年齢階層	主成分 1	主成分 2	主成分 3	決定係数
20-24	**0.0935**	-0.0220	**-0.3110**	0.792
25-29	**0.0183**	-0.0587	0.0533	0.311
30-34	0.0013	-0.0198	0.0387	0.052
35-39	-0.0001	-0.0084	0.0071	-0.033
40-44	0.0011	-0.0008	-0.0054	-0.013
45-49	**0.0017**	-0.0042	-0.0050	0.079
50-54	0.0001	-0.0068	0.0088	0.038
55-59	**-0.0018**	-0.0069	0.0029	0.202
60-64	**-0.0036**	-0.0107	**0.0150**	0.647
65-69	**-0.0027**	**-0.0074**	0.0059	0.532
70-74	**-0.0009**	-0.0032	-0.0017	0.153

注)　太字は統計的に純流入率に影響を与えているといえることを示す。

　表の読み取り方をいくつかの年齢層を例に説明しよう。20-24 歳の年齢階層は、第 1 主成分が純転入率に影響を与えているといってよく、しかも符号がプラスであるので、地域経済力が強く、都市的環境を多く備えている地域ほど純転入率が大きい（純転出率が小さい）ことを示している。第 2 主成分（住宅水準・生活環境）はこの年齢層の純転入率に影響を及ぼしているとはいえない。つまり、住宅面積が広く、文化面等の生活環境に優れていても、若者の転出を食い止める（転入を促進する）のは難しいのである。第 3 主成分（医療・福祉・教育・文化施設水準）は純転入率に影響を与えているといえるが、符号はマイナスであり、この水準が高いほど、純転入率が小さい。この結果をもたらした背景を解釈するのは難しいが、福祉や教育・文化施設水準を充実させることが若者にとっては居住地の魅力を損なっているということなのだろう。

　年齢が上がるにつれて転入と転出は次第に少なくなるとともに、東京が純転出（転出が転入を上回る）となり、多くの地方が純転入に変わるというように、転入・転出に変化がみられるが、同時に、純転入率に影響を及ぼす要因と、影響の及ぼし方も変わっている。つまり、年齢とともに経済

力・都市環境水準を表す第 1 主成分は純転入率に影響を及ぼさなくなり、50 代の後半を過ぎると、むしろマイナスに影響するようになる。

　たとえば、60-64 歳という、定年退職にさしかかる世代は、第 1 主成分がマイナスの符号になるとともに、医療・福祉・教育文化施設水準を表す第 3 主成分がプラスに影響している。この年齢層は経済や都市的環境からはむしろ遠ざかり、リタイア後の生活のしやすさに惹かれるという、若者とは「真逆」の要因で地域間の移動を行っていると考えられる。しかし 60 歳代後半に入ると、第 3 主成分は純転入率に影響を与えるとはいえなくなる。地方に移住することを考える人は、リタイアの段階ですでに移住を終え、その後は、医療・福祉・教育文化施設水準に惹かれて転居することはないと考えられる。

　住宅水準・生活環境を表す総合指標である第 2 主成分は、どの年齢層に対しても人口の純転入率に影響を及ぼすとはいえなかった。暮らしやすさや生活満足度は地域の魅力を構成する重要な要素であることは間違いない。しかし、現状では人口減少を食い止めたり、人口の転入を促したりするまでには至っていない。とくに若年層については、地域経済力・都市的環境が改善されなければ、暮らしやすさを備えていても地元にとどまる誘因にはならない。言い換えるなら、暮らし向きが良くて住宅水準が高い地域に住むことが人びとを幸福にするはずであるにもかかわらず、東京一極集中による地域経済基盤の弱体化が、住みたいところに住めないという問題を引き起こしていると考えることができよう。

　地方に存在する良好な生活環境が活用されないどころか、それらが放置され朽ちていくという実態は、資源の浪費であり、日本全体の問題といえる。若者の転出に歯止めがかからない地方にとっての最大の課題は、やはり経済基盤を強化し都市的環境を育てることなのだ。ただ、地方圏のすべての地域で生活環境が良好だというわけではない。これらの地方では、経済環境の整備だけでなく、生活環境の改善を同時に進めていく必要がある。

　年齢をはじめ、多様な属性をもった住民が共存することが地域の持続可能性の条件である。年齢によって魅力としてとらえる要素が異なることが明らかになったが、経済活動環境と生活環境の改善のためにはどのような

戦略を立て、戦略をどのように実行していくかを真剣に考え、実行に移す
ことが「地方の消滅」を防ぐためにも必要である。

貧困問題には地域政策的視点で対応すべき

「世界で最も平等な国」「一億総中流」などといわれた日本であったが、経済の停滞とともに貧困問題が大きく取り上げられるようになってきた。しかし、貧困の厳しさは地域によって異なっている。貧困層を多く抱える地域では対応が求められるが、対策として真っ先に思い浮かぶのが生活保護だ。生活保護費が膨張するなか、不正受給の防止といった制度や運営のあり方に注目が集まっているが、生活保護はあくまでも貧困者を救済する最後の手段だ。できるかぎり生活保護に頼ることのない社会づくりをめざすべきであり、それは地域政策として対応すべきことなのである。

❖増え続ける貧困層

　格差問題には所得分配の「不平等」という問題に加えて、最低限度の生活を送ることが困難だという「貧困」問題とがある。ただし、「最低限度の生活」は生きていくのに必要なギリギリの水準という「絶対的」な意味ではなく、一般的な所得水準に比べてという「相対的」な意味でとらえることが一般的である。つまり、社会全体の所得水準が上がれば、貧困とみなされる所得水準も上昇する。貧困の目安として考えられる生活保護の水準も相対的なものである。

　図3-1は生活保護の被保護人員数と人口1000人当たり生活保護人員の長期推移を見たものである。生活保護の受給者は1952年には204万人、人口1000人当たり23.8人であったが、その後の経済成長にともなって減少を続けた。わが国の経済基調が高度成長から安定成長に入った70年代後半からはほぼ横ばいであったが、80年代後半以降、再び低下を始め、被保護人員数は88万人、1000人当たりでは7.0人（いずれも95年度）にまで減少した。しかし、バブル崩壊後、日本経済が長い停滞期に入ると、それまで減少の一途をたどっていた生活保護受給者は増加を始める。そして、

図 3-1　生活保護被保護人員の推移

生活保護受給者は90年代以降に急増し、現在では終戦直後の水準となっている。

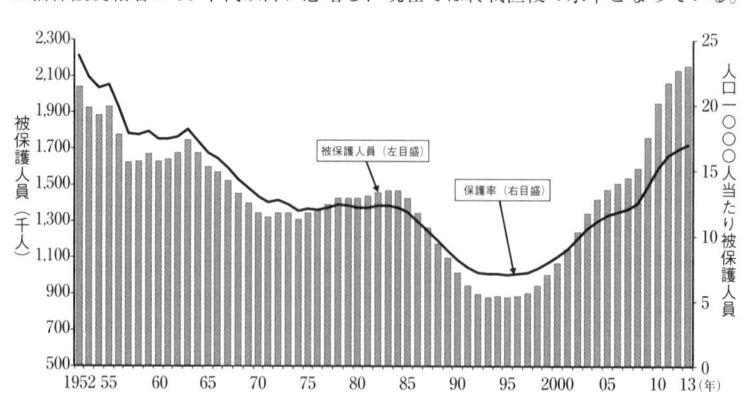

資料）総人口は、総務省統計局「わが国の推計人口　大正9年〜平成12年」「各年10月1日現在人口」
　　　被保護人員は厚生労働省「被保護者調査」
　　　昭和29年度以前は、生活保護の動向編集委員会編集「生活保護の動向」平成20年版。

2013年には216万人、1000人当たり17.0人にまで増加し、被保護人員は第2次世界大戦直後を上回るほどになった。「一億総中流」といわれるなかで、その重大さを忘れがちであった貧困問題への対応が必要になってきたのである。

このように、貧困問題は日本全体の問題ではあるが、東京一極集中が進むなかでの地方経済の停滞、超高齢社会の進行など、貧困対策は自治体にも大きな課題となっている。とくに近年、生活保護の受給者が増加し、地方財政支出を増大させていることを考えるなら、国の社会保障制度の問題としてだけでなく、地域政策の視点で貧困問題をとらえなければならない。

❖貧困は地域の問題

生活保護受給者はなぜ増加したのか。図3-2は保護開始の理由を2000年度と2014年度について比較したものだ。「傷病による」は減少し、「貯蓄等の減少・喪失」「定年・失業」「その他の働きによる収入の減少」といった経済的理由が増えている。受給開始理由のこうした変化は生活保護受給者の地域分布を変化させている可能性がある。

図 3-2 生活保護開始の理由別世帯数

生活保護を受け始める理由として経済的事情が増加している。

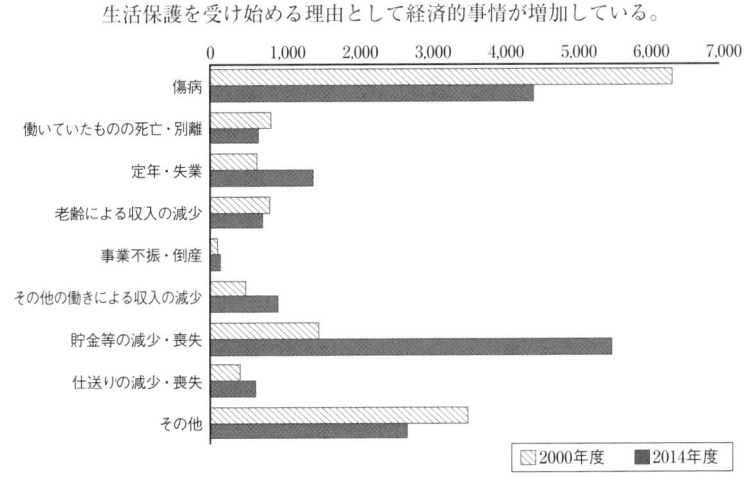

資料）2000年度は厚生労働省「社会福祉行政業務報告（福祉行政報告例）」、2014年度は同「被保護者調査」

かつて、貧困は主に地方圏で発生していた。農業だけでは生活が困難な人びとは都会に出稼ぎに行ったし、農家の次男、三男は大都市に集団就職した。しかし、現在の様子は大きく変わっている。大都市で失職したり、その他の理由で最低生活が営めなくなったりした人びとは、昔なら地方の郷里に帰ったであろうが、今は郷里に帰っても親類縁者はいないし、ましてや農業で生計を立てることはできない。一方、大都市には医療施設をはじめ、生活に必要な環境は整っている。こうして貧困は大都市の問題となった。

　図3-3は都道府県別に1997年と2013年の人口1000人当たり被保護人員を見たものである。全国的に被保護人員は増加しているが、とくに首都圏にある埼玉県、千葉県、東京都、神奈川県、関西圏にある京都府、大阪府、兵庫県、奈良県で被保護率が上昇しているほか、広島県、福岡県といった地方中枢都市を抱える地域でも上昇しているのに対して、北海道など一部の地域を除けば地方の県ではそれほど大きく増加していない。このように、貧困問題は大都市、とくに経済が停滞している大都市地域で顕著に表れるようになってきた。

図 3-3　都道府県別に見た被保護人員

生活保護は大都市圏と地方中枢都市で大きく増加し、貧困は大都市問題となっている。

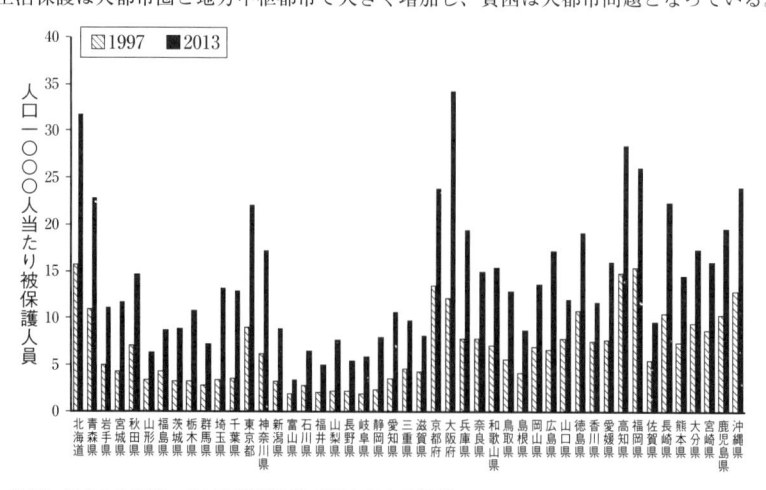

資料）国立社会保障・人口問題研究所（2013 年 5 月推計）

　しかし同じ地方圏でも県によって被保護人員には差がある。たとえば九州地方では、福岡県が人口 1000 人当たり 26.1 人、長崎県が同 22.3 人と多いのに対して、佐賀県は 9.5 人と少ない。保護開始の理由としての経済的事情がその比重を高めている現在、生活保護の被保護人員に影響する要因を検証することによって、貧困に陥ることを未然に防止する条件を明らかにできるかもしれない。

❖貧困対策は地域政策で ──生活保護率の決定要因を踏まえて

　生活保護の開始理由が大きく変化しており、経済的要因や社会的要因の地域特性が生活保護率に影響する。ここで、生活保護受給に影響を及ぼすと考えられる要因として、①完全失業率、②離婚率、③ 65 歳以上人口比率、④有訴者率（病気やけが等で体の具合の悪いところを自覚している者の人口 1000 人に対する割合）、⑤平均世帯人員をとりあげ、2013 年度の都道府県別保護率（人員）の決定要因を回帰分析によって調べてみよう（回帰分析は Column5）。

　決定係数は 0.806 であったことから、これら 5 つの要因で都道府県別の人口 1000 人当たり被保護人員の違いの 81％が説明可能であり、各変数ともに統計的に意味のある結果が得られた。また、失業率が高くなると保護人員が多くなる（Column5 の独立変数にかかる符号がプラス）といったように、係数の符号も予想どおりである。各要因が被保護人員に及ぼす影響の度合いは図 3-4 に示されている。完全失業率が 1％ポイント高いと被保護人員は 6.9 人、離婚率が 1％ポイント高いと被保護人員は 8.0 人、平均世帯人員が 1 人増えると被保護人員は 13.3 人増える。

　一方、65 歳以上人口比率が 1％ポイント高くなっても被保護人員は 0.8人、有訴者率が 1‰（パーミル）ポイント高くなっても被保護人員は 0.09人それぞれ多くなるだけである。このように、被保護人員の都道府県間の差は、健康状態や高齢化の程度の相違というよりも、むしろ経済的要因や家庭の状況によって左右される度合いが大きい。

　この結果を九州・沖縄地方の 8 県に当てはめてみよう。表 3-1 には、人口 1000 人当たり被保護人員と、各決定要因の各県の数値が示されてい

図 3-4 被保護人員の決定要因

被保護人員の地域間の差には、失業率、離婚率、平均世帯人員の違いが強く影響している。

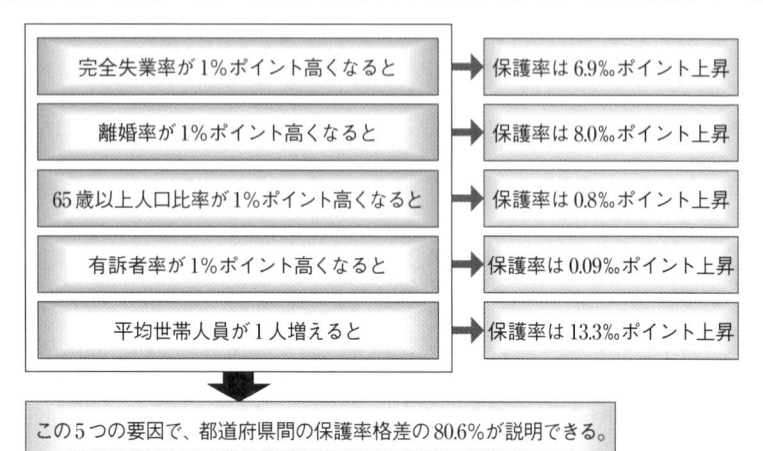

完全失業率が 1%ポイント高くなると	→	保護率は 6.9‰ポイント上昇
離婚率が 1%ポイント高くなると	→	保護率は 8.0‰ポイント上昇
65 歳以上人口比率が 1%ポイント高くなると	→	保護率は 0.8‰ポイント上昇
有訴者率が 1%ポイント高くなると	→	保護率は 0.09‰ポイント上昇
平均世帯人員が 1 人増えると	→	保護率は 13.3‰ポイント上昇

この 5 つの要因で、都道府県県間の保護率格差の 80.6%が説明できる。

表 3-1 九州・沖縄地方の人口 1000 人当たり被保護人員とその決定要因の数値

同じ九州でも、失業率が低く、大家族の多い佐賀県の被保護人員は
福岡県の約 3 分の 1 である。

	人口 1000 人当たり被保護人員	完全失業率 (%)	離婚率 (%)	65 歳以上人口比率 (%)	有訴者率 (人口 1000 人当たり) 人	平均世帯人員 (人)
福岡県	26.05	5	2.0	24.2	312.2	2.4
佐賀県	9.54	3.4	1.7	26.1	306.9	2.8
長崎県	22.33	4.1	1.7	27.9	300.2	2.5
熊本県	14.55	4.2	1.9	27.2	316.5	2.6
大分県	17.37	3.8	1.9	28.6	301.5	2.4
宮崎県	15.93	3.7	2.1	27.6	304.1	2.4
鹿児島県	19.50	4.4	1.9	27.8	296.4	2.3
沖縄県	24.02	5.7	2.6	18.4	273.4	2.6

る。被保護人員は最大の福岡県が 26.1 人、沖縄県が 24.0 人、長崎県が 22.3 人と多いのに対して、佐賀県は 9.5 人と少ない。このように佐賀県の被保護人員が少ないのは、完全失業率が低いこと（3.4%）、離婚率が低いこと（1.7%）、平均世帯人員が多いこと（2.8 人）によると考えられる。

　このように、地域経済状態を改善することができれば、失業者を減少さ

せるとともに、若い世代が大都市に転出しなくてもすむようになり、年老いた親との同居が可能になれば、生活保護に頼るという貧困に陥ることを抑えることができるかもしれない。貧困対策は社会保障の問題だと考えがちだが、それは最後の手段であって、地域政策によって貧困に陥る可能性を最小限にとどめることをまずは実行すべきである。

域外から稼げる産業の育成を

地域を支える若者を地元にとどめるためには地域経済の活性化による雇用と高い報酬という有利な就労条件が不可欠である。それによって、人口減少における負の連鎖を断ち切らなければならない。これまで地方の経済を支えてきた公共事業が地域経済の構造改革につながらなかったことは歴史が証明している。地方経済が再生するためには、域外から稼ぐことができ、持続可能で、かつ導入しやすい産業の育成を進めなければならない。ショッピングセンターの誘致を地域活性化の起爆剤としてとらえている地方があるが、地方創生という点では限界がある。

❖公共投資への依存は危険

　かつてわが国では「国土の均衡ある発展」を合い言葉に、公共投資を地方に大量に投入してきた。また、経済が停滞すると景気対策の必要性が叫ばれ、公共投資が減税と並んで景気対策を担ってきた。

　しかし、公共投資という景気対策に過度に頼った地方の経済は自立型の経済構造を実現できず、むしろ、公共投資依存型体質が地域の自立的発展を阻んできたともいえる。それは、公共投資に左右される地域経済の実態をみれば明らかである。図4-1は行政投資の地方圏のシェアと、変動係数で表した人口1人当たり県内総生産の地域間格差（以下では所得格差とする）との関係を1960年度から2013年度の期間について見たものである。変動係数は格差を表す指標であり、0から1の間の値を取る。1に近いほど格差は大きい。行政投資は公共事業や公共投資とほぼ同じ概念だと考えればよいが、『国民経済計算』における公的固定資本形成には用地費は含まれないのに対して、行政投資には用地費が含まれている。

　高度経済成長期である60年代には、行政投資の地方圏のシェアは40%前後で安定的であったが、所得格差は小さくなっている。これは、農業を主要産業としていた地方圏において余剰人口が大都市に転出した結果、人口1人当たり所得格差が縮小したことによる。70年代に入ると人口移動は沈静化するにもかかわらず、所得格差は縮小している。この期間中、行政投資の地方圏のシェアは年度を追って拡大しており、所得格差の縮小と行政投資の地域配分とが関連をもっていることを予想させる。

　本来なら、公共投資が地方に重点配分されている間に、財政制約下でも足腰の強い経済構造を作り上げていることが期待された。しかし、地方圏の経済が公共投資の金額に左右されるという実態は変わらなかった。80年代に入ると、国家財政の危機によって公共投資が抑制され、行政投資の地方圏シェアが縮小していく。すると、地域間の所得格差が大きくなり始めるのである。80年代の終わり頃から日本経済はバブル期に突入するが、好景気はとくに大都市経済にプラスに作用し、格差はさらに広がっていった。90年代に入るとバブル経済は崩壊し、景気対策としての公共投資が大幅に増加するとともに、地方圏のシェアは拡大に転じ、それに応じ

て地域間格差は縮小している。2000 年代に入ると国の財政再建によって公共投資予算が再び削減されるようになると、地域間格差が拡大に転じるのである。このように、所得の地域間格差は行政投資の地域配分に左右されてきたといえる。

　ここで、1960 年度から 2013 年度の間の変動係数を行政投資の地方圏シェアと日本の実質経済成長率で説明する式を回帰分析によって求めると、

　変動係数 = 0.37 − 0.0038 × 行政投資の地方圏シェア + 0.0045 × 実質経済成長率

という式が得られた。定数項（0.37）と各係数は統計的に変動係数に影響を及ぼすと言ってもよく、地方圏の行政投資シェアと実質経済成長率で、変動係数の動きの 71% が説明できる（決定係数は 0.71）。この式は、行政投資の地方圏のシェアが 1% ポイント高まると変動係数は 0.0038 小さくなり（格差が縮小）、実質経済成長率が 1% ポイント高くなると変動係数は0.0045 大きくなる（格差が拡大）ことを表している。このように所得の地域間格差は公共投資の地域配分に左右されるとともに、日本経済のマク

図 4-1　公共事業と地域間所得格差

所得の地域間格差は行政投資の地域配分に左右されてきた。

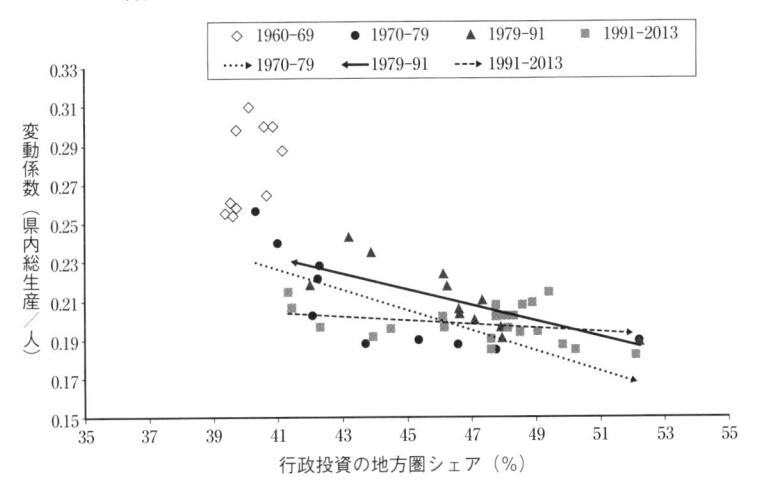

資料）　総務省「行政投資実績」、内閣府「県民経済計算」より作成。

ロ・パフォーマンスが良くなると格差は拡大する。経済成長の恩恵は大都市が多く享受する構造となっているのである。

　公共投資は確かに地域経済に対する需要となり所得を生み出す。しかし、公共投資に必要な資材を地元で調達できなかったり、所得を得た住民の消費が他の地域に流れてしまったりすると、公共投資による所得創出効果は他地域に漏れてしまう。この漏れを塞がなければ、常に公共投資を注入し続けなければならない。そして、公共投資が削減されると、たちまち地方経済は悪化するのである。地方の経済にとって重要なことは、地域という器に開いている穴を塞ぐことである。公共投資に依存しすぎると、この最も重要な課題への対応が遅れてしまう。こうした状況が過去に生じていたのである。つまり、公共投資への過度の依存は危険なのである。

❖財政依存経済からの脱却

　図4-2は国と地方によって賄われた公共事業費の推移をみたものである。ピーク時に比べて金額は半減しており、国の厳しい財政状況を考慮するなら、今後、公共事業予算が大きく増加することは期待できない。このことは、地方の経済が財政に頼らない構造に変わらなければならないことを意味している。

　一つの地域における経済の需要と供給の関係を事後的に観察すると、

$$域内総生産＝民間消費＋民間投資＋財政支出＋移輸出－移輸入 \qquad (1)$$

となる。一方、地域にとって処分可能な所得からは税金が支払われ、残りは消費または貯蓄される。つまり、

$$域内総生産＝税金＋民間消費＋民間貯蓄 \qquad (2)$$

である。(1) 式と (2) 式から、

$$（民間投資－民間貯蓄）＋（財政支出－税金）＋（移輸出－移輸入）＝0 \qquad (3)$$
$$（－）\qquad\qquad（＋）\qquad\qquad（－）$$

が導かれる。

図 4-2　負担主体別行政投資の推移

公共投資はピーク時からほぼ半減しており、財政状況を考えると
今後も大幅な増加は見込めない。

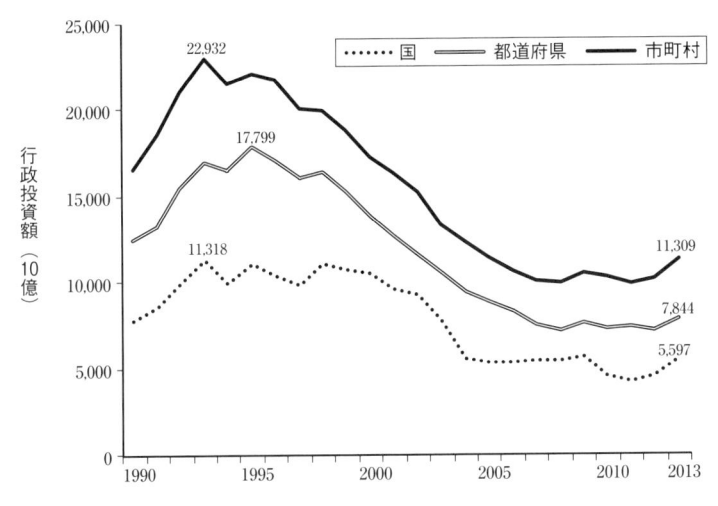

資料）総務省「行政投資実績」
http://www.soumu.go.jp/main_content/000406230.pdf

　経済力の弱い地方では、財貨・サービスの移輸出入収支（移輸出マイナス移輸入）が不均衡（－）となっている。また、地域の貯蓄は東京などの大都市で使われ、金融収支（民間投資マイナス民間貯蓄）も不均衡（－）である。したがって、地方圏の経済はこうした域際収支の不均衡を、地域内で負担する税を地域内で行われる財政支出が上回るという、財政収支（財政支出マイナス税金）のプラス勘定でかろうじて維持されてきたといえる。

　図 4-3 は移輸出入収支の対県内総生産比率と、公的支出（政府最終消費支出＋政府総固定資本形成）の対県内総生産比率との関係を府県別データを用いて示したものである。移輸出入収支比率が小さくなるほど、そしてマイナスの値が大きくなるほど、公的支出の比率が大きくなっている。現在の地方財政構造をみると、財政支出のかなりの部分が国庫支出金や地方交付税といった国の財政トランスファーでまかなわれていることから、このことは、地方経済が国家財政の動向に大きく左右されることを意味している（地方交付税と国庫支出金は Column6）。

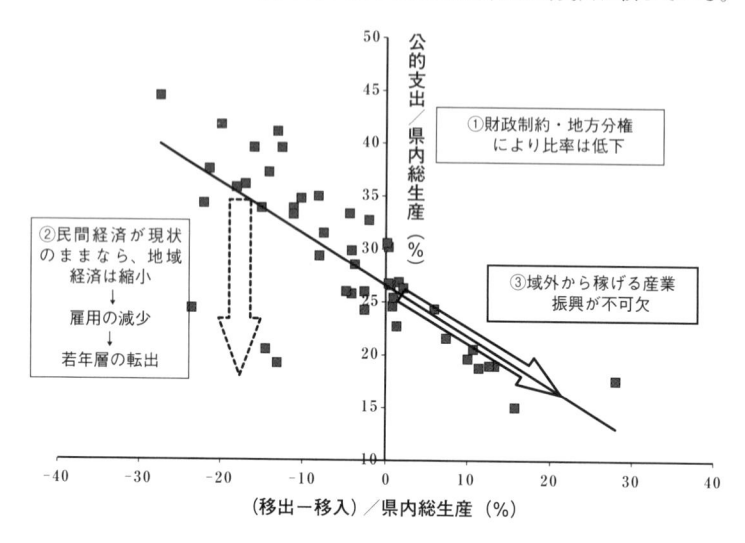

図 4-3 移（輸）出入バランスと財政依存

移出入バランスのマイナスが大きい地域の経済は公的支出に頼っている。

縦軸：公的支出／県内総生産（%）

①財政制約・地方分権により比率は低下

②民間経済が現状のままなら、地域経済は縮小
→ 雇用の減少
→ 若年層の転出

③域外から稼げる産業振興が不可欠

横軸：（移出−移入）／県内総生産（%）

❖域外から稼げる産業の育成

　夕張。炭鉱都市として発展し、夕張メロンでも知られる北海道のまちだ。2007年3月6日をもって財政再建団体に指定され、事実上財政破綻したことによって地方財政関係者に大きなショックを与えたまちでもある。

1965 年に 9 万 8000 人を数えていた人口は、90 年には 2 万 3730 人へと、約 4 分の 1 に減少し、その後も人口は減り続け、現在では 8852 人（2016 年 9 月）となっている。夕張市の人口減少を引き起こした最大の原因はエネルギー革命にともなう石炭産業の衰退にある。夕張の石炭はもはやわが国の経済を支える基盤産業ではなくなった。その衰退は炭坑で働く人びとを夕張から去らせたが、同時に炭鉱に依存して成り立っていた他の産業の衰退をも引き起こした。

　地域で生産された財・サービスの一部はその地域にある企業や住民によって使われるが、一部は国外（輸出）や国内の他地域（移出）の市場で売られる。夕張の石炭も地元市民の生活にとって不可欠なものであったが、同時に他地域にも販売されわが国の経済を支えてきた。しかし、石炭から石油へのエネルギーの転換は夕張の石炭に対する需要を大きく減少させた。

　このように、域外（国外）にモノやサービスを売ることによって稼いできた産業の衰退が地元経済に大きな打撃を与えた事例は日本のいたる所に存在する。このことを逆に考えるなら、域外から稼げる産業が育つことで地域経済が好循環的に成長する可能性があるということだ。いったん、このような産業（企業）が育つと、そこにサービスや資材を提供する産業が育ち、また、従業員向けの飲食店等も活気づく。地域経済の盛衰の要因を域外からの需要に求める「経済基盤説（Economic Base Theory）」は、域外から稼ぐ基盤産業（Basic Industry）こそが地域の発展に必要だと考える。炭鉱という基盤産業を失った夕張は、観光という新たな基盤産業を育てようとした。その発想自体が誤りであったわけではない。問題は進め方にあった。現在、多くの自治体が観光を地域振興の原動力にしようと考えているが、それは容易なことではない。この点については提言 6 で触れることにしよう。

❖ショッピングセンターの誘致 ——地域活性化策としての限界

　大規模工場跡地に大型ショッピングセンターを誘致する動きが各地でみられる。若者の転出に悩む自治体にとって、人気のショッピングセンター

は魅力的だ。域外から稼ぐということを市町村単位で考える場合、ショッピングセンターや大型小売店、あるいは対事業所サービス業等も、周辺市町村の需要に応えることが可能な高水準のものであれば、立地市町村の域外からも稼げる場合がある。

　しかし、これらの業種は、基本的に内需産業、それも国内全体の需要というよりは、もっと狭い地域内の需要に対応した産業であり、基本的には、その地域の人口、経済力に合わせた規模でしか成り立たない。これらの業種は、意図的に導入、振興するというよりは、ある程度の人口集積、産業集積が高まった地域において、自然発生的に集積していくものである。もちろん、ある市町村において、これらの集積を高めることにより、近隣を含む需要を取り込んで市町村の魅力を向上させることになり、その結果として広域的な地域のなかでの優位性を高めることはできる。たとえば、A県のB市に隣接するC町が、大規模商業施設を誘致することにより、B市を含む広域の需要を取り込み、町外から稼ぐ経済構造を強めるとともに、商業施設の整備により、雇用を確保し、さらには居住地としての利便性も高まることから、B市に通勤する住民の町内への居住も促進できるといった具合にである。

　実際に、こうした事例は全国で数多くみられるし、各市町村が切磋琢磨することによって広域的に住環境、魅力が向上し、圏域全体の振興につながる面も否定できない。しかし、ショッピングセンターのような施設は、その商圏をエリアとする広域的な視点で整備あるいは誘致すべきである。広域連携による地域活性化については提言14と15で詳しく述べたい。

　もし、隣接する自治体が単独でこうした産業を振興しても、全国レベル、あるいは地域ブロックレベルでみた場合には、単に近隣市町村内の限られた需要を奪うゼロサムゲームにしかならない面が大きい。ショッピングセンターが一時的には周辺地域からの需要を取り込むことによって当該市町村の経済振興につながったとしても、たとえば、その市町村を含む広いエリアにおいて、全国、あるいは世界から稼げる産業が乏しく、あるいは稼げる産業が衰退し、雇用が失われていけば、魅力ある商業施設があるだけでは売上を維持していくことは難しい。こうした産業の成長は、一定

規模の人口が広域的に維持されることが前提であり、ある意味受動的なものであるといえる。

　本来、地域において持続可能な稼げる産業の導入を考える場合には、日本全国、できれば、海外から稼ぐことができる産業であることが望ましい。具体的には、国際競争力のある分野の製造業、海外からも集客可能な観光産業等である。農林水産業も、今後は付加価値を高めることにより、海外に輸出可能なものにしていけば、十分にポテンシャルのある分野であろう。

　もちろん、製造業でも、コモディティ化（市場に参入した当初は高い付加価値をもっていたが、普及が進むにつれて後発品との競争にさらされ、優位性や特異性を失って一般消費財化していくこと）しているものや、もっぱら域内需要を賄うものは将来性に乏しいし、観光産業も、外国人が魅力を感じないようなものは対象にしづらいであろう。製造業に関していえば、地方の自治体は、これまでも長年にわたって振興に力を入れてきたが、為替の変動等から、せっかく誘致した工場が国外に移転したり、工程の自動化、合理化により、以前よりは雇用創出力が落ちていることから、導入、育成にちゅうちょする向きもあるだろう。繰り返しになるが、製造業であれば何でもよいということではなく、地域のポテンシャル、産業の成長性等を精査したうえで、その地域への立地が持続可能な分野を見極めて誘致、育成することが不可欠である。

❖地域産業創生の視点 ——中長期的な持続可能性と導入のしやすさ

　地方創生を実現していくためには、地域において雇用を創出する産業を振興し、集積を高めていかねばならない。その際、闇雲に産業の導入、振興に取り組むのではなく、中長期的に持続可能であり、かつ地域にとって導入しやすい産業の振興に重点的に取り組むことが必要である。中長期的に持続可能な産業は域外から稼げる産業といえる。もちろん、ある時点で、域外から稼ぐことができても、その後の環境変化によって競争力が失われ、利益率が低下し、稼げなくなる可能性はある。しかし、少なくとも現時点で競争力があり、今後も努力次第で維持できる可能性が高いことが

育成すべき産業を判断する際の鍵になる。

　かつて、地方の自治体において、工場誘致により雇用の場を創出し、地域の人口の維持、拡大を図る取り組みが幅広く行われた。そのなかには、地域の有する資源とうまくマッチして、工場が地域に定着し、地域の中長期的・安定的な雇用創出に寄与した例も多数みられる。しかし一方で、地域に存在する資源、誘致企業の取引関係等をあまり考慮せず、安価な土地、労働力を供給できるということを売りにして、単純に製造拠点を誘致したようなケースでは、その後、為替の変動、アジア諸国の基礎的立地条件の改善等により、製造拠点としての競争力を失い、せっかく誘致した工場が撤退、あるいは機能縮小に至った地域も多数みられる。

　とくにプロダクト・サイクル（商品やサービスが市場に投入されてから、だんだん売れなくなって消えてしまうプロセス）が極端に短くなっている今日、生産により適した地域に企業は移りやすくなっているからである。そこには地域を単なる立地空間としかみない企業の論理が存在する。地方創生の観点で導入、振興する産業は、その地域に立地するメリットが大きく、できれば、その地域に立地する要因が複数存在するような産業であることが望ましい。そうした産業であれば、多少の外部環境の変化で立地するメリットが失われることもなく、持続可能性は高いであろう。この点は提言1で述べたとおりである。

　それでは、具体的に、地域に導入しやすい産業、中長期的に持続可能な産業とはどのような産業なのだろうか。地域に導入しやすい産業は、その産業が必要とする資源、人材、交通条件等の点で、他地域と比べてその地域が優位にあるような産業でなければならない。成長産業、将来性のある産業だからということで、ロボット、医療などの産業を育てたいと考える地域は多い。しかし、成熟化した日本経済において、産業立地の地域間競争はきわめて激しく、そのなかで勝ち残るためには、他地域よりも優位な条件を備えていなければならない。

　たとえば製造業の場合、その産業の原材料の調達や製品の出荷に有利な地域は他地域に比べて優位だといえるし、観光産業であれば、観光資源となりうるような自然、景観等が豊富な地域であれば優位にあるといえる。

また、観光客を受け入れる宿泊施設の有無も観光資源の１つである。

　雇用を支える主力産業がなく、失業率が高い地域は、経済状況が悪いことを示しているが、裏を返せば、こうした地域はむしろ人材供給の面で優位にあるといえるし、工業系の学校（高校、高専、大学）がある地域であれば、製造業の人材供給の面で優位にあるといえる。交通条件の面でいえば、大都市圏から時間的に近い地域であれば、観光産業の導入の点では有利であるし、大都市圏から高速道路等により比較的短い時間でアクセスできる地域であれば、大消費地に近いという特徴から、流通拠点、一部の製造業等の操業の点で優位にあるといえる。

　かつての工場誘致の場合も、多かれ少なかれ、こうした点を考慮して誘致が行われたことも事実であるが、なかでも働き手の供給という点に重点が置かれた面がある。労働力はどのような産業においても必要な要素であるが、他地域との競争という点では、差別化が難しく、とくに単純な労働力の供給であるなら、海外も競合地域になることから、状況の変化により優位性が失われやすく、工場の撤退・縮小が起きた地域は、こうした側面が顕在化したものである。その地域の優位性を考える際、人材供給という１つの側面だけでなく、複数の要素において優位性があることが望ましく、その方が、より強固な事業基盤を築ける可能性が高い。

　成功事例の模倣や時流に左右されるのではなく、地域の強みを活かした産業振興策を講じることこそが、域外から稼げる産業を育てることにつながるはずだ。そのためにも、提言８で紹介するSWOT分析をはじめとした手法を用いて地域経済の現状を把握しなければならない。

地方創生の鍵

地域資源を活用する知恵と努力

地域資源を活かした活性化

多くの地域が人口を減らし持続可能性すら危ぶまれているなか、雇用創出によって人口を維持あるいは増加させている自治体がある。そのなかには、農業や漁業といった1次産業に依存しつつも、都市との交流を工夫したり、地元の研究機関とのコラボレーションを進めたりするなど、地域の課題とポテンシャルを把握し、地域資源を上手く活かし、「あれもこれも」ではなく「強み」をもつ特定の産業（単独、あるいは複数）を絞り込み、重点的に活性化させているところもある。地域を再生したいという「思い」は地方創生の必要条件だが十分条件ではない。活性化に知恵を出し、努力する地域は着実に成果を上げている。

❖ 都市住民との交流に工夫を凝らす群馬県川場村

　川場村は群馬県北部に位置する人口3648人（2015年国勢調査。提言5の人口はとくに断りのないかぎり2015年国勢調査の数値）の村である。群馬県内でも就業者に占める第1次産業の割合が3番目に高く（22.8％：2010年国勢調査）、農業が主力産業である。一方、1986年に世田谷区民健康村が開設され、世田谷区（東京都）との永続的な交流事業を開始、1989年には川場スキー場が開業するなど、観光による地域活性化にも取り組んできた。その結果、人口は、1980年以降の30年間でみれば、おおむね同水準が維持されている。これは群馬県北部市町村では最も良い数字である。

　観光施設の整備や都市住民との交流事業で地域活性化を図ろうとするアイデアや試みは、これまでも多くの地域で行われてきたものであるが、十分な産業活性化と雇用創出効果をあげている自治体は少ない。川場村で注目されるのは、観光施設の整備や交流事業によって都市住民の誘客を図るだけでなく、1998年に道の駅川場田園プラザを開設し、そこで、地域資源（農産品）を活かした高品質な農産品および加工品の販売を積極的に行うことにより、観光を地域産品の販売ツールとして活用し、観光客の満足度向上、地域のブランド価値の形成と向上を実現したことである。川場田園プラザは、関東でも人気1位、2位を争う道の駅となり、品質の高い加工品（地ビール、ハム・ソーセージ等）も生まれている。食品加工・流通販売にも業務展開を行うという農業の6次産業化と観光施設を組み合わせた産業活性化が相当の効果をあげ、雇用が創出された結果であると評価される。

❖ 離島でも地域資源の活用によって活性化する東京都御蔵島村・利島村

　御蔵島村（人口335人）、利島村（人口337人）は、いずれも東京都伊豆諸島に位置する離島の村である。東京都に位置するが、東京から定期航路で7時間前後（利島は高速船であれば2時間半）かかる離島であり、実質的には地方の村といって良い。また、両村とも、全国の自治体のなかで人口が最も少ない自治体の1つである。離島であるため、自治体が協力し合って産業を活性化することは難しい。しかし、同じ伊豆諸島の離島町

村、あるいは小規模な村の多くで長期的に人口が減少するなか、両村は、過去 30 年（1985 年から 2015 年の国勢調査ベース）で人口が大きく増加（御蔵島村：29%、利島村 13%）している。

　その要因として、両村とも、島の限られた地域資源（御蔵島：イルカウォッチング等のエコツーリズム、利島：椿油、海産物、ドルフィンスイム等の観光）を活用した産業で付加価値を高め、持続的な雇用創出が実現していることがあげられる。多くの小規模な離島と同様、両島とも高校は存在しないことから、中学卒業後に若者が島外に流出する構造的な問題を抱えているが、雇用源となる産業の存在から、I ターンによる流入があり、人口は増加している。

　もちろん、両島は東京と直結した航路をもち、かつ地域資源に恵まれたという幸運はあるものの、一方で、むしろ小規模な自治体の方が、単独でも傑出した地域資源を見いだして付加価値を高めた製品を加工、販売し、ブランド価値を確立することができれば、一定数の人口を維持し、雇用を創出できる可能性を示している。

❖ 地元公設試験場と連携し、地場産業（漁業）を活性化させた北海道猿払村

　猿払村は、北海道の北東部に位置し、オホーツク海に面した漁業を主要産業とする人口 2684 人の村であり、就業者数の 21%（2010 年国勢調査）が漁業に従事している。北海道は、水揚げ量で全国の 4 分の 1 強を占め魚種も多く、わが国で最も漁業が盛んな都道府県である。そのなかでも、オホーツク海沿岸地域は、冬に流氷に覆われることから、その期間は漁ができないハンディがあるが、それゆえに、優れた特色を数多くもつ豊かな漁場である。

　猿払村は、地理的には、北海道の中心である札幌市からの距離も遠く（道路距離で 350km 程度）、交通も不便な地域であり、一般的には、人口を定着させるには条件的に厳しい地域であると考えられる。しかし、オホーツク海に面した市町村の多くが過去 30 年（1985 年から 2015 年の国勢調査ベース）の人口減少が 30% 程度となっているのに対し、猿払村は 20% 減にとどまっている。また、過去 10 年（2000 年から 2010 年の国勢調査

ベース）の漁業就業者数が、全国で 43％減、北海道でも 25％減と激減して
いるなか、猿払村では 16％の増加となっており、国内において、漁業を
中心とした産業活性化に成功している稀有な地域であることがわかる。さ
らに、1 人当たり課税対象所得（2014）をみると、全市町村のトップ 30 に
入り、三大都市圏を除く町村ではナンバーワンである。

　猿払村の漁業の中心は、漁獲量の 96％を占めるホタテの漁獲である
（2014 年魚種別漁獲量：5 万 7537t）。2014 年の漁獲量は 10 年前（2004）に
比べて増加しており、その間、2005 年と 2002 年を除いて、ホタテ漁が盛
んな他のオホーツク海沿岸の市町村のなかで、最も多い漁獲量となってい
る。

　このように、現在は村の主力産業となっているホタテの漁獲であるが、
必ずしも一貫して順調に推移したわけではない。1950 年代には、ホタテ
漁は、乱獲により衰退し、またニシンの水揚も激減したため、漁業者の多
くが困窮を極め離村を余儀なくされるほどであった。そうしたなか、1970
年代に、猿払村漁業協同組合が、村の復興を賭け、10 年計画によるホタ
テ稚貝の放流事業を実施した。その結果、1980 年代には、事業の成果と
して驚異的なホタテの水揚を実現し、現在に至っている。なお、事業の実
施にあたっては、1960 年代に、北海道大学の海底調査船による調査によ
り、猿払村がホタテ増殖の最適地であるとの結果が出たことがきっかけに
なった。

　さらに、事業を成功に導いた大きな要因の 1 つとして、地元公設試験場
の熱心な指導があげられる。当時、道立水産試験場の職員や道水産普及指
導員が、専門的な知識と経験から、ホタテの種苗の購入、放流、管理の方
法を漁業者に適切に助言し、ともに現場で幾度もの失敗を乗り越えながら
試行錯誤してきたことが、天然のホタテが採れる海をよみがえらせること
につながった。その間、海を耕す独自のノウハウを確立してきたこと、た
とえば、害敵のヒトデを 1 匹も残さない駆除、元気な稚貝の厳選、海区を
4 つに区切り、過密にならないよう放流するといった具体的な手法を、専
門家と漁業者が一体となり作り上げてきたことが、重要な点である。

　このように、猿払村は、世界で唯一のものである「オホーツク海」とい

う豊かな漁場を最大限に活かすという考えを貫き、取り組みを計画的に実施した。とくに、漁業者が地元公設試験所と連携して努力を続けて独自のノウハウを確立したことにより、世界一のホタテ漁場をつくり、地場産業の活性化を実現し、安定した雇用創出、村民の高い所得につながったものと評価される。第 1 次産業は、地域の資源を活かす典型的な産業である一方、付加価値を高めることが難しい面があるが、他地域と差別化可能な特定の分野を見極めて重点的に取り組むことにより、競争力を高めることが不可能ではないことを示している。

📖✏️ 製造業の振興

多くの企業が海外に生産拠点を移したり、本社機能を東京に移したりしている中にあって、地方に拠点を置いて活躍する企業も数多く存在する。地域経済の活性化のためにはこうした地域中核企業の育成が期待される。しかし、すべての地域が地元企業を大きく育てられるわけではなく、また育つまでには時間もかかるため、企業誘致を活用することも考えられる。しかし、企業誘致に際しては、地域が有する資源を有効に活かせる企業をリストアップしたうえで、地域の広範な関係者と連携して地域資源が効率的に企業活動に供されるよう条件整備を行うことが不可欠である。地方に拠点を残して活動している企業の存在は、条件次第で企業誘致が可能であることを証明している。

　地域の中堅企業等を育成し、中核的企業に脱皮させていくことはもちろん重要であるが、すべての地域が地元企業を大きく育てることができるわけではないし、可能であったとしても長い時間を要するだろう。したがって、自治体によっては、既存大企業の中核機能を誘致し、地域中核企業としていくことも 1 つのあり方である。

　国の地方創生策には、本社機能を地方に移した企業などを税制で優遇する措置もメニューに含まれている。しかし、東京に本社などの中核機能を置く大企業が機能を移す場合、従業員を含めて相当のコストと負担をともなうだろう。企業に機能移転の決断を促すためには、補助金や税の優遇といったインセンティブだけでは不十分だ。そして、「来てくれるならどの企業でも良い」という発想ではなく、大学等の教育・研究機関、人材、産

業集積、交通条件等を含む地域の資源を精査し、地域が有する資源を最も有効に活用できる企業をリストアップし、地域の広範な関係者と連携して地域資源が効率的に企業活動に供給されるような条件整備を行ったうえで誘致することが不可欠である。このプロセスを経ることによって、単なる金銭的なインセンティブではない企業誘致策が見つかるはずだ。

❖大企業の中核機能が立地する長野県箕輪地域

　地方圏の市町村が産業活性化によって雇用を創出するためには、地域資源を最も有効に活用できる産業を見極めて育成していかなければならないが、これを持続的、効率的に進めていく観点からは、高水準の人材やノウハウをもつ中核企業が、自らの事業活動によって自律的に地域経済の拡大に寄与していく構造となることが望ましい。地方創生の1つのあり方はこうした地域中核企業の育成であり、実際に、中核企業が地域の雇用創出、人口定着に大きく貢献している自治体がある。

　長野県箕輪町（人口2万5241人）、南箕輪村（人口1万5063人）は、長野県中部、伊那市の北に位置する隣接する町村である。県庁所在地である長野市や第2の都市である松本市からは離れた地域に所在するものの、人口は、過去30年（1985年から2015年の国勢調査ベース）で大幅に増加（箕輪町18%、南箕輪村52%）している。

　この地域で注目すべき点は、大都市圏から離れた小規模な自治体でありながら、大企業の中核的機能が複数立地していることである。箕輪町にはKOA㈱（抵抗器製造）、㈱キョウデン（プリント基板製造）という複数の上場企業の本社が立地するほか、養命酒製造㈱の中央研究所が立地している。そのほかにも、複数の大手機械メーカーの製造事業所が立地している。とくに、KOA㈱は、箕輪町を中心に製造拠点を含む中核的事業所を集積、同業他社が製造拠点を海外に移すなかでも生産高の75%を国内で生産し続け、地域貢献活動にも熱心であるなど、まさに地域の中核企業として機能している。

　KOA（株）が実質創業地で地元である伊那地域の振興・発展に貢献することを強く意識した企業行動をとっていることは箕輪町にとって幸運で

あったが、町がこうした幸運を上手く活かしたことが地域の活性化につながったといえる。多くの企業が地域を生産活動のための単なる「空間」と考え、ほかに有利な場所があれば転出することが多い現状において、企業に地域市民として地方創生の中心的役割を担ってもらうためには、企業集積の推進、産官学の連携など、地域を企業にとって離れがたい場所とする知恵と努力が必要である。

❖ 立地企業へのフォローアップを大切にした岩手県北上市

　古くから地域を支えてきた企業ですら地元を離れていく時代にあっては、単なる金銭的なインセンティブでは、誘致企業が地域に根を下ろし、主体的に地域再生にかかわることを期待することはできない。企業（工場）誘致のメリットとして強調されるのは雇用の創出や税収増加であった。とくに大企業は税収を生み出してくれる存在、つまり「マネー・マシーン」としてみられることが多い。

　しかし、企業の活動原理は「利潤の最大化」である。より有利な場所があれば活動の場を移してしまう。そこには地域を立地空間としてみる企業の論理が存在する。工場誘致に成功したのもつかのま、工場の操業が中止されたり、規模が縮小されたりする事例がみられる。その背後には、雇用創出や税収効果といった短期的な経済波及効果に満足し、地域産業振興のゴールと位置づけたところに問題があった。

　企業誘致をゴールとみる自治体が多いなか、誘致した企業へのフォローアップを大切にし、成功を収めた事例がある。岩手県北上市だ。北上市は岩手県西部内陸に位置し、県内では、盛岡市、一関市、奥州市、花巻市に次ぐ人口を擁する（9万3511人）が、人口減少が著しい東北地方にあって過去30年（1985年から2015年の国勢調査ベース）で17％もの人口増加を実現した。東北縦貫自動車道の東京からの直通、東北新幹線の開業により産業立地の条件が改善したことも後押しとなった。しかし、同じ新幹線、高速道路沿いの都市と比較しても、北上市の人口増加は突出しており、交通インフラの整備を活かしつつ、効果的な産業活性化に成功した地域であることがわかる。

北上市の産業活性化は、主として加工組立型を中心とする製造業の集積が高まったことによるものであり、北上市および隣接する金ケ崎町をあわせた製造品出荷額（9497 億円：2012 年）は、県内全体の 43% であり、就業者構成でも第 2 次産業の比率が 36.3%（北上市）と県内最大（県内平均では 24.3%）となっている。

　北上市では、1960 年代前半から、財団法人北上市開発公社を設立して工業団地の造成に着手するなど、早くから工場誘致に取り組んできた。そして、主力であった電気機械製造業が事業所、出荷額ともに大幅に減少するなど、工場誘致に地域経済の発展を託した地域で典型的にみられる問題も経験した。しかし、その落ち込みを輸送用機械器具製造業、一般機械製造業等がある程度カバーしている。その秘訣は、多くの自治体が工場誘致をゴールと考えていたのに対して、北上市は立地企業に対するフォローアップを行ってきたことにある。

　1999 年には立地企業への支援施策として北上市基盤技術支援センターを設置した。基盤センターは地場産業、誘致企業を含めた北上市内外の企業に対して測定・試験機器等の提供、測定機器講習会の実施、人材育成の支援等を行うことによって、地域産業の技術や経営の高度化を進めるとともに、新たな産業おこしによる地域全体の活性化を目指す全国でも珍しい北上市直営の施設である。

　また、北上市は工業振興計画の中に産学官連携支援プロジェクトを位置づけ、岩手大学工学部附属金型技術研究センターのサテライトである新技術応用展開部門を設置し、技術支援や人材育成の取り組みも行っている。このように、地場企業と誘致企業が継続的に操業するメリットを大きくする努力を行うことによって、北上市は加工組立型製造業の多様な集積を高めることができ、グローバル経済の影響を受けつつも雇用創出力を維持できる構造を作ってきた。

❖ものづくりの人材育成により、地域の持続的発展を目指す新潟県燕市

　新潟県県央地域に位置する燕市は人口 7 万 9784 人、全国有数の金属加工産業の集積地として知られる。過去 30 年（1985 年から 2015 年の国勢調査

ベース）の人口推移をみると、5.2％の減少となっているものの、県内 20 市のなかでは 4 番目に良い数字（この間、増加している市は新潟市（6.7％増）のみ）であり、20 市のうち 13 市で 10％ 以上の人口減となっていることを踏まえれば、雇用の確保により比較的人口維持がなされているといえる。

　また、過去 5 年の製造品出荷額の変化をみると（2009 年から 2014 年。「工業統計」による）、20％の増加になっており、同様に金属加工産業を主とする産業構造を有する大阪府東大阪市（3％増）、東京都大田区（25％減）と比較しても好調に推移しており、リーマンショック前の水準に近づいている（2014 年「工業統計」製造品出荷額等（4 人以上従業者数の事業所）：4065 億円）。同期間の従業者数の変化は 2％増と、製造品出荷額と比べると伸びが少ないが、東大阪市（2％ 減）や大田区（8％減）が減少しているのと対照的である。この間、製造業の従業者数が全国ベースで減少していることを踏まえれば、相当健闘しているといえよう。

　当地域のものづくりの歴史は江戸時代にまでさかのぼるが、現在では、とくに金属洋食器・ハウスウエアは有名で国内シェアで大きな割合を占めている。そのほかに、自動車・航空機・医療分野の部品、金型製作、金属加工産業の集積を活かしたアウトドア製品等、ニッチ分野の製品を生産するオンリーワン企業が存在し、高品質を活かして販売先を海外に展開する企業も多い。燕市もかつて円高による輸出の激減によってきわめて厳しい状況に追い込まれたことがある。しかし、各企業が独自の製品開発を模索することによって内需に活路を見いだし、地域全体で多様な金属製品を生産する場として盛り返しを見せていることなどは、日本の中小企業の底力を示しているといえる。

　燕市にとって命ともいえる高度な技術であるが、近年、金属加工産業の集積地として重要なプレスや研磨の技能・ノウハウ希薄化という問題が、団塊世代の引退をきっかけに表面化した。これらの技能・ノウハウが失われると、集積の源となっている基盤技術が失われることとなり、地域の発展が根底から危ぶまれることにつながりかねない。そのため、地域あげての人材育成の取り組みが行われている。

かつて、金属加工の技能・ノウハウは、徒弟制度により受け継がれてきたが、昨今、競争激化により中堅・中小・零細企業は社内で人を育てる余裕がなく、人手不足もあり、培ってきた技術・ノウハウを受け継ぐのが難しくなってきている。そこで、燕市は、2007年に「燕市磨き屋一番館」を開設し、技術伝承の対策を行っている。具体的には、市が研修費用を出し、3年間にわたり、研修生が現役の職人から研磨の技能・ノウハウを学ぶ学校形式となっている。これまで巣立っていった卒業生の中には地元企業に就職している者もいる。

　これらの取り組みが実現したのは、職人自身の、自らの技能・ノウハウを後世に伝えたいという思いからであり、磨き屋一番館の開設をきっかけに、それまで人前に出ることがほとんどなかった職人たちが、展示会や体験会に積極的に参加する行動をとるようになった。そうした動きが地域の企業に広まったことの意味は大きい。地域で熱心に指導を行うことのできる人材の存在が、市の人材育成施設の開設につながったのである。また、近年、マスコミ・メディアで、クールジャパンや職人技に注目が集まり、彼らの存在がクローズアップされることで、職人に憧れる若者が増え、ものづくりに対する誇りが形成されている。

　さらに、燕市では、隣接する三条市（同様に金属加工業の集積地）とともに、2013年より毎年、50以上のものづくりの現場を4日間にわたり公開する「燕三条　工場の祭典」を開催している。また、今まで東京で実施されていた「ものづくりメッセ」が、燕市、および三条市で3年前より毎年開催されている。こうした地域発のものづくり産業の情報発信、人材育成の取り組みが、地域産業の持続的な発展を促進し、雇用の維持・創出に寄与しているものと評価できる。

観光振興は可能なのか

市場動向と地域ポテンシャルの見極めが不可欠

わが国では、近年、インバウンド観光客（海外からわが国を訪れる外国人観光客）が増加し、注目を集めている。人口減少によって各産業共に内需の拡大が構造的に難しくなっているなかで、観光産業は外国人の需要をとらえ、成長していける可能性がある産業分野としてとらえられ始めている。しかし、観光産業の振興はそれほど容易ではない。観光を主要産業として育てるためには、地域に存在する観光資源が外国人にとって魅力的であることが重要であるが、これは観光振興の必要条件にすぎない。資源をうまく活用できるかどうかが観光産業活性化の鍵をにぎっている。

❖やはりインバウンドに期待するしかない（観光産業と需要動向）

　図6-1は近年の国内延べ宿泊客数の推移を示したものである。インバウンド観光が注目されているが、実は日本人の宿泊客数も増加している。だが、ここ数年の国内宿泊客数の増加は、人口の多い団塊の世代がリタイアし、時間的に余裕ができたことから旅行に出かける回数が増えたことによるものと考えられ、これを持続させることは容易ではない。

　観光庁の「旅行・観光消費動向調査」によると旅行を楽しむ人が多いのは70歳代までであり、80代になると、旅行者数、消費額は大きく減少する。現在は活発に活動をしている団塊の世代の観光需要にいつまでも頼るわけにはいかない。また、団塊の世代以降の世代は急速に人口が減少することから、団塊の世代に次いで人数の多い団塊ジュニア世代がリタイアし始める20年後までの間は日本人の観光需要は厳しいものと予想される。

　もちろん、シニアの旅行ニーズを掘り起すような商品開発によって需要を増やすことはある程度可能かもしれない。しかし、1人当たり所得の大きな増加や、休暇日数が大幅に増えることが期待できないとすれば、やは

図6-1　国内延べ宿泊客数の推移

外国人だけでなく日本人の旅行者数も増加している。

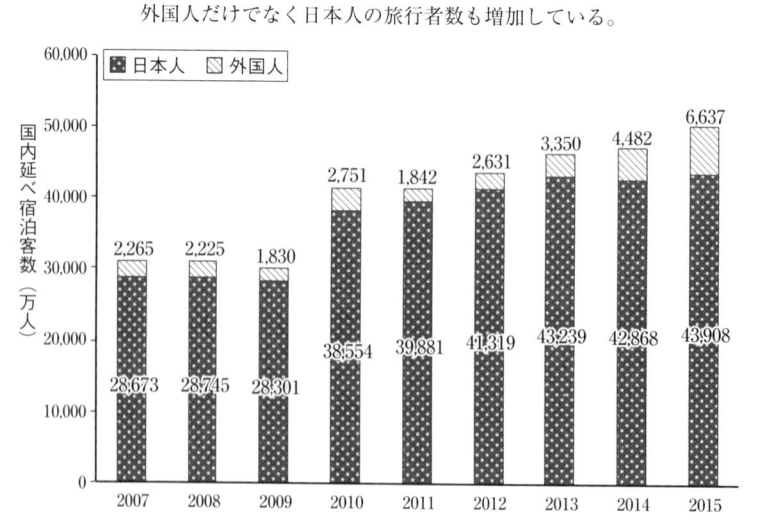

注）　2010年第2四半期より悉皆調査に移行したため、2009→2010に大幅増となっている。
資料）　観光庁「宿泊旅行統計調査報告」

74

りインバウンド観光客の需要に期待せざるを得ない。図6-2で近年の訪日外国人旅行者数の推移をみると、2012年までは800万人前後で足踏みしていたのが、それ以降急激に増加し、13年に1000万人を突破、15年には1974万人にまで達している。この勢いはインバウンドへの期待を膨らませるに十分だ。

　外国人旅行者の国別内訳をみると、アジアからが86.7%と圧倒的なウェイトを占めており（うち中国26.4%、韓国21.2%、台湾19.5%、香港8.1%の4地域で75%を占める。2015年）、伸び率も高い。しかし、アジア各国と比較すると数は少なく伸び率も低いものの、欧米諸国からの旅行者数も増加している。

　ただ、都道府県別の外国人延べ宿泊者数をみると、東京都、大阪府、京都府といった大都市圏への旅行者が圧倒的に多く、地方では北海道、沖縄県が目立つ程度であり、外国人観光客は、東京から富士山を経由し、京都・大阪に至るいわゆるゴールデンルートと北海道に集中しているのが実態である。

図6-2　訪日外国人旅行者数の推移

訪日外国人旅行者数は急速に増加している。

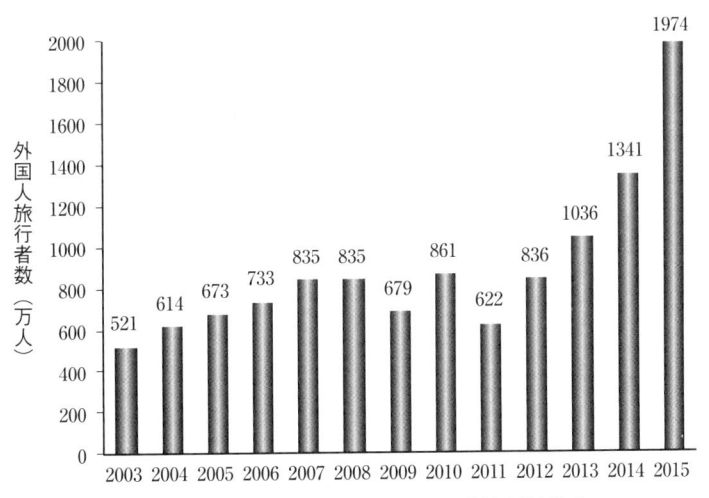

資料）日本政府観光局（JNTO）公表資料をもとに日本政策投資銀行作成。

それでは、外国人観光客は大都市や北海道にしか興味をもたないのだろうか。日本政策投資銀行では、2012年から毎年インターネットを活用して、アジア8地域の訪日外国人旅行者の意向調査を行っている。その調査結果から今後の日本の観光にとっての大きなヒントが浮かび上がった。

　表6-1は訪日時に訪問したい観光地である。全体としてはゴールデンルートと北海道が高い数字だ。しかし、注目すべきは、訪日経験が増えるに従って、地方の観光地への訪問意欲が高くなる傾向がみられることである。日本人が海外旅行をする場合でも同様であるが、外国に最初に行く時には、どうしてもその国の首都、あるいは最大都市等に行き、そこから主要な都市等を回るのが普通であり、2回目、3回目に行く時には、それ以外の地域にも関心が向き、地方にも足を延ばすことが多いと思われる。この調査結果を見るかぎり、アジア各国の人びとも同様で、リピーターになり、日本のことを知れば知るほど、大都市のみならず、地方の観光地にも

表6-1　行ってみたい観光地

リピーターになり日本のことを知れば知るほど、地方の観光地にも関心が高まる。

訪日経験	なし	1回	2回以上
サンプル数	1,730	960	1,187
富士山	47%	46%	42%
東京	46	45	43
北海道	38	47	51
大阪	34	39	42
京都	26	37	41
沖縄	21	27	35
札幌	15	25	33
広島	10	11	13
福岡／博多	5	9	17
函館	2	7	16
立山／黒部	1	4	11
別府／湯布院	2	4	10
仙台／松島	3	5	7
熊本／阿蘇	1	3	11
飛騨／高山	1	1	6

注1）　回答者はアジア（中国、韓国、台湾、香港、タイ、シンガポール、
　　　マレーシア、インドネシア）
注2）　回答はあてはまるものすべて。
出所）　DBJ・JTBF「アジア8地域・訪日外国人旅行者の意向調査（平
　　　成27年度版）」

関心が高まり、訪問意欲が増す傾向が読み取れる。今後、アジアからの観光客にもリピーターが増えてくることを考えるなら、地方の観光地にも関心が高まり、訪問意欲が増す可能性は大きい。

　観光産業の振興においては、旅行者のニーズをつかむことが何より大切である。リピーターが地方への関心をもつとしても、ニーズを的確につかみ、それに応えられない観光地は衰退する。訪日経験者に日本旅行を選んだ理由をたずねたところ、回答が多かったものを順に並べると、①日本食、②日本の自然や風景、③温泉、④ショッピング、⑤日本の文化・歴史となっている。このうち、第4位のショッピング以外は、いずれも大都市圏よりは地方圏において豊富なものであり、地方の観光地は発展のチャンスを活かせるかどうかが試されている。それでは、各地域が具体的に外国人観光客の誘客に取り組み、観光産業振興による地域活性化を推進する際にどのような点に留意すべきなのだろうか。

❖地域産業としての観光産業の可能性

　地域が地方創生を推進する際に、競争力があり持続可能な産業を育成し、稼ぐ力を強め、雇用を創出することが何より重要である。とくに、地域の産業育成に関しては、その地域特有の地域資源を活かした産業であれば、効率的に育成できる可能性が高く、他地域との差別化も比較的容易と思われ、競争力も持続しやすいであろう。

　観光産業は、まさに自然、歴史、文化、食材等といった地域の資源を活かした産業であり、わが国においては、多くの地域が多かれ少なかれ、そうした資源をもっていることから、育成していく地域の産業分野としては、取り組みやすい面がある。まち・ひと・しごと創生総合戦略、基本方針においても、こうした観光産業の特性を踏まえ、導入、促進していくべき有力な分野として位置づけている。このような状況に加え、昨今のインバウンド観光客の増加が、手っ取り早く稼げる方法として、観光産業への注目を増幅させている。その結果として、非常に多くの地域で観光産業を地方創生の重要な要素として位置づけ、取り組みはじめている。

　観光客を惹きつけるポテンシャルのある優れた資源を有する地域であれ

ば、観光産業は他の産業よりも効率的に活性化でき、大きな効果も期待できることから、積極的に取り組むべきだ。しかし、観光産業を地域の主力産業として育成していくべきか否かは、各地域において精査する必要がある。各地域の取り組み実態をみると、活用する地域資源も似たり寄ったりで、ほかとの差別化をはかり、魅力的な観光商品に仕立て上げることは難しいのではないかと感じられるケースも多い。とくに、観光産業に関しては、今後の国内人口の減少で内需の伸びは期待できないことから、成長を目指す場合にはインバウンドに目を向けざるを得ないが、外国人の嗜好は日本人と異なっていることも多いし、欧米人とアジア人でも嗜好が異なる。さらにアジア人でも表6-2にみるように、国によって旅行先として日本を選ぶ理由は異なっている。時間とお金をかけて遠方から来訪する外国人は、「よくわからないけれど、とりあえず行ってみようか」という場合は

表 6-2　日本旅行を選んだ理由（上位 3 位のみ掲載）

国によって旅行先として日本を選んだ理由は異なる。

国	来日歴	1位		2位		3位	
		目的	%	目的	%	目的	%
韓国	1回	温泉	29	自然・風景	29	日本食	28
	2回以上	温泉	42	日本食	36	自然・風景	27
中国	1回	自然・風景	56	温泉	55	ショッピング	46
	2回以上	自然・風景	52	温泉	49	シッピング、日本食	46
台湾	1回	自然・風景	49	日本食	42	文化・歴史	35
	2回以上	自然・風景	49	文化・歴史、日本食	42	温泉	41
香港	1回	日本食	38	温泉	33	自然・風景、文化・歴史	29
	2回以上	日本食	59	ショッピング	46	温泉	42
タイ	1回	日本食	60	自然・風景	58	温泉	54
	2回以上	日本食	72	自然・風景	60	温泉	52
シンガポール	1回	日本食	50	自然・風景	41	ショッピング	39
	2回以上	日本食	55	自然・風景	35	温泉	33
マレーシア	1回	自然・風景	49	日本食	46	文化・歴史	43
	2回以上	日本食	64	自然・風景	55	温泉	43
インドネシア	1回	文化・歴史	66	自然・風景	64	日本食	60
	2回以上	自然・風景	62	日本食	60	科学・技術	55

注）　回答はあてはまるものすべて。
出所）DBJ・JTBF「アジア 8 地域・訪日外国人旅行者の意識調査（平成 27 年版）」

少なく、つまらないものには関心を示さないし、事前の情報収集で、ある程度魅力を感じなければ、旅行目的地として選択してもらえない。

　以上を踏まえれば、地域の資源を活かせる産業ということで、安易に観光産業の振興に取り組むことは危険であり、地域の有する観光資源が、外国人にとって魅力的な観光商品に仕立てあげる材料になり得るのかどうか、他の地域と差別化可能かどうか、よく精査したうえで、観光産業の振興に取り組むべきか否か判断するべきである。

❖観光産業のポテンシャルを見極めるべき

　すべての地域が観光産業のポテンシャルを等しくもっているわけではない。ポテンシャルを把握する際、参考になるデータとして、たとえば、既存の宿泊施設の整備状況や、宿泊客数から、観光産業の集積度合、当該地域における影響度合いを推測することができる。

　表6-3は、各都道府県の宿泊施設の収容人員を人口で割った数値（全国平均以上の都道府県のみ表示）である。ここで上位に来る都道府県は、人口当たりの宿泊施設収容能力が大きく、観光客が多い＝観光産業への依存度が高い地域であると推測できる。実際に上位にランクされる都道府県の顔ぶれを見ると、①長野県、②山梨県、③沖縄県、④山形県、⑤福井県、といったように、いずれも風光明媚な観光地を抱える県が並んでいる。総じて、地方圏の県が上位に位置しているが、大都市圏では、三重県（15位）、京都府（20位）が入っている。いずれも大都市圏とはいえ、豊富な観光資源を抱えている府県である。

　図6-3は各都道府県の宿泊施設定員稼働率の2012年と15年の数値を示したものである（横軸：2012年、縦軸：2015年）。上位は、軒並み大都市圏の都府県となっており、地方圏で上位となっているのは、沖縄県を除くと、福岡県、北海道、広島県、宮城県といった、地方中枢都市を有する道県であり、定員稼働率でみると、ビジネス需要の高い地域が高くなる傾向がある。

　一方で、長野県、山梨県、山形県、福井県といった観光産業への依存度の高い県は、軒並み稼働率が低く、40位以下の順位となっている。観光

表6-3　都道府県別人口当たり宿泊能力

人口当たりでみた宿泊能力には地域間で大きな差がある。

順位		人口当たり宿泊能力	順位		人口当たり宿泊能力
全国平均		9.902	17	島根県	14.799
1	長野県	42.382	18	北海道	13.922
2	山梨県	37.881	19	高知県	13.825
3	沖縄県	27.542	20	京都府	13.430
4	山形県	20.945	21	群馬県	13.255
5	福井県	19.704	22	鹿児島県	13.057
6	鳥取県	18.871	23	秋田県	12.489
7	福島県	18.651	24	熊本県	11.534
8	新潟県	18.599	25	香川県	11.517
9	石川県	18.585	26	富山県	11.380
10	静岡県	17.002	27	青森県	11.143
11	栃木県	16.720	28	徳島県	11.041
12	和歌山県	16.272	29	宮城県	10.988
13	大分県	16.074	30	佐賀県	10.816
14	長崎県	15.858	31	滋賀県	10.659
15	三重県	15.551	32	岐阜県	10.210
16	岩手県	15.515	33	宮崎県	10.149

資料）観光庁「宿泊旅行統計調査（平成27年）」、住民基本台帳人口（平成27年1月1日現在）より作成。

図6-3　各都道府県の宿泊施設定員稼働率の2012年と2015年の数値

インバウンド観光客が集中している大都市圏を中心とするゴールデンルートおよび北海道、沖縄で定員稼働率は改善している。

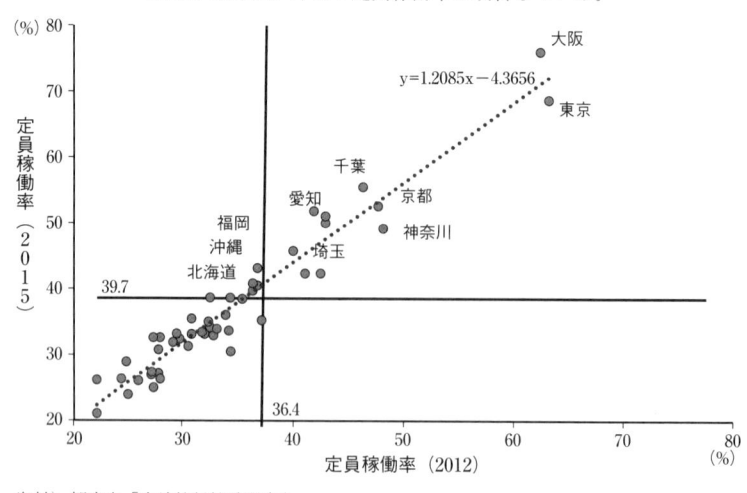

資料）観光庁「宿泊旅行統計調査」

依存度の高い県は、そうでない県と比較して、宿泊施設の種類でいうと都市ホテルやビジネスホテル（1室当たりの定員は1〜2名が多い）よりは旅館やリゾートホテル（1室当たりの定員は3〜5名が多い）が多く、1室当たり定員が多いことから、家族連れや少人数グループでの旅行が多い現在では、構造的に定員稼働率が低くなりやすい。また、ビジネス客と比較して、観光客は季節性も強く、通年で高い稼働率を維持することが難しい面もある。

2012年と15年の稼働率を比較すると、全国平均で36.4％から39.7％に改善しており、ほとんどの地域で稼働率は高まっている。しかし、東日本大震災の影響を受けた東北地域をはじめ、四国地域、信越地域など、全国の稼働率が上昇している中にあって、低下している県が目立つ地域もある。

全体的傾向としては、インバウンド観光客が集中している大都市圏を中心とするゴールデンルートおよび北海道、沖縄の改善度合いが大きい。

図6-4は外国人宿泊者比率（全宿泊者数に占める外国人宿泊者数の割合）と宿泊施設定員稼働率との関係を見たものだ。外国人宿泊比率が高い地域ほど、定員稼働率が高くなっており、両者には強い相関関係がある（相関係数0.78）ことを示している。このことは、宿泊施設に対するビジネス需要が少なくても、インバウンド観光客を呼び込めれば、観光の重要な資源の1つである宿泊施設を有効に活用できることを示している。逆に、インバウンド観光客が少ない地域ほど宿泊施設の稼働率が低く、観光産業も停滞していることが推測できる。具体的には、地方圏のなかでも、北海道や北九州各県は、比較的順調にインバウンド観光客を増やしている一方、元々、観光依存度が高い地域である東北、信越、山陰等の各県は、インバウンド観光客を十分に呼び込めておらず、その結果として、全体の宿泊者数、施設稼働率も低迷している状況にあると思われる。

低い稼働率が継続することにより最低限の収益が確保できなければ、宿泊施設を閉鎖するという動きが出てくるのは自然の成り行きだ。しかし、宿泊施設の閉鎖が増えると、観光地として衰退しているというイメージの定着により、さらなる観光客の減少を招くという「負の連鎖」を招きかねない。

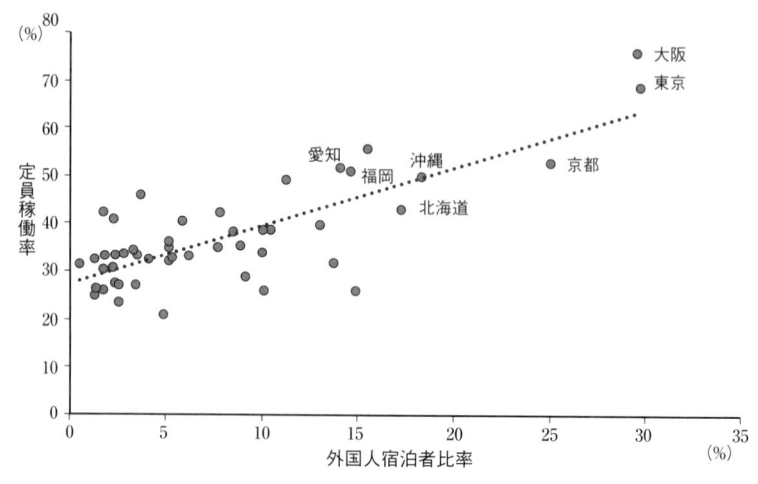

図 6-4　外国人宿泊者比率と宿泊施設定員稼働率

外国人の比率が高いほど定員稼働率も高い。

注）　外国人宿泊者比率は全宿泊者数に占める外国人宿泊者数の割合。
資料）　観光庁「宿泊旅行統計調査（2015）」

　一口にインバウンド観光客といっても、出身国によって日本への旅行に期待するものが異なることを踏まえるなら、地域に存在する観光資源を精査し、それを活用できる観光客を絞り込むことによって観光産業の振興を図ることも必要だろう。そのことによって稼働率を改善させ、「正の連鎖」を引き起こす取り組みが求められている。外国人と日本人では嗜好が異なり、観光に関しても、魅力を感じる要素が異なる場合があることを前述したが、それは、魅力を感じる要素が、まるっきり異なるということではない。いうまでもなく、きれいな景色は誰が見てもきれいであるし、美味しい食べ物は誰が食べても美味しい。観光の魅力を構成する要素についても相当部分は万国共通である。

　わが国においては、他国と比較し、数年前までインバウンド観光客が非常に少なく、観光産業は内需産業の性格が濃かった。しかし、観光産業そのものは相当発達を遂げており、ある程度魅力ある観光資源がある地域は、観光地域としての関連産業の集積が高くなっており、その結果が宿泊施設収容能力に反映しているものと考えられる。もちろん、インバウンド

観光客への戦略を考える場合、外国人の嗜好について精査し、地域が有する観光資源が外国人を魅了するものか否か、するとすれば、どの国の人の感性に合うのかといったことを把握することが重要であるが、一般的には、今現在、まったく観光客が来ていない地域が、外国人を呼び込むことは難しい場合が多数であろう。

地方創生を考える際、従来、まったく観光産業の集積がなく、観光客が来ていなかった地域が、地方創生の目玉戦略として観光客誘致に力を入れるということは、全面的には否定しないものの、難度が高いケースが多いと思われる。

また、観光地域の集積、展開は、必ずしも行政単位で完結しているわけではなく、1つの観光地域が、複数の市町村、都道府県に跨る場合も多い。たとえば、近年、多数の外国人がスキーに訪れる長野県の白馬は、観光地域としては、白馬村のみならず、小谷村、大町市に跨る範囲で構成されている。また、瀬戸内という観光地域を考える際、観光地域は瀬戸内海沿岸の7県で構成されるが、各県にとっては、瀬戸内という観光地域に含まれる範囲は一部にすぎない。

観光地域の振興を考える際に、地域の観光産業への依存度等を測るには市町村単位で考えることが有用な場合がある一方、個々の観光地域の戦略を考えるには、市町村、あるいは都道府県を跨ぐ広域のエリア全体で考える必要がある場合も多く、その際には広域で連携した取り組みが不可欠となるなど、実態に合わせた工夫が求められる。

❖観光地域振興のための体制

以上を踏まえ、地域の有する観光資源、観光地域としてのポテンシャルを把握したうえで、実際に、観光地域としての振興を進めるべきだという結論が出された場合、それを推進していくための体制にも工夫が必要である。

従前、わが国の観光振興は、自治体、観光協会、関連事業者等により担われてきたが、観光地域全体を考えた戦略づくり、推進については、自治体の役割が大きく、観光協会は、国内プロモーションや会員支援等の限ら

れた役割を担っているにすぎないケースが多い。一方で、欧米、オセアニア等の先進的な観光地域においては、わが国の観光協会が発展進化したようなDMO（Destination Management Organization）と呼ばれる専門組織が、計画策定、関係者の調整、マーケティング、国内外のプロモーション、ブランド形成、観光経済の把握・分析、人材育成等、わが国では自治体が担っているような役割を含め、観光地域づくり全般にわたる幅広い役割を担っているケースが多い（図6-5）。

　数年前までわが国は極端にインバウンド客が少なく、観光は典型的な内需産業であった。とくに観光産業が旅行代理店による大量送客に依拠する度合が大きかった一昔前においては、地方公共団体が観光振興計画を策定し、個々の関連事業者が自助努力を行い、観光協会は国内向けのプロモーションに特化するような体制でも問題はなかったし、むしろ、そうした方法が効率的で上手く機能した面があった。

　しかし、いまや中長期的に内需は縮小が不可避である一方、増加ポテンシャルの大きいインバウンド観光の誘客を戦略的に行うことが重要になっており、さらに内需に関しても個人客の主流化、旅行ニーズの多様化等により、個々の事業者の自助努力に加えて地域としての品質向上が求められる状況になっている。

　日本人が海外旅行をする場合でも同様であるが、インバウンド観光客は遠く離れた海外からお金をかけて来訪するわけであるから、細かな個々の施設等への来訪を目的にしているケースは少なく、どちらかというと、より広域の観光地域全体のイメージを把握したうえで、その地域に来訪するケースが多い。したがって、インバウンド向けのプロモーションを行う際には、観光地域全体のブランド形成、品質の管理・向上が重要であるが、従前のわが国の観光地域振興の体制では、こうした取り組みを効果的に行う機能が非常に弱かった。具体的には、戦略策定、海外向けのプロモーションなど、幅広い機能を地方公共団体が担っているが、地方公共団体は観光担当者が人事異動により2〜3年で交代することが一般的であり専門性が育ちにくい環境にあるうえ、単年度予算により、継続的な取り組みが難しい面もある。さらに、とりわけインバウンド向けの戦略、施策を検討

図 6-5　各国における観光推進組織（DMO 等）と自治体の機能比較

インバウンド観光客の増加に対応して観光振興体制にも工夫が必要である。

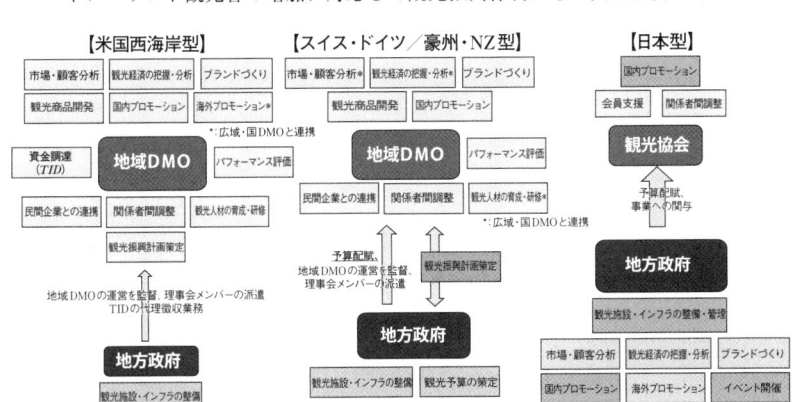

資料）日本政策投資銀行、日本経済研究所が作成。

するうえでは、マーケティングの重要性が高いが、地方公共団体にはそうした専門ノウハウも乏しい。

　海外の観光先進地域は、わが国観光地域と比較して、元々インバウンド客の比重が高かったことから、早くからマーケティングに基づく戦略策定、プロモーション、ブランド形成に効率的に取り組むことの重要性に気づき、そのための専門機関として、DMO を形成してきた経緯がある。わが国においては、インバウンド観光客が急増し、かつ、今後、成長ポテンシャルのある市場として重点的に対応していかなければならない今こそ、観光地域づくりの主要な担い手として DMO の形成を進めていくべきタイミングであろう。

　こうした認識は、政府における地方創生の取り組みにおいても意識されており、まち・ひと・しごと創生総合戦略、基本方針において、観光地域づくりを進めていく主体として DMO が位置づけられている。観光庁では、各地域における DMO の形成支援のため、日本版 DMO 候補法人登録制度を開始し、登録された法人に対して関係省庁から重点的に支援がなさ

れる体制を整備している。また、実際に DMO を形成していく際の手引き
等も作成、公表している。こうした政府による支援も活用しながら、ポテ
ンシャルのある地域が効率的に観光地域振興に取り組むことが期待される。

提言 6 **付録**

各地の観光地から観光振興のヒントがみえる

> 日本国内の観光地を観察すると、観光地間ではっきりと明暗が
> 分かれている。観光振興を図るために必要な条件は何か。各地
> の事例から考えてみたい。

❖北海道は日本観光の縮図 ──見えてくる観光振興のヒント

　北海道は、質量ともに豊富な観光資源を有し、観光産業への依存度も高い地域である。北海道には、その多様な観光資源を求めて多くの観光客が訪れている。しかし、図付6-1に示すように、北海道観光はバブル経済崩壊後の1999年度まで、比較的順調に市場が拡大してきたものの、その後、宿泊延人数でみた観光客は大きく減少し、2011年度には北海道全体でピーク時の80％程度にまで落ち込んだ。このように長らく減少を続けていた観光客数であったが、外国人観光客の増加によって2011年度を底に反転し、14年度にはピーク時の90％程度まで回復している。

　観光客のこうした動向を地域別に見ると、落ち込みは、道央地域は比較的軽微であり、現在の宿泊客数はピーク時を上回っているのに対して、釧路・根室、オホーツクといった道東地域や道北地域での宿泊客数は、落ち込みが大きかった分、現在でもピーク時の65〜80％程度にとどまっている。

　北海道内の主要観光地域の過去15年間の宿泊延べ人数推移を1999年度＝100とした指数で見てみよう。ここでは、2014年度、もしくはピーク時の1999年度に年間30万人以上の宿泊延べ人数のあった観光地域22か所（原則として地方公共団体単位、ただし、ニセコ町と倶知安町はまとめてニセコ地域、洞爺湖町と壮瞥町はまとめて洞爺湖地域とした）を主要観光地域とした。22か所合計の宿泊延べ人数は、2014年度で北海道全体の

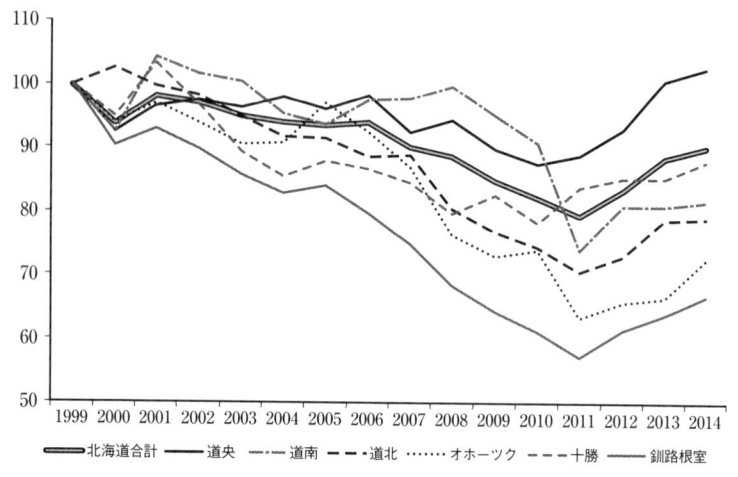

図付 6-1　北海道内地域別宿泊延べ人数推移（1999 年度＝ 100 とした指数）

北海道内でも観光客の動向は大きく異なっている。

凡例：北海道合計　道央　道南　道北　オホーツク　十勝　釧路根室

出所）北海道観光入込客数調査報告書より作成。

85％を占める。2014 年度における数値では、

① 120 前後に位置する観光地域

旭川（128）、富良野（124）、帯広（121）、ニセコ（119）、札幌（118）

② 100 前後に位置する観光地域

伊達（110）、北見（98）、小樽（90）、函館（90）、留寿都（89）

③ 85 以下に位置する観光地域

稚内（84）、洞爺（81）、釧路（74）、登別（73）、占冠（70）、上川（68）、音更（68）、網走（68）、斜里（64）、弟子屈（49）、東川（41）、赤井川（35）

に分かれる。

北海道地域のなかでも、順調に宿泊客数が増加している地域と、逆に大きく減少している地域があり、両者の差が相当大きいことがわかる。

そして、これらの地域の特徴、共通点をまとめてみると、以下のようになる。

① 規模の大きな都市（旭川、帯広、札幌）、

外国人観光客の目立つスキーリゾートを含む地域（富良野、ニセコ）

② 観光資源が豊富、あるいは温泉地を抱える従前からの観光都市（小樽、函館、北見）、単独企業が経営する大規模施設への依存度が高い地域（留寿都、伊達）

③ 典型的な温泉観光地域（洞爺、釧路（阿寒）、登別、上川（層雲峡）、音更（十勝川）、網走、斜里、弟子屈（川湯）、東川（旭岳））、スキーリゾート（赤井川（キロロ）、占冠（トマム））

その他（稚内）

このように、比較的、共通の特徴をもつ観光地域が同じグループに属していることが見て取れる。①、②のうち、規模の大きな都市については、観光客以外の集客も大きいと考えられるし、単独企業が経営する大規模施設への依存度が高い地域であれば、誘客戦略を実施しやすい。しかし、③については、地域の規模も比較的小さく、従前は、総じて旅行代理店による集客に依存している面が強かった地域である。

ここで 1999 年に比べて宿泊客数を落としている③について、ここ数年の傾向を詳細に見てみると、洞爺湖（平成 23 年度を 100 とすると 26 年度に 148）、占冠（トマム）（同 130）、釧路（阿寒）（同 126）と大幅に増加している地域もある。これらの地域の同時期における外国人宿泊延べ人数の推移をみると、洞爺湖（同 334）、占冠（トマム）（同 318）、釧路（阿寒）（同 256）と、大幅に増加しており、直近の観光客増加が外国人観光客の増加によるものであることがわかる。しかし、典型的な温泉観光地であり、しかも、東京、大阪といった大都市圏や、札幌からの交通の便の悪い遠隔地は、インバウンド客の増加度合が低く、苦戦している地域が目立つ。

外国人、とりわけ日本旅行に関しては初心者が多いアジア観光客については、千歳空港から入って、アクセスしやすい観光地域を中心に周遊する傾向が強いうえに、個人客の場合、公共交通機関中心の移動になることなどから、公共交通機関の便の悪い道東や道北の遠隔地などには、なかなか足が向きにくい。しかし、全国的にみても、現時点ではゴールデンルートに集中するアジアの観光客が、リピーターが増えるにしたがって、地方の観光地にも関心が向く傾向にあり、北海道内においても、今後は自然、温

泉、食等の観光資源に恵まれている道東等の観光地域への関心は高まるものと考えられる。

　豊富な観光資源がありながらそれを活かしきれていない観光地域が持続可能な観光産業の振興を実現するためには、各地域が、自らの観光資源の特徴を把握し、それを踏まえたきめ細かなマーケティングを行うことが重要である。つまり、成長市場であるインバウンド観光客について、自地域の観光資源の特徴と各国の人びとの嗜好とのマッチングを重視し、どの国のどういった顧客をターゲットにするかを考える必要がある。

　主要観光地域の2014年度の外国人観光客（宿泊延べ人数）の主要国別割合をみると、北海道全体では、上位5か国はすべてアジアであり、5か国（台湾、中国、香港、韓国、タイ）合計で78.9％を占めている。上位5か国の顔ぶれは、日本国内全体の外国人観光客の上位5か国と同じであり、北海道へのインバウンド観光全体としては、日本全体へのインバウンド観光と比較的近い構造であるが、地域別にみると、上位にある国の構成は異なっている。北海道地域のインバウンド観光は、日本全体のインバウンド観光の縮図ともいえる面があり、その動向を分析すれば、他地域にも参考になる特徴、課題を見いだすことができる。

　第1に、札幌、小樽といったメインの観光都市は、いずれも北海道全体と同様の傾向を示しており上位5か国の顔ぶれは、両都市とも北海道全体と同じである。とくに、札幌は、国の順位も同一であり、ここからは、アジアからの観光客が、まず札幌を訪れてから各地に向かうという旅行形態が想像される。

　第2に、洞爺湖、登別、上川、伊達、音更といった温泉観光地域は共通の特徴をみせており、いずれも、上位5か国をアジア各国が占めており、とくに、洞爺湖、登別については、北海道全体と同じ顔ぶれである。そして、これらの地域においては、上位5か国の占める構成比が90％前後に達していることも共通している。これらの観光地域は、かつて旅行代理店に依存しつつ、国内の団体客を大量に集客したのと同様、外国人についても、個人客というよりは、アジア各国からのツアー客を集客していることが読み取れる。恐らく、地理的にも札幌、千歳空港に近い洞爺湖、登別等

の地域は、こうした戦略を、より重点的に採った結果として（逆にいえば、国内客が低迷していることも要因であるが）、アジアからの観光客集客に成功し、高い外国人比率を示しているということであろう。

なお、占冠（トマム）は、温泉観光地域ではないものの、上位4か国をアジア各国で占めており、その構成比が90％に達するなど、前述の温泉観光地域と類似の傾向を示している。

第3に、ニセコ、留寿都、富良野は、豊富な積雪量と良質のパウダースノーを活かしたスキーリゾート地として、豪州人に高い人気を誇っている（豪州人の構成比順位：ニセコ＝1位、留寿都＝2位、富良野＝3位）。南半球に位置するオーストラリアでは、ニセコ在住のオーストラリア人がニセコの雪質の良さを紹介したことをきっかけに、近年、本国の夏季に、本国のスキー場を上回る雪質を堪能できるスキー場として人気を集めており、多くの観光客が訪れるようになった。北海道では一般的にはオフシーズンである冬季に集客できるハイレベルのスキー場という観光資源を有することを活かし、成長市場である外国人の需要を上手く取り込むことに成功している事例であろう。

第4に、北海道には、ニセコ、富良野、帯広など、シンガポール人観光客に人気の観光地がある（シンガポール人の構成比順位：ニセコ＝3位、富良野＝5位、帯広＝4位）。アジアのなかでも比較的所得が高いシンガポール人の嗜好は、アジアの富裕層を代表すると思われる。旅行形態も団体、ツアーよりも個人旅行を好む傾向が強く、一般的なアジア人の旅行形態、嗜好とは異なる面がみられる。成長著しいアジア各国では、今後、富裕層の大幅な増加が予想され、シンガポール人と類似した傾向をもつ旅行者が増加するものとみられる。こうした富裕層はリピーターになりやすく、真に価値のあるものには相応の対価を支払って消費する特徴をもつことから、良質の商品・サービスを提供できれば、安定した、かつ高付加価値の顧客層となり得る一方、質の悪い観光地域は忌避されることになる。

富裕層の心を掴むには相応の工夫、努力が必要であるが、北海道だけでなく日本には、自然・風景、食、気候、そして人材といった良質な観光資源が豊富に存在する地域が数多く存在することを考えるなら、富裕層を満

足させる観光品質の実現は、これから観光産業の振興を進める地域が目指さなければならないポイントである。富裕層のニーズをきめ細かく分析し、そのニーズに合った観光資源の活用と品質向上が不可欠であり、そのためにも科学的分析に基づいた観光戦略が必要となる。

❖スキーリゾートにみる観光による地域活性化のヒント

観光産業の振興は、既存の地域資源等を活用して効率的に行うことができる場合には取り組むべきであるが、各地域において、地域資源の現況等を踏まえた観光地としてのポテンシャル、とりわけインバウンド観光客誘客に係るポテンシャルの有無をよく確認したうえで、取り組み可否を判断しなければならない。そうでなければ、投入した資源が無駄になる可能性がある。

ひとくちに観光地といっても多様であり、全国には、いろいろなタイプの観光地が多数存在するが、ここでは、地域資源を活かしたタイプの典型であり、かつ地方創生が喫緊の課題となっている地方圏に特有の観光地の類型として、スキーリゾート（ここでは、比較的大規模な、集客力のあるスキー場を有する観光地で、相応の宿泊機能を有する滞在型のものとする）を対象に、地域活性化にどのように寄与しているかを検証しよう。

表付 6-1 は、日本の主要なスキーリゾートを有する市町村を、市町村内のスキー場の入込数によって上位 10 位まで順に並べたものである。あわせて、地域の観光産業の全体的な規模、および地域の観光産業におけるスキー場への依存度を知るため、通年の観光入込のデータを示した。

スキー比率は、通年観光入込に占めるスキー場入込の比率であり、スキー場への依存度を示す数字である。また、地域経済、社会における観光産業、スキー場への依存度を測るため、入込の実数のみならず、市町村の人口および入込実数を人口で除した数字（人口 1 人当たりスキー場入込、人口 1 人当たり観光入込）を示すとともに、長期的な人口動態（1980 年→ 2010 年の人口増減）を示した。さらに、各市町村の産業全体の観光産業への依存度を測るデータとして、人口 1 人当たり入込に加え、全就業者に占める第 3 次産業就業者の比率、および宿泊・飲食サービス業就業者の比

表付 6-1　スキーリゾートを有する主要市町村

スキー依存度の小さい白馬村、ニセコ町で人口増加率が高い。

順位	市町村	道県	スキー場入込	通年観光入込	スキー比率	国調人口	人口当たりスキー場入込	人口当たり観光入込	人口増減 1980→2010	3次産業就業者比率	宿泊飲食業就業者比率	主要なスキー場
			(2014年度) 千人			2010年				2010年 国調		
1	湯沢町	新潟県	2,569	4,322	59.4%	8,398	306	515	-11.7%	80.9%	28.5%	苗場、ガーラ湯沢、岩原など
2	山ノ内町	長野県	1,535	4,593	33.4%	13,679	112	336	-27.9%	57.0%	19.4%	志賀高原、北志賀竜王など
3	南魚沼市	新潟県	1,268	4,013	31.6%	61,640	21	65	-1.9%	58.3%	8.2%	上越国際、石打丸山など
4	白馬村	長野県	980	2,246	43.6%	9,207	106	244	29.1%	78.5%	32.1%	八方尾根、白馬47など
5	留寿都村	北海道	887	1,484	59.8%	2,035	436	729	-1.9%	59.0%	18.0%	ルスツリゾート
6	倶知安町	北海道	776	1,540	50.4%	15,570	50	99	-17.6%	78.5%	12.0%	ニセコヒラフなど
7	妙高市	新潟県	744	5,703	13.0%	35,459	21	161	-15.5%	57.9%	9.1%	赤倉、池の平、妙高国際など
8	ニセコ町	北海道	734	1,593	46.1%	4,827	152	330	5.7%	68.7%	17.7%	ニセコ東山、ニセコアンヌプリなど
9	八幡平市	岩手県	562	2,296	24.5%	28,680	20	80	-16.8%	51.0%	7.8%	安比高原、八幡平リゾートなど
10	野沢温泉村	長野県	387	688	56.3%	3,854	100	179	-22.4%	67.2%	25.2%	野沢温泉

出所）下表のとおり。

市町村	スキー場入込	通年観光入込
湯沢町	湯沢町観光統計	湯沢町観光統計
山ノ内町	スキー・スケート場の利用者統計調査（長野県）	山ノ内町観光地利用者統計
南魚沼市	南魚沼市市勢要覧	南魚沼市市勢要覧
白馬村	白馬村観光統計	白馬村観光統計
留寿都村	北海道観光客入込客数調査報告書（平成26年度）	北海道観光客入込客数調査報告書（平成26年度）
倶知安町	北海道観光客入込客数調査報告書（平成26年度）	北海道観光客入込客数調査報告書（平成26年度）
妙高市	平成26年新潟県観光入込客統計	平成26年新潟県観光入込客統計
ニセコ町	北海道観光客入込客数調査報告書（平成26年度）	北海道観光客入込客数調査報告書（平成26年度）
八幡平市	いわての観光統計　スキー客の入込動向	岩手県観光統計概要（平成26年度版）
野沢温泉村	スキー・スケート場の利用者統計調査（長野県）	平成26年観光地利用者統計調査結果（長野県）

※留寿都村、倶知安町、ニセコ町のスキー場入込は、26年12月～27年3月の観光客入込客数総数を使用。

注）　スキー場の入込については、全国の統一的な公表データがないため、各市町村、道県でまとめている 2014 年度（市町村によっては、2014-2015 スキーシーズンの数字として年度をまたぐ5月までの数字の場合もあり）のデータを活用しており、市町村によって多少、基準が異なるものと思われる。観光入込数についても市町村、道県まとめであり、2014 年データもある。

率（いずれも 2010 年国勢調査結果より算出）を示した。

　ここにリストアップされている地域は、いずれもわが国有数のスキー場、スキーリゾートを有する地域であり、道県でいうと、長野県、新潟県、北海道の市町村が各 3 か所と、岩手県の市が 1 か所となっている。ただし、北海道の倶知安町とニセコ町は隣接しており、いずれもニセコスキー場（ひらふ、東山、アンヌプリ等の地区ごとに運営主体が異なる）および、その山麓周辺にわたる町であるなど、事実上、1 つの観光地域を形成している。

　各市町村の人口規模は、最少の留寿都村（2035 人）から、最多の南魚沼市（6 万 1640 人）まで、30 倍以上の開きがある。一方、観光入込については、最少の野沢温泉村（68 万 8000 人）から、最多の妙高市（570 万 3000 人）まで 8.3 倍、さらにスキー場入込規模がほかと比べてやや小さい野沢温泉村を除けば次いで少ない留寿都村（148 万 4000 人）まで 3.8 倍の差である。

　このように、各市町村間で、人口規模に大きな開きがある一方、観光入込については、さほど開きがないことは、各市町村で観光産業に対する依存度に大きな差があることを示している。残念ながら、統計データ面で実態把握する際、十分な比較ができるのは 4 町村（湯沢町、白馬村、ニセコ町、野沢温泉村）にとどまるが、これらの 4 町村については、人口当たりのスキー場入込、観光入込とも相応に高く、第 3 次産業就業者比率、宿泊飲食業就業者比率とも相応に高い（ただし、ニセコ町は、宿泊飲食業就業者比率がほかと比べると低く、観光産業以外の集積も相応にある）ことからわかるように、観光産業、スキー場が地域の主力産業であり、それに比肩する産業はほとんどないことから、観光産業の存在、活性化が地域の人口動向に大きな影響を及ぼすはずである。

　しかし、4 町村の観光入込のなかでスキー場への依存度をみると、湯沢町、野沢温泉村では 50％台後半であるのに対し、白馬村は 43.6％、ニセコ町は 46.1％と、いずれも 50％を切っており、冬季のスキー場観光への依存度には差が存在する。

　いずれの町村も、スキー、スノーボード客を中心とする冬と、夏休みを

中心とする夏に入込のピークがあることは共通しているが、白馬村では北アルプスへの山岳観光等、ニセコ町では、温泉、カヤック、ラフティング、山岳観光等、夏季の観光も相応に魅力があり、夏のピークの集客も相応に高水準となっている。

　冬季のスキー場のみに頼った一本足打法の観光では、当然、宿泊施設の通年を通した稼働率は低くなるし、その結果として経営面でも厳しい状況となる。また、雇用の面でも、年間を通した仕事の確保が難しく、宿泊施設、飲食施設、スキー場等の関連産業の従業員の多くを季節労働者、つまり大都市圏等から来るアルバイト等で賄うことになるため、地域の人口の維持、増加につながるような雇用創出は限られるし、季節労働者の所得が域外に流出するため、地域内での消費への波及も少なく、関連する経済波及効果も、相対的に小さくなってしまう。

　結果として、スキー場への依存度が比較的小さい白馬村、ニセコ町では過去30年に人口が増加しているのに対して、湯沢町、野沢温泉村では二桁の減少となっている。このことは、白馬村、ニセコ町といった人口5000人〜1万人程度の町村であれば、地域の資源を活かした一定規模のスキー場を核としつつ、ある程度通年型の観光を実現できれば、観光産業が安定的な雇用を創出する産業となり、人口の維持、増加に寄与することを示している。

❖白馬村はなぜ人口を維持できているのか

　ここでは、スキー場を核とする観光産業の集積により、人口の維持、増加が実現している白馬村について、もう少し詳しく中身を見てみよう。実は、白馬村におけるスキー場の入込は、ピーク時の1990年頃から現在に至るまで、3分の1程度に減少している。スキー場に依存しているのであるから、必然的に、観光入込も、この間にピーク時の6割強にまで減少した。しかし、人口は、直近2005年以降は減少しているものの、1990年(8356人)以降2005年まで増え続け、1990年から2010年の20年間で10.2%の増加を実現した。その要因は、スキー以外の観光客を増加させたことにある。ピーク時には70%を超えていたと思われるスキー比率が、現在は

40%強にまで低下し、バランスの取れた観光構造になっている。

　全国のスキー場入込についての正確な統計はないが、スキー場のリフトが多数を占めると考えられる特殊索道のデータをみると、全国の輸送人員は、1980年には約3億人であったが、1992年〜95年のピーク時には約8億人まで急増し、その後急減して、2010年以降は3億人弱の横ばいで推移している。入込がピーク時の3分の1程度になったのは白馬村のみならず全国的な傾向である。にもかかわらず、白馬村は夏季を中心に、スキー以外の集客を増加させ、スキー場依存度を低下させることができた。北アルプスの麓に位置する白馬村は夏季の北アルプス登山客の玄関口としての性格を有することや、1998年に開催された長野オリンピックの会場（ノルディックスキー・ジャンプ、アルペンスキー・滑降）となったことによる知名度向上等により、夏季の集客力を高めることができたのである。

　インバウンド客を中心とする観光振興が注目されているが、実際に観光を主力産業とする地域で人口を維持、増加させている事例は少なく、同じスキーリゾートでも、長野県内の野沢温泉村、山ノ内町、新潟県の湯沢町等は軒並み長期的に人口減少となっており、ほかに増加しているのは北海道ニセコ町くらいである。

　ニセコ町は、現地在住のオーストラリア人の紹介により、パウダースノーが満喫できるスキーリゾートとしてオーストラリア人に注目されたことをきっかけとしてオーストラリア人のスキー客が増加したが、最近では、台湾、香港等のアジア人が増加しており国内で最も早くインバウンド観光が伸びた地域である。白馬村も、同様にオーストラリア人に注目され、ニセコ町の後を追うような形でインバウンドのスキー客が増加しているが、同時に、ニセコ町と同様に冬季以外の観光客の増加を実現していることも大きな成果である。

　確かに、通年観光が増加することにより、人口を維持する安定した雇用は創出された。しかし、白馬村のインバウンド客の増加は、地元のプロモーションの結果というよりは、スキー場の質に恵まれるとともに、「白馬」のブランドと、たまたまオーストラリア人に注目されたことによる部分が大きい。地元事業者も、急激に増加したインバウンド客に受動的に対

応している側面が強く、インバウンド観光客が求めるサービスを、付加価値を十分に高めて提供するまでには至っていない。さらに、外部資本への依存を高めたことにより、観光客の増加による効果が地域内に幅広く行き渡っているとはいえない状況にある。そのことは、白馬村の村民所得が長期的に減少基調で推移していること、白馬村の人口は長期的にみて増加したが直近は停滞していること、観光地域としては一体とみられる小谷村等の隣接市町村の人口は、軒並み減少していることなどに現れている。

　湯沢町、野沢温泉村のように通年観光の強化により安定的な雇用創出を目指すべき地域はもちろん、白馬村のように増加している観光客の満足度を高め、付加価値の高い商品、サービスを提供することにより、地域の所得を増やしていくことを課題とする地域においても、「観光」という観点から、地域全体をマネジメントしていく機能が重要になる。

　今後、上記で紹介したDMOを形成し、地域が一体となった観光地域のマネジメント、品質管理、ブランドづくりを行うことにより、周辺市町村も含む広域の観光産業の付加価値を高めていくことによりさらなる雇用創出と産業基盤の形成が実現できる可能性がある。白馬と同じ山岳・スキーリゾートであるスイスのツェルマットは、DMOを中心に観光地域づくりを進めた結果、高い品質に裏付けられたブランド価値の形成が実現しており、参考にすべきであろう。良質なスキー場、周辺を含めた観光資源に頼るだけではなく、これらの資源を活用する「知恵」を地域全体で出し合うことが付加価値の高い安定した観光産業の実現につながるはずだ。

農業と自然が売りでは限界

農村振興はコミュニティ・キャピタル・アプローチで

農村地域において人口減少と高齢化は著しく、このままでは地域の持続可能性が危ぶまれる。しかし、農村部の振興というと、農業、自然、都会からの移住というステレオタイプのキーワードが出てくる。今や農村地域の振興は農業や自然のみを売りにする時代ではない。そこに住む人びとの生活をトータルに改善することがなければ人口は定着しない。それにはコミュニティに存在する資源を資本（キャピタル）としてとらえ、それらを組織化し、増やしていくというコミュニティ・キャピタル・アプローチが必要だ。

図7-1　農家の内訳

大部分の農家には農業以外に仕事をもつ世帯員がいる。

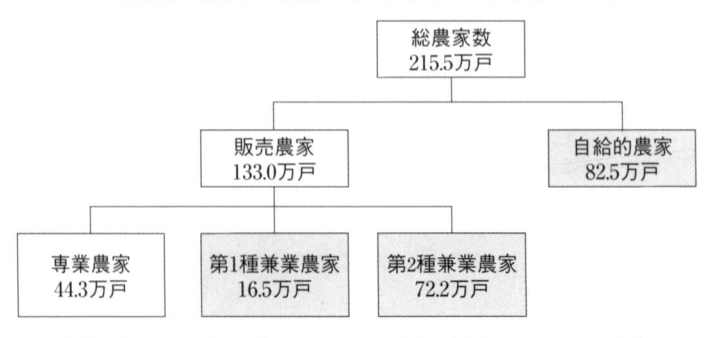

注）「農家」とは、経営耕地面積が10a以上又は農産物販売金額が15万円以上の世帯。
「販売農家」とは、経営耕地面積が30a以上又は農産物販売金額が50万円以上の農家。
「自給的農家」とは、経営耕地面積30a未満かつ農産物販売金額が年間50万円未満の農家。
「専業農家」とは、世帯員のなかに兼業従事者が1人もいない農家。
「第1種兼業農家」とは、農業所得を主とする兼業農家。
「第2種兼業農家」とは、農業所得を従とする兼業農家。
資料）農林水産省「農業に関する統計」
http://www.maff.go.jp/j/tokei/sihyo/data/07.html

❖農業と自然に頼った農村地域の活性化の限界

農村地域で地域活性化への取り組みがなされなかったわけではない。しかし、農村地域の生活がこれからも農業や自然に依存して営まれ続けるという考えに基づいて政策が作られていたために、農業政策以外の地域振興策との調整が十分ではなく、そのために政策効果が発揮されなかったと考えられる。農村地域の振興は従来の農業を中心とした対策では不十分なのである。

農林水産省の調べによると、図7-1に示すように、2015年の総農家数は215.5万戸、このうち、経営耕地面積が30a以上または農産物販売金額が50万円以上の農家である販売農家は133万戸。販売農家の内、世帯員のなかに兼業従事者が1人もいない農家である専業農家は44.3万戸にすぎず、88.7万戸は兼業農家である。自給的農家を加えると、215.5万戸の内、農業以外に仕事をもつ世帯員がいる農家は約170万戸、79.4％に上っている。このことは、農村地域の経済においても、農業以外の働き口が重要であることを意味している。

❖農村への移住者を増やす条件

　農村地域において農業の振興が重要であることはいうまでもない。提言5でも示したように、工夫次第では農業も域外から稼げる産業になりうるからである。しかし、農業以外の経済が大きな比重を占めるようになってきた農村地域においては、農家だけでなく非農家世帯にも明るい未来を保証することが求められている。そのためには、地方に存在するすべての資源を資本としてとらえ、それを活用することによって、住民が住み続けたいと考える地域づくりを行うことが重要である。

　近年、注目を集めてきているのが都会から地方への移住であるが、この人口誘致も農村地域の自然を武器に考えられている。たしかに自然や景観に感動する都会人は多い。しかし、そこで生活するとなると話は別だ。内閣府が実施した世論調査によると、2005年調査に比べ2014年調査では、30代の農山漁村への「定住願望がある」と答えた者の割合は17.0％から32.7％へ、40代では15.9％から35.0％へと増えている（内閣府「都市と農山漁村の共生・対流に関する世論調査（2005年11月）および「農山漁村に関する世論調査（2014年6月）」）。しかし、農山漁村への定住願望は大きくなってはいるものの、すぐにでも移住したいと考える者の割合は60代、70歳以上で高い値を示しているが、30代では4.0％、40代では1.3％にすぎず、5年以内に定住したい者を含めてもそれぞれ10.0％、5.3％と必ずしも高くはない。

　若い世代の農村回帰の意識は高まっているし、実際に移住した者もいる。しかし、これらの人たちはやはり少数者であり、農村地域から出て行く人は、入ってくる人より圧倒的に多い。こうしたなか、農村地域の持続可能性を高める、あるいは、少なくとも持続可能性を可能なかぎり維持するためには、農業や自然環境のみを売りにするのではなく、農村での生活のトータルな質を高めることが不可欠である。

　都会から農村地域への移住政策が注目を集めているが、これは、あくまでも「田舎に住みたい」という都会人のニーズに受け身的に反応したものが中心だ。しかも、総務省の「都市から地方への移住・交流の促進に関する調査報告書」（2009年度）が指摘するように、農村振興政策は、地域に

ある資源を使って移住想定対象者に「何を提供できるか」という「サプライヤー」の視点で考えられてきた。「調査報告書」はこれを「移住・交流希望者、実践者（コンシューマー）の視点に立って、その希望する生活スタイルや目的を実現できる「提案」を行うべきだとする。

たしかに「何を提供できるか」から「何を提供すべきか」への発想の転換は重要だ。しかし、こうした移住者に頼った農村地域の活性化にはやはり限界がある。移住者を増やすことも大切だが、現在、農村地域に住んでいる人びとの転出をどう防ぐかはもっと重要だ。つまり、提言2の分析において、50歳代後半より上の世代では都会的環境は人口の純転入率と負の相関をもっていることを明らかにしたように、都会生活から抜け出したいと考える人びとには農村地域の環境は魅力的である。しかし、農村から出たいと思っている若年層は、働く場を含めた都会的環境を魅力と感じていることに着目しなければ、農村地域の持続可能性は高まらない。したがって、「どうすれば移住者のニーズにこたえられるか」と同時に、農村地域側の「持続可能性をいかに高めるか」を真剣に考えなければ、農村地域に住む若者世代を地元につなぎ止めることはできないし、「農村に住みたい」と考える若い世代を惹きつけることはできない。

❖スコットランドの農村発展戦略に学ぶ

地方分権改革を背景として、イギリスのスコットランドではさまざまな政策が展開されている（Column7）。農村地域の発展政策もその1つであり、スコットランド政府は重要な政策課題として取り組んでいる。スコットランドでも、農村地域は多くの問題を抱える「負の資産」としてのイメージが強く、政策の重点は農村部コミュニティの消滅防止を目的とした救済に置かれた時代があった。しかし現在では、農村部は「正の資産」としての側面が強調され、コミュニティの救済にとどまらず、それを強化するための政策が行われている。

つまり、農村地域におけるコミュニティのポテンシャルを発展させることによって、スコットランド全体の成長に結びつけようとしているのである。これは、自然や農業を基盤として考えられてきた農村地域を、より多

様な就業機会と都市的生活を可能とする場へとシフトさせることである。大都市における衰退地区である「インナーシティ」の再生が、弱者に対する社会政策的なものから地区の発展を図るという地域経済政策的なものに変わっていったことと相通ずるものがある。スコットランド政府は、国を繁栄させてその「果実」によって農村を救済するのではなく、農村地域の発展がなければスコットランドの発展はないと考えているのである。

✐ COLUMN7：スコットランドの政策を支える地方分権改革

1997年に誕生した労働党のブレア政権はスコットランド議会の設立を提案、議会設立の是非を問う住民投票の結果、1999年5月に第1回議員選挙が実施され、スコットランド議会が発足した。スコットランド議会とその執行機関であるスコットランド自治政府は、中央政府のスコットランド省の機能を完全に引き継ぐこととなり、約1万2000人の職員もほとんどそのまま引き継がれた（自治体国際化協会「英国の地方自治」2008）。

日本の20代の若者は地域経済力と都市的環境をみて地域間を移動する。農村地域の活性化には若者の存在が欠かせないなら、若者の転出を抑えるための戦略が不可欠である。スコットランド政府の Web Site 等を参考に、スコットランドにおける農村活性化の経緯を簡単に追ってみよう。

スコットランド政府は2008年にスコットランド農村地域発展諮問委員会（Rural Development Council）を設置し、農村地域の持続的発展を実現するための政策と21世紀の課題への対応のあり方について諮問した。2010年に「スコットランド農村地域のための意見書」が提出されたが、そこで示された農村地域に関する基本認識は次のとおりである。

農村地域は食料品の供給、ツーリズム、レクリエーション、電力供給など、スコットランドの経済に貢献してきた。しかし、経済活動規模がクリティカルマス（臨界質量、Column8）に達しない、市場から離れている、中小企業の競争力を高めるのに必要なインフラやネットワークが不足しているといった問題を抱えている。農村地域に存在する中小零細企業の収益力を高め、潜在成長力を強化することで、それらが農村地域の経済を幅広

く支えなくてはならない。農村地域に人びとを惹きつけ永住させるには、十分な職がなければならない。こうした基本的な認識から、農村部における政策の変革の必要性が示されたのである。

　この意見に対してスコットランド政府は 2011 年に「農村の未来」（Our Rural Future）を提出した。そこでは、ハイスピード・ブロードバンドの整備、手頃な価格の住宅の供給、公共交通の充実、健康管理サービス、土地利用のあり方、コミュニティ間の連携の強化、コミュニティの発展のための地域リーダーの能力とスキルの向上など、農村地域の発展戦略が示されている。重要なことは、これらの戦略が単なる思いつきのメニューではなく、その背景に以下のような明確な発展戦略ビジョンが存在していることである。

- 多様な経済とアクティブなコミュニティをもつ、外向的でダイナミックな農村地域を創造すること。
- 所得と雇用を創り出すように地域の資産をコントロールし、地域サービスを供給しながら、コミュニティが自信をもって多様な成長を遂げること。
- 若者が自分の育った場所でキャリアを積み、豊かな未来が送れるチャンスをもつこと。
- 最高品質のサービスがコミュニティの全住民に最大限利用可能であること。
- 開発ニーズと自然資産の保全とのバランスに配慮しながら、世界的に評価される自然、文化、構築環境（ビル、住宅、社会資本などの建築物を含む、人間の手によって生み出された環境）をきめ細かく管理すること。
- アイデアと文化を全世界的にやりとりできるように、域外との接続性を強化すること。
- 農村部のビジネスが競争力と進取の気風を増すことができるように地域の資産を最善な形で利用できること。

　このように、スコットランド政府が農村地域の活性化を目指した取り組みは、自然や農業だけを前面に押し出したものでも、ましてや農村部の消

減を回避するための救済政策ではない。人びと、とくに若者がそこに住み続けたいと考えるコミュニティを形成し、地域の持続可能性を高め、発展させることを目指しているのである。そして、その成果は着実に現れている。このように、農村地域におけるコミュニティの発展を促すために、そこに存在する資源を組織的に活用するという発想は、「コミュニティ・キャピタル・アプローチ」として注目されてきている。

📖✏ COLUMN8：クリティカルマス

マーケティングに関する用語で、ある商品やサービスの普及率が一気に跳ね上がるための分岐点となっている普及率のこと。これを地域経済にあてはめるなら、右図のようになる。経済活動量がある水準を超えると急激に生産量や販売量が増加する。しかし、それを下回る活動量では生産量・販売量の増え方は遅い。

生産量・販売量

クリティカルマス　　経済活動規模

❖コミュニティ・キャピタル・アプローチ

　人びとの生活はコミュニティ単位で行われている。ただし、コミュニティとは一般にイメージされるような小さな地理的範囲の集団を指すものではなく、特定の地理的エリア内で生活し相互に関係をもつ人びとの集団を意味している。したがって、コミュニティは、農村地域の小さなエリアから、交通ネットワークが発達し、中心都市が周辺地域にとっての業務地としての役割を果たしている大都市圏域まで幅広い。このように、人の営みを意識したものをコミュニティととらえるなら、そのエリアにあったコミュニティを対象に持続可能性の条件を整える必要がある。もし、こうした一体性をもったエリアが行政区域の境界を越えて広がっているなら、地域間連携という戦略が必要になる。地域連携については提言14、15で詳しく述べることにする。

　「消滅」という言葉は人口減少問題に直面している地方にとって衝撃で

あった。そのため、「消滅」の事態を回避する方法としては、他地域から人や企業を呼び込むという発想に結びつきがちだ。子育て世代を呼び込むために保育料の引き下げや乳幼児医療の無料化といった子育て支援策を政策の目玉に掲げる自治体が目立ってきたことなどもその例である。しかし、人や企業をリクルートしてくるというのでは「ゼロサムゲーム」どころか、互いに足を引っ張り合い「マイナスサムゲーム」になる可能性すらある。

地域の持続可能性を高めるというのは、人や企業の争奪というゼロサムゲームを展開することではなく、住民生活をより豊かなものにするための道を模索し続けることである。また、コミュニティが持続可能性を高めるための政策を実施することによって、相乗効果が発揮されることも十分に考えられる。地域間の競争はこうして「win, win」の成果が期待できるものであり、一定の「パイ」を取り合うという企業間競争とは明らかに異なっている。

農村コミュニティには自然以外にもさまざまな資産が存在している。C. フローラ他は、「地域にある資産こそがコミュニティの持続可能性を決定づける」というコミュニティ・キャピタル・フレームワークを開発した。キャピタルつまり資本は新たな資源を追加的に生み出すことのできる資源のことだ。したがって、コミュニティ・キャピタルは新しい資源を創り出すためにコミュニティに存在し、利用される資本であり、それは工場、機械設備、工業団地のような有形のものから、人と人との結びつき、地域遺産への誇りといった無形のものまで、幅広い。

そして、フローラ他は、発展を遂げ持続可能性を保つのに成功したコミュニティに共通しているのは、7つのタイプの資本（①自然資本、②文化資本、③ヒューマン・キャピタル、④ソーシャル・キャピタル、⑤政治的資本、⑥フィナンシャル・キャピタル、⑦建設資本）のすべてに注意を払っているという事実を見いだした。これらの資本は活用されればさらに増加しコミュニティの発展につながるが、活用されなければ劣化していく。また、コミュニティ・キャピタル・アプローチは各資本の存在とともに、それらが相互に依存関係をもつことにも着目している（Flora C. et al. (2004) *Rural Communities: Legacy and Change*, 2nd ed., Boulder, CO:

Westview Press)。

　表7-1は7つの資本と、それに関係する資産、そして資産を増やすための具体的取り組みを、スコットランド政府の報告書（Scottish Government Investment in Rural Community Development: A Community Capitals Approach（2012）等）を用いて整理したものである。もちろん、コミュニティによって存在する資本の量や質は異なるため、戦略は違った形を取る

表7-1　コミュニティ・キャピタルとその増加策

地域資源を資本として活用し、それを増やす方法は多く存在する。

資　本	関係する資産（例示）	資本を増やす具体的取り組み
フィナンシャル・キャピタル	インフラ整備や企業の設備投資、市民のスキルや能力の向上など、コミュニティ強化のための投資に必要な資金	・コミュニティ財団の創設 ・貯蓄、投資の促進　・補助金獲得能力の強化
建設資本	コミュニティ内での住民や企業の活動を支える公共インフラと民間の施設	・ブロードバンド接続 ・公共交通手段（コミュニティ・バス等） ・レクリエーション施設 ・工場・工業団地・研究施設
ヒューマン・キャピタル	住民がコミュニティ内の資源を開発し拡大するためのスキルと能力、進取の気風、リーダーシップ	・知識やスキルの増加 ・コミュニティに利益をもたらすと考えられるもの―例）郷土史研究家、芸術家等 ・地域リーダー育成プログラム ・地域教育を進める学校
ソーシャル・キャピタル	個人間・組織間・コミュニティ間を固く結びつけるための結合型と、組織間およびコミュニティ間のゆるやかな結合を行う橋渡し型とがある それを実現するためのネットワーク 信頼；互恵（相互依存）	・小企業経営者ネットワークの形成 ・農家や生産者への助言 ・農芸展覧会開催委員会 ・ファーマーズマーケット ・婦人ネットワーク ・地元企業と技術支援機関との橋渡し
自然資本	地形、天然資源、快適性、自然の美しさなど、特定場所における資産	・原材料 （例：農地；ウイスキー用の水／大麦） ・土地から生産された食料 ・漁業資源／農業資源 ・コミュニティ・ガーデン ・公園の整備
文化資本	言語（方言） 社会の見方、物事の考え方を決定する要因（伝統・風土・習慣）	・地域密着型学習 ・祭り・パレード・祝賀等のイベント ・住民が自らの手で将来を築けると信じること
政治資本	国とのパイプ 政策を決定し、実行する能力 住民自らがコミュニティへの貢献に従事する能力	・国や地方政府の意思決定における住民や企業経営者の参加 ・行財政における透明性と説明責任 ・リーダーシップの多様化―女性や若者の政治への参画

だろう。しかし、コミュニティの持続的発展をうまく成し遂げたコミュニティには共通した特徴が存在する。

❖コミュニティの持続可能な発展を成功させるには

S. フェイ他は、アメリカの地域開発のための研究機関であるNCRCRD（the North Central Regional Center for Rural Development）が実施した事例研究から、コミュニティの経済発展（Community Economic Development: CED）の成否に影響した要因を明らかにした。主要な結果が表7-2に示されている。

これらの結果から、わが国の地域活性化戦略の問題が浮かび上がる。わが国では多くの地方創生計画で、分野ごとにプロジェクトが網羅され、しかも、どの地域の計画も内容的に大きな違いはない。地域づくり会議において、地球規模の抽象的なものから身の回りの具体的なものまで、さまざまな政策が提案され、効果の分析や優先順位づけをせずにメニュー化されているからだが、何より、プロジェクトを提示し実施する前に必要な将来ビジョンと、地方戦略プランの策定が不十分なことに原因がある。

表7-2　コミュニティの経済発展を左右した要因

コミュニティの経済発展を実現するために留意すべき点は多い。

高い成果を上げたコミュニティ	成果が低かったコミュニティ
長期的・統一的ビジョンを明確に表している	長期的・統一的ビジョンの策定が不十分
長期的成果を満たすプロジェクトに高い関心がある	短期的なプロジェクトへの関心が高い
CED を開始するために戦略的プランを策定している	戦略プランの策定は、途中あるいは CED の取り組み途中に策定している
コミュニティ全体の利益を導くプロジェクトの推進	プロジェクトを個別に推進
CED の目標を経済部門を越えて設定している	CED の目標を経済部門の対応に限っている
CED の取り組みを行うための触媒役を経済以外のことにも果たしている	CED の触媒役は企業の業績悪化や経済的停滞が中心
CED のために新しいアイデアを使うことが多い	CED のためにほとんど新しいアイデアを使わない
関係者以外も CED に積極的な役割を果たすようエンカレッジする	関係者以外には CED の積極的な役割を果たすことを望まない
新たに生み出された雇用機会をほぼ常に地元住民で満たす	新たに生み出された雇用機会が必ずしも地元住民で満たされることはない

出所）Fey S., C. Bregendahl and C. Flora（2006）, "The Measurement of Community Capitals through Research."

　多様なコミュニティ・キャピタルを利用した発展を実現するためには、コミュニティのメンバーに経済の再生に何らかの役割を担ってもらう必要がある。その過程で、参加者にコミュニティの将来についての「ワクワク感」や「誇り」そして「責任」という、これまでにない新しい感覚を与える必要がある。そのためにも、参加者に対して「あなたにとって持続可能なコミュニティとは具体的にどのようなものか？」を問いかけ、それを1つの形にまとめ上げ、全員で共有しなければならない。参加者の考えが1つにまとまらないうちに対策が出されると、収拾がつかなくなるし、有効な戦略が生まれない。

　住民がどのようなコミュニティにしたいと考えているかを知ることと同じくらい重要なのは、どのようにしてゴールに到達するかを知ることである。参加者が行おうとしている意思決定がコミュニティを良い方向に導くのかどうかを判断するためには、政策に関する正しい評価尺度を見出し、コミュニティ内に存在する資産、それをもとにした「強みと弱み」の分析、地域ニーズの的確な把握を含めて、コミュニティが現在置かれている状況を踏まえた決定を行うことが不可欠である。

❖住民参加のあるべき姿

　コミュニティ・キャピタル・アプローチは、コミュニティの発展には多様な資産が必要であることを示した。したがって、コミュニティの発展には分野横断的な、住民が関与する仕組みが必要になる。持続可能なコミュニティはコンサルタントや、プロジェクトのために特別に雇われた専門家に丸投げでは実現しない。コミュニティは、そこで生活し働いている人びとによる日々の営みによってつくり出されるのであり、発展戦略の策定の段階から住民が主体的に参加しなければならい。そして専門家は調査分析、幅広い経験や研究をもとにした知見の提示、シミュレーション等、住民による意思決定を適正な方向に導くための判断材料の提示という形でかかわることを中心にすべきだ。

　わが国でも広く住民の声を聞くことの必要性が指摘され、地域活性化の委員会に各方面からの代表が参加するようになっている。しかし、こうし

た幅広い住民の関与がコミュニティの発展に寄与するまでには至っていない。

　M. エミリー他はコミュニティの発展戦略の策定に誰を参加させるかが重要なポイントであることを指摘した。計画策定プロセスに誰を参加させるかは策定された計画を支持してくれる人、さらに重要なことはその計画の成功を支援してくれる人を決定することになるからだ。分野横断的になればなるほど、参加者間に意見の対立が表面化する可能性は大きくなり、意思決定の合意を形成するためには時間とエネルギーが必要になる。しかし、それは、計画を成功させるために必要な代価なのである（Emery M., S. Fey and C. Flora（2006）Using Community Capitals to Develop Assets for Positive Community Change, CD Practice, Issue No. 13, p. 9）。

　重要なことは、コミュニティの発展に寄与する各種資本の代表者としての委員会への参加を促すことである。日本の場合、広く意見を聴取するという名目で会議を開催することが多く、形式的になってしまっている。ここで重要なのは、コアとなる代表者からなる委員会は計画を推進することを目的としているということである。もちろん、計画の推進が副作用を生み、他の関係者にマイナスの影響を及ぼすことは十分に考えられる。この副作用を認識したうえで、計画を実行するためには、それをどのように解決すればよいかを代表者会議で検討しなければならない。

地方なればこその「地方経済開発戦略」の策定と実行

近年、地域経済政策で注目を集めているのが「Local Economic Development」だ。直訳すれば「地方経済開発」となる。国レベルでの経済政策を補完するものとして、地方のレベルで行われるミクロな経済政策のことである。しかし、これまでの経済政策の単なる地方版ではなく、地方なればこその開発を組織的・体系的に実施することに重要な意味がある。世界銀行や国連などの報告書を参考にしながら、LED のポイントを紹介し、日本の「地方版総合戦略」と比べてみよう。

❖ 「地方版総合戦略」の意義と限界

人口減少によって一部の地方では「消滅」の危機が現実味を帯びてきた。こうした状況の改善を目的として政府は地方創生を経済戦略の重要な柱と位置づけ、2014年11月には「まち・ひと・しごと創生法」を成立させるとともに、それに基づいて2015年度中に「地方版総合戦略」（計画対象期間2015年度から2019年度の5年間）を策定することを地方に求めた（Column9）。

📖 COLUMN9：まち・ひと・しごと創生法

第十条（略）

2 市町村まち・ひと・しごと創生総合戦略は、おおむね次に掲げる事項について定めるものとする。

一　市町村の区域におけるまち・ひと・しごと創生に関する目標

二　市町村の区域におけるまち・ひと・しごと創生に関し、市町村が講ずべき施策に関する基本的方向

三　前二号に掲げるもののほか、市町村の区域におけるまち・ひと・しごと創生に関し、市町村が講ずべき施策を総合的かつ計画的に実施するために必要な事項

政府が都道府県知事宛に送った「都道府県まち・ひと・しごと創生総合戦略及び市町村まち・ひと・しごと創生総合戦略の策定について（通知）」（2014年12月27日）には、国の総合戦略が定める政策分野を施策の基本的方向の例として、以下のものが掲げられている。

① 　地方における安定した雇用を創出する。

② 　地方への新しい人の流れをつくる。

③ 　若い世代の結婚・出産・子育ての希望をかなえる。

④ 　時代に合った地域をつくり、安心なくらしを守るとともに、地域と地域を連携する。

そして、たとえば①の雇用創出に関しては、

• 農業や観光業など雇用機会の確保や創出につながる産業政策に取り組む。

• 多様な知識や経験を有する人材の大都市圏からの環流や、地元人材の

　　育成・定着などを通じて、地域産業を支える人材を確保する。
といった点が示された。これらはすべて地方における重要な政策課題である。

　地方版総合戦略で特筆すべき点は PDCA サイクルを適用することによって戦略の効果を高めようとしたことだ。PDCA とは、一連の業務を行ううえで計画（PLAN）を立てて実行（DO）し、結果を評価（CHECK）したうえで改善（ACTION）し、次のステップへと繋げていく過程である。

　雇用創出、地方移住の促進、結婚・出産・子育て支援、地域づくり・安全なくらし、地域と地域の連携を基本目標とし、各基本目標を実現するための具体的施策、施策ごとの進捗状況を検証するための重要業績評価指標（Key Performance Indicator: KPI）を参考例として提示した。また、基本目標に関しては、これまでの行政評価で多く用いられてきた「企業立地説明会の開催回数」「移住に関するパンフレットの配布枚数」ではなく、「転入者数、5 年間で○○人」といった政策の成果（アウトカム）を設定するとともに、施策を KPI で評価することによって総合戦略の改訂に活かすことを求めている。

　しかし、策定期間が短かったこともあって、多くの場合、こうした重要なポイントが十分に活かされた戦略になっているとは言いがたい。策定のプロセスにおいても改善すべき点が多いし、「地方なればこそ」の開発を組織的・体系的に実施することが重要だとする「地方経済開発」の考え方からすれば依然として物足りない。

✛「地方経済開発」とは？

　地方経済開発（Local Economic Development。以下、LED とする）の目的は、全住民の生活を改善するために地方の経済的能力を高めることである。地域経済は企業、自治体をはじめ、多くの主体が関係を保ちながら担っている。したがって、LED において重要なことは、これまでの国土政策や地域政策のように公共部門が中心となって開発戦略を立てるのではなく、自治体(国)、企業、非政府部門がパートナーとして対等の立場で地域経済成長と雇用増のための条件を共同で創り出すことである。LED は

戦略の策定と実施という「プロセス」自体が重要であり、各地域の特性を活かすために自由な試みが許されるのである。

LEDはしたがって、その場しのぎの対症療法であってはならない。LEDにかかわる者は、地方が置かれている状況を理解し、地域の将来はどうあるべきなのか？　地域を良くするためには何をしなければならないのか？　といったことを十分に理解しておく必要がある。

地方経済が発展するためには、コミュニティの規模からグローバルな規模まで多様でダイナミックな市場経済に適応する能力が備わっていなければならない。もちろん、どのレベルの市場を重視すべきかについては地方経済の規模や実力によって異なるだろう。しかし、企業活動や投資の環境を改善することによって、企業と労働者の生産性の改善や競争力の強化を実現し、住民生活の質の向上、貧困の軽減、地元に新たなチャンスを創出するという共通した目的がある。その目的を達成するためには、戦略にかかわる全パートナーが以下に述べるLEDのプロセスを十分に理解し、活用しなければならない。

❖地方経済開発戦略をどうやって作るか

地域経済を活性化させるためには、地方がかかえる重要な問題に焦点をあて、問題を解決するにはどうすればよいかを判断し、戦略を実行しなければならない。そのためには。希少な地域資源を最大限有効に活用することを可能にする組織的・体系的な意思決定を含めた政策プロセスが不可欠である。以下、世界銀行（World Bank）が発表したレポート（World Bank (2006), *Local Economic Development: A Primer Developing and Implementing Local Economic Development Strategies and Action Plans*）やLEDのマニュアル（World Bank (2005), *Making Local Economic Development Strategies: A Trainer's Manual*）を中心に、国連の報告書（United Nations Human Settlements Programme (UN-HABITAT) and Ecoplan International, Inc.）を交えてLEDのプロセスを紹介しよう。

世界銀行の報告書はLED戦略計画の策定プロセスを5つのステージに区分した。図8-1は各ステージについて、そのねらいと具体的内容を簡略

図 8-1　LED 戦略計画策定のプロセス

LED 戦略はいくつものステージを経て、ようやく策定プロセスが終わる。

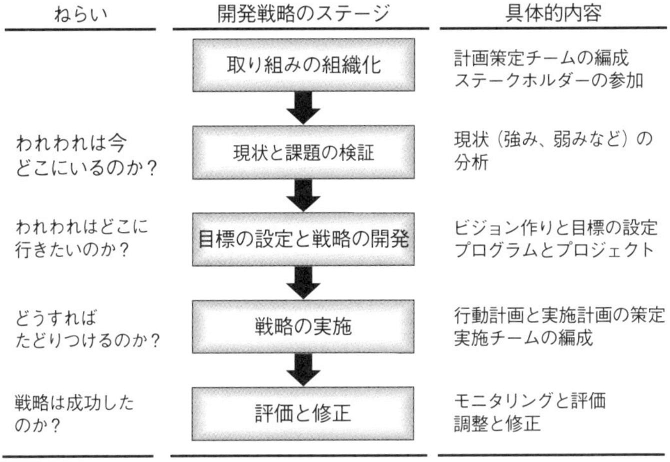

ねらい	開発戦略のステージ	具体的内容
	取り組みの組織化	計画策定チームの編成 ステークホルダーの参加
われわれは今 どこにいるのか？	現状と課題の検証	現状（強み、弱みなど）の 分析
われわれはどこに 行きたいのか？	目標の設定と戦略の開発	ビジョン作りと目標の設定 プログラムとプロジェクト
どうすれば たどりつけるのか？	戦略の実施	行動計画と実施計画の策定 実施チームの編成
戦略は成功した のか？	評価と修正	モニタリングと評価 調整と修正

出所）World Bank（2005）をもとに作成。

化して示したものである。ただ、各ステージは他のステージから完全に独立しているわけではない。あるステージで問題が発生したとしても、その問題はそれより前のステージで生じた不具合に原因が潜んでいる可能性がある。

　したがって、特定のステージで問題が発見されたとしても、問題を解決するためには、各ステージを連続したものとしてとらえ、その前後のステージを修正する必要が出てくるかもしれない。つまり、LED 戦略は固定的なものではなく、各ステージの修正を含めて随時更新されるべきものなのである。

取り組みを組織化する（ステージ 1）

　LED 戦略が成功を収めるためには、LED 計画の策定に誰を参加させるかについて、最初の段階で合意を得ておかねばならない。この合意を経て計画策定チームが編成される。地域の開発は行政区域を越えてその効果（プラスの効果とマイナスの効果）が及ぶことがあるため、LED 計画策定への参加者は行政区域を越えることもある。また、地域の開発は公民が協

115

働で行うべき分野が多いため、計画策定という最初の段階から公共、民間、非政府部門の参加が必要である。

　これらステークホルダーがもつスキル、経験、資源は計画策定に役立つだけでなく、ともに作業を行うことによって緊密な関係が育っていき、それ自体がLEDへの取り組みに大きく影響する要因となる。重要なことは、各参加者がともにパートナーとしての関係を強く認識することである。自治体が策定し、おおむねできあがったものについて他の参加者の意見を聞くだけの「アリバイづくり的」会議を開催してもLEDを成功させることはできない。こうした取り組みは、逆にいえば、地域の経済開発に関して十分な知識や知見、情熱をもたない者を「広く意見を聞く」という名目だけで形式的に参加させるべきではないことを意味している。

地域経済の現状を知る（ステージ2）

　LED戦略を成功させるためにはステークホルダーの合意が不可欠であるが、LEDへの足並みを揃える材料になりやすいのは地域経済の将来に対する危機意識だ。人口減少や産業停滞の現状を見て、単に「不安だ」「このままではいけない」「なんとかしなければ」という気持ちをもつことはLED戦略への動機づけとしては重要だが、それだけでは具体的な戦略に結びつかない。

　まずは、表8-1に示したSWOT（強み：Strength、弱み：Weakness、機会：Opportunities、脅威：Threatsの頭文字をとっている）分析等の手法を用いて地域経済の現状を把握しなければならない。SWOT分析は、LED戦略がどこに焦点をあてるべきかを示してくれる。もちろん、強みや弱みといった地域の特性が信頼に足りるものになるためには、客観性が不可欠であり、データ分析、企業の活動環境に関する調査結果、行政運営の効率性などに基づいた情報を収集しなければならない。

　わが国の地域発展戦略に欠けているのは、こうした科学的調査・分析に裏付けられた地域経済の現状把握である。なお、現状分析の対象エリアは単一自治体に限らず、経済的な結びつきの強い圏域であることが望ましい。

目標の設定と戦略の開発（ステージ3）

　提言2でも述べたように、地域住民の幸せは経済的成果だけで決まるわ

表 8-1　SWOT 分析の例示

SWOT 分析は LED 戦略がどこに焦点をあてるべきかについてのヒントを与えてくれる。

地方経済アセスメントの論点の例示	
強み 地域資産	競争力のある（安い）賃金、スキルをもった労働力、教育・研究機関、整備された交通ネットワーク、地域の安全性、元気な地元企業の存在、原材料や他の天然資源への近接性
弱み 成長への障害	劣化している土地や建物、複雑な規制・手続き、不十分なインフラ、資金の獲得のしにくさ、労働力に影響を及ぼす健康問題
チャンス 有利な外生的条件	技術革新、新たな国際貿易協定、マクロ経済／政治の発展、市場の拡大、地域空港の整備、スキルをもった労働力の出現
脅威 望ましくない外生的トレンド	人口構成の変化、地元工場の閉鎖によるグローバルビジネスの衰退と市場の縮小、域内投資を抑制する不安定な為替相場、高学歴住民の転出

出所）World Bank（2006）, p. 5.

けではない。とくに、多くのステークホルダーの合意を得て策定されるLED の戦略計画は、経済開発、環境、社会的ニーズ間のバランスを確保した統合的アプローチでなければならない。

　こうした条件を備える LED 戦略は、①ビジョン作り、②ゴールの設定、③目標の設定、④プログラムの策定、⑤プロジェクトの選択というステップで構成される。以下、順次説明しよう。

①ビジョンづくり

　ビジョンはステークホルダーが地域経済のどのような将来像を望んでいるのか、そしてどの方向に向かうべきなのかを明確に表すものであり、ステークホルダーが共有できるものでなければならない。

②ゴールの設定

　ゴールは、ステークホルダーが実現したいと考えている地域の将来像であり、ビジョンよりも具体的である。ゴールはステージ 2 で行った地方経済の現状分析を踏まえたものでなければならない。ただし、ゴールの数が多すぎると、戦略が中途半端になる可能性があるため、資源の制約を考慮して適正な数に収める必要がある。

③具体的な目標を定める

　目標はステージ 2 で検証された強みを伸ばし、弱みを克服し、チャンスを探り、脅威に対処することであり、ゴールよりもさらに具体的な

ものである。目標の設定はSMART基準に基づいて行われることが望ましい（SMART基準については提言13で詳細に述べることにする）。目標の一部は短期的な（すぐに結果が出る）ものであることが望ましい。すべての目標が、実現に多くの年月を要するものであるなら、ステークホルダーは具体的な成果に対して懐疑的になり、LEDそれ自体が頓挫する可能性があるからだ。目標の一部が短期的に成果を期待できるものであればステークホルダーのLEDに対する関心が高まり、合意を形成しやすい。

④プログラムの策定とプロジェクトの選択

プログラムとプロジェクトは目標を達成するための具体的行動である。プログラムの策定に際しては、地域が対処すべき課題を幅広く検討したうえで、プログラムを絞り込む必要がある。優先度の高いプログラムを選ぶためには、「選択」と「集中」が必要である。選択は、目標達成において効果の大きいプログラムに資源を投入するという原則であり、集中とは、特定分野に投入する資源の総量を適切なものにするということである。

資源の投入量が過大であっては良くないが、逆に少なすぎて目標の達成に明確なインパクトを与えることができなくても資源の無駄である。思いつくままに多くのプログラムメニューが提示されるわが国では、各プログラムの投入資源量が少なく、どのプログラムも十分な効果があがらないことが多い。インパクトを与えるのに必要な資源の最低量を科学的に推定することも必要である。

プログラムが決まれば、次は具体的な中身であるプロジェクトの選択だ。そのためにも優先順位をつけるとともに、費用を算定しなければならない。とくに期間が長期に及ぶプロジェクトについては、技術的かつ資金的に実行可能なのかを分析しなければならない。

図8-2は「2020年までに都市にグローバル競争力をもたせる」というビジョンから具体的なプロジェクトまでの例示である。抽象的なビジョンから始まり、順次具体性が増していくようになっている。これによって的確なプロジェクトが浮かび上がってくる。

図 8-2　ビジョンからプロジェクトへ——都市のグローバル競争力を育てる

ビジョンを具体的なプロジェクトにつなげるためのヒント。

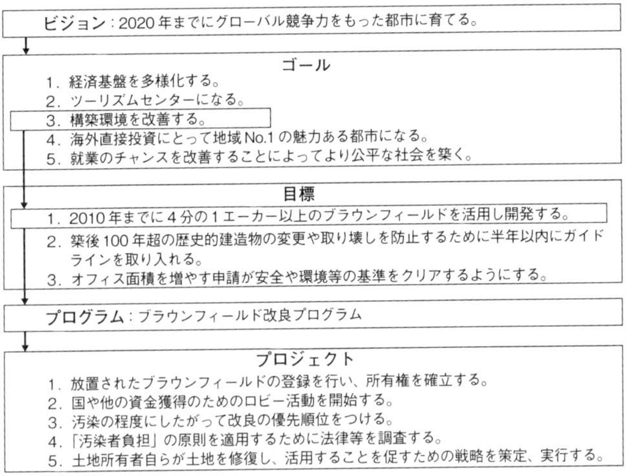

> ビジョン：2020 年までにグローバル競争力をもった都市に育てる。

ゴール
1. 経済基盤を多様化する。
2. ツーリズムセンターになる。
3. 構築環境を改善する。
4. 海外直接投資にとって地域 No.1 の魅力ある都市になる。
5. 就業のチャンスを改善することによってより公平な社会を築く。

目標
1. 2010 年までに 4 分の 1 エーカー以上のブラウンフィールドを活用し開発する。
2. 築後 100 年超の歴史的建造物の変更や取り壊しを防止するために半年以内にガイドラインを取り入れる。
3. オフィス面積を増やす申請が安全や環境等の基準をクリアするようにする。

プログラム：ブラウンフィールド改良プログラム

プロジェクト
1. 放置されたブラウンフィールドの登録を行い、所有権を確立する。
2. 国や他の資金獲得のためのロビー活動を開始する。
3. 汚染の程度にしたがって改良の優先順位をつける。
4. 「汚染者負担」の原則を適用するために法律等を調査する。
5. 土地所有者自らが土地を修復し、活用することを促すための戦略を策定、実行する。

出所）World Bank（2006）, p. 9 より作成。

戦略の実施（ステージ 4）

　LED 戦略は実施計画にしたがって行われるが、次に個々のプロジェクトについて行動計画が策定される。実施計画は LED 戦略を実施するうえでの予算、人的資源、手続きを示すものであり、行動計画には仕事の優先順位、責任者、期待される結果、成果指標、各プロジェクトの進捗度の評価システムなどが提示される。

戦略の審査（review）と修正（ステージ 5）

　LED を成功させるためには、以上のステージを経て実施されたプロジェクトが期待どおりの成果をあげたかどうかを審査しなければならない。審査はモニタリング（monitoring）と評価（evaluation）という 2 つの段階からなる。

　モニタリング：LED 戦略は通常、3 ～ 8 年といった複数年を想定して立てられるが、地域を取り巻く社会・経済環境や地域自体の構造が変化している可能性があるため、毎年チェックする必要がある。それがモニタリングである。モニタリングはプロジェクトそれ自体の善し悪しを評価するのではなく、承認されたスケジュールを所与として、戦略とプロジェクトの

実施状況を継続的に点検することが目的である。この点検によってプロジェクトの実施をタイミング良く修正しやすくなる。

モニタリングはプロジェクトの目標や戦略目的がどの程度達成されているかの情報を提供するものであり、ステークホルダーへのアカウンタビリティ（説明責任）を果たし、透明性を高めるためにも重要な要素である。この情報は、ステークホルダーが LED に参加するかどうかの判断材料にもなる。

評価：モニタリングから得られた情報を用いて、プロジェクトの適切さ、パフォーマンス、効率性、プロジェクトによって生じたインパクトなどを、所期の目標に照らして査定するものである。モニタリングと異なり、評価はプロジェクトの内容も点検の対象としてその有効性を判定しなければならない。

❖地方経済開発戦略を成功させる 5 つの原則

世界銀行（2006）は LED を成功させるためには、戦略それ自体が各地域の条件や特性を十分に踏まえたものであることはもちろんだが、戦略が以下の原則を踏まえなければならないとしている。

第 1 は、経済問題だけでなく、社会、環境等の問題も包含した統合的アプローチを取り入れることである。

第 2 は、関係するすべてのパートナーがビジョンを共有し、パートナーの総力で戦略を注意深く作り上げることである。

第 3 は、戦略が非公式経済にも配慮することである。地方の経済は公式統計には出てこない活動にも大きく依存しているからである。

第 4 は、幅広のプロジェクトを視野に入れ、採用することである。ただし、これは多くのプロジェクトを同時並行的に実施するということではない。プロジェクトはあくまでも「選択」と「集中」が原則だ。ただし、パートナーが LED を実施するうえでの触媒機能を果たし、ステークホルダーの信頼を得るためにも、プロジェクトは短期、中期、長期のバランスに配慮することが望ましい。ステークホルダーの中には、短期的な成果を期待する者もいれば、長期的な成果を重視する者もいるからである。

　第5は、他のパートナーやステークホルダーからの信頼が大きく、ステークホルダーをまとめ上げる能力をもった行動力のあるリーダーが存在することである。

　そして、LED がうまくいかなかった原因として、以下の点を指摘している。

　第1は、政治的な要因であり、LED 戦略において重要な鍵を握るグループを排除してしまうことである。

　第2は、プロジェクトの責任者（マネージャー）がチーム内で大きな役割を果たしていないことである。

　第3は、戦略的な思考に欠けていることである。データ分析や経済の動きの背景にあるメカニズムの裏付けがない思いつきのアイデアを羅列しても成果はあがらない。

　第4は、資金、調査研究、モニタリング、評価が不適切なことである。

　第5は、補助金獲得が目的になっていることである。

　第6は、最新の流行を追いかけがちなことである。

　地域の活性化は目標を羅列するのではなく、以上のように組織的かつ体系的に開発戦略計画を立てるプロセスこそが大切なのである。

自治体経営のあり方

管理者主義から企業家主義への転換が不可欠

地方が創生を果たし持続的発展を遂げるためには、自治体を含むコミュニティが新たな産業のインキュベーター（支援者）として機能したり、既存の産業を発展させたりする芽が地域に内在し、それに依存して発展することが不可欠である。自治体が外部から企業を誘致する場合でも、提言5で示したように、地方創生に大きな役割を果たすことが期待されている自治体は誘致企業を大切にし、地元企業の育成に結びつけることによって相乗効果を発揮させる取り組みが必要である。そのためにも、自治体は行政サービスを効率的に供給するという従来型の課題に対処するだけでなく、政策プランナーとして企業家主義的な政策アプローチを身につけなければならない。

❖ 地域政策の転換 —— 「管理者主義」から「企業家主義」へ

　地域の持続可能性が危ぶまれ、地域の存続をかけた取り組みが自治体に求められるようになった今日、自治体はこれまでにない新たな行政課題に対応しなければならない。たとえば、提言1でも取り上げたように、人口の超高齢化にともなって「買い物弱者」と呼ばれる人びとが増加していることへの対応もその1つである。それは地方だけでなく都会でも同様だ。民間財やサービスの売買という経済活動はこれまで純粋に民間の領域に属するものと考えられてきた。しかし、買い物弱者の生活を維持するには民間企業だけに頼っているわけにはいかなくなっている。小さくなった市場では民間のビジネスが成り立たず、事業から撤退する可能性があるからだ。

　地域経済の活性化も自治体の主要な政策課題になっている。これまでにも、多くの自治体が工業団地を整備し、加工組立型の大規模工場の誘致合戦を展開してきた。しかし、多くの場合、工場誘致それ自体が目的化し、地域振興のゴールであるかのように考えられた。また、これまでに自治体が行ってきた産業政策は、企業誘致を別にすれば既存産業に対する保護政策的な色彩が強いもの、あるいは多くの自治体がすでに行っているものの模倣が多い。これからは新たな発想で地域経済の活性化を進めていく必要がある。

　「まち・ひと・しごと創生本部」（内閣府）のホームページは、宮城県気仙沼市のニット会社、ローカルベンチャーの育成に取り組む岡山県・西粟倉村の会社、富山県・高岡市の伝統鋳物産業にデザイン性の高い商品を開発している会社など、多くの事例を紹介している。このように全国には頑張る中小企業が数多く存在し、地方創生の重要な担い手になることが期待されている。このような地域経済をけん引する中小企業の育成は保護政策的な産業政策からは生まれない。また、他地域での成功事例はあくまでも参考にすぎない。にもかかわらず類似のものが全国で繰り広げられると、結局は規模が大きかったり、有利な条件を備えたりするところが勝ち残ることになる。

　地方が持続的発展を遂げるためには、自治体を含むコミュニティが魅力ある生活環境を築くとともに、新たな産業のインキュベーターとして機能

しなければならない。それは、自治体が、従来の行政の守備範囲のなかで効率性をめざした「自治体経営」から、経済・産業、福祉、文化、教育などに関連するさまざまな資源を組み合わせることによって、人びとが「住みたい」「住み続けたい」と思い、企業が「ここをビジネスの拠点にしたい」と考える地域を創るという意味での「地域経営」への転換といえる。

　たしかに、産業政策によって新規産業を創出するとしても、成果があがるかどうかはやってみなくては分からないところがあるし、成果が目にみえるようになるには時間もかかる。産業の活性化は回り回って住民にメリットをもたらすとしても、福祉や教育のように既存住民に直接プラスになるものではないし、支援する企業を絞り込むと「特定の産業や企業を優遇するのは不公平だ」という声も聞こえてくる。こうした理由から税金を使うことにためらいが生じてしまうのだ。

　しかし、社会政策型産業政策を続けているかぎり、新産業の創出あるいは本業を軸に新分野に取り組むという「第二創業」は実現しない。産業政策を真に経済政策的なものへ転換していく必要がある。自治体の政策にイノベーションをもたらすためには、OECD が指摘するように、政策立案の発想を、市民への行政サービスの供給を主たる役割とした「管理者主義」から、失敗というリスクを織り込んだ成長戦略の作成と、戦略を実行するための組織的行動をベースとした「企業家主義」に転換しなければならない。

　企業家主義的アプローチはとくに地域や都市の都市計画や土地利用規制といった空間構造戦略において性格づけられるが、OECD はその特徴を次のように表している。

　第1は、最終的に地域経済の強化と発展を目的としていることである。つまり、環境保全目的で都市の成長を管理するというよりは、むしろ経済成長を促そうとするものである。

　第2は、従来型のアプローチが基本的に公共部門によって遂行されるのに対して、新たなアプローチは公共目的を、できるかぎり公的介入を少なくし市場メカニズムを活用するなかで達成しようとすることである。

　第3は、公民両部門が協働して成長に取り組むことである。公共部門と民間部門との間で戦略的な連携（Public Private Partnership）が形成され、

民間がもつ資源や専門性と自治体の政策手段とを結びつけることによっ
て、グローバル市場で競争できる都市や地域を造り出すためのフレーム
ワークが提供される。公民連携に関しては、提言16、17で詳しく取り上
げることにする。

　第4は、リスク・テーキング（risk taking：危険負担）、独創性、販売促
進・利潤追求型モチベーションといった、かつては民間の企業経営に特有
のものであった特徴を地域政策に取り入れるようになっていることであ
る。戦略的プラニングは、不確実さを増している将来を見据えたものとな
る。

　管理者主義的アプローチはどちらかといえば「問題解決型」であるのに
対して、企業家主義的アプローチは、むしろ積極的な攻めの戦略であると
いえる。独創性、ブランド戦略、マーケティングといった、かつては民間
企業に必要だと考えられる要素を自治体がもつべきだと言われるのも、行
政サービスを効率良く住民に提供するという自治体の役割が、地域経済を
成長させ、住民のトータルな福祉を向上させるという「地域経営」へと方
向転換しなければならないからである。企業家主義への転換という覚悟を
抜きに地域ブランドやマーケティングを語っても、言葉遊びに終わる可能
性は大きい。

　自治体が企業家主義的アプローチを取り入れるためには、組織活用型
リーダーシップと、リーダーとともに行動する、企画力、協働・コーディ
ネート力、専門性をもったコア人材の育成が不可欠だ。しかし、企業家主
義的発想は自然に身につくものではない。企業家主義を身につける最も効
果的な方法はOJT（On the Job Training　仕事遂行を通して訓練をするこ
と）である。「神戸市株式会社」と呼ばれ、自治体経営にさまざまな工夫を
こらしてきた神戸市が、職員を外郭団体に派遣し、企業経営感覚を身につ
けさせたことは有名だ。

　政策プロセスに住民をはじめとしたアクターを巻き込むことによって、
自治体関係者は交渉スキルやネットワーク・スキルを磨くことができる。
同時に、地方創生に参加するさまざまなアクターにとっても、政策プラン
ナーが直面している経済問題を戦略的に考えるチャンスが生まれ、自治体

が企業家主義的発想を身につけようとしていることへの理解も深まるはずだ。地方創生を成功させるためには、壮大な目標を掲げるのではなく、成功に向けた着実なプロセスこそが重要なのである。

❖地域ブランド戦略において重視すべきこと

　企業家主義的アプローチを基本とした地方創生においては、地域を商品としてとらえ、その魅力を発信していくことが求められている。「地域ブランド」「地域マーケティング」と呼ばれるものだ。ある商品やサービスが同種のほかのものと区別できる特徴と優れた価値をもつことによってブランドは生まれる。したがってブランドとして定着するためには実体がともなわなければならない。実体が貧弱であるにもかかわらず、イメージに頼ってブランド化を進めようとしても、期待が失望に変わり、それが周辺に伝わるとイメージを逆に悪化させることになる。

　しかし、ブランド化はときには逆転の発想も必要とされる。そのヒントは、「日本三大がっかり」という観光名所に隠されている。具体的な場所には諸説あるようだが、イメージと実体とが大きく食い違っている観光名所がある。最初、観光客は立派な実体を期待していたはずだ。しかし、今ではこれらの観光名所は「がっかり」こそが「売り」であり、観光客は現地を訪れて「なるほど、これはがっかりだ」と納得しニヤッとする。実体が立派だとかえって期待外れなのである。このブランド価値は大きいのであり、行政は「せめて恥ずかしくないものにしよう」などと考えて実体を立派なものに変えるのではなく、「がっかり」を売りにするしたたかさが必要だ。ただ、観光客を引き寄せるためには、他所に魅力ある観光名所が集まっていることが前提であることはいうまでもない。がっかりのインパクトを大きくするためにも、他の観光名所の魅力が大きくなければならないからである。

　ブランドは受け手がつくるものである。受け手にとってのイメージが送り手の思惑と違うことも起こりうる。送り手は一方的に地域のイメージを発信し、地域を売り出そうとしてもだめだ。これは単なる「販売促進」である。地方創生にとって重要なことは、移住しようとする人や事業所を開

設しようとする企業、あるいは観光客、買い物客等が何を望んでいるのか（ニーズ）、地域にどのような資源が存在しているのか（シーズ）を考えること、つまりマーケティングを通じて地域を再生していくことが求められる。販売促進とマーケティングは明確に違うのである。

　通常の商品の場合、デザイン性に優れているとか、壊れにくいといった商品イメージは相互に対立するものではなく、プラスのイメージを加算していけば良い。それに対して地域ブランドの受け手は幅が広く、たとえば、環境保護基準が厳しく設定されることは快適な居住環境を求める人や、自然の豊かさを享受したいと考える観光客には好条件であっても、企業活動にとってはマイナスかもしれない。政策プランナーは固有の文化、地域特性、アイデンティティを損なうことなく、分かりやすくかつインパクトのあるブランドにまとめ上げたうえで発信するという困難な仕事を成し遂げなければならない。そのためにも、地方創生のさまざまな担い手とともに地域ブランドについて議論し、その解釈を共有するというプロセスが不可欠である。やってはいけないことは、一般市民からイメージを公募し、そのなかから有識者がこれもまたイメージで選ぶという方式である。この手法では、結局はステレオタイプのイメージにとらわれ、他自治体との差別化が困難となる。

　地域プロモーション戦略に「ひな形」はない。にもかかわらず現実には、金太郎飴のような街並みや、類似した戦略が各地でみられる。地域間競争が激しさを増しているなかで、定型的なモデルに依存したり、他地域の成功事例を模倣したりするだけなら、たとえば「わが町はどこよりも多くの補助金を支給する」といった量的競争に陥ることになる。このことは買い手市場の傾向を強め、戦略の効率性を低める結果に終わってしまう。自治体関係者はこのことに気づくべきだ。

❖地域経営には「組織活用型」リーダーシップが必要

　思い切った行政改革を実現するためには強いリーダー（首長）の出現が不可欠だと考えている人は多い。たしかに、過去に行革や町づくりで有名になった自治体には個性的で強力なリーダーシップを備えた首長が出現し

ているところが多い。しかし、地域経営というのは自治体運営の改革であり、マネジメントの改善だ。マネジメントとは、組織の目標や目的を達成するために必要な条件や要素を分析し、組織がもつ資源や資産を活用する一連の流れのことであり、組織全体で取り組むべきものである。したがって、首長が優れた資質をもっていても、それだけで最適なマネジメントが実現するわけではない。

　民間出身の首長は企業と比較しながら行政運営の実態をみて、改革の必要性を強く感じるだろう。しかし、民間企業と自治体との間には大きな違いがあり、いかに優れた首長であっても、制度や慣習の壁に阻まれて改革が思うように進まないこともある(民間企業と自治体の相違点は提言 10 を参照)。マネジメント改革は組織をあげて取り組まねばならない課題であり、組織力が課題解決の成否を左右するのである。

　職員をぐいぐい引っ張っていくタイプのリーダーの存在は行政改革のきっかけづくりや提案された改革を実行に移すという場面では必要だろう。だが、構造改革が長期に及ぶことを考えるなら、リーダーの資質のみに依存する改革は長続きしない。組織を盛り上げ、組織を活かし、組織を機能させること、そのために地域経営の理念と目標を組織内で共有化させる能力こそが自治体のトップである首長には求められている。つまり、「ファシリテーション型」リーダーシップである （Column10）。

COLUMN10：ファシリテーション型リーダーシップ

リーダーの役割は意思決定を行い、集団の進むべき方向や取るべき政策を示すことだ。ファシリテーターは、メンバーから考えや意見を引き出し、整理、体系化し、問題を解決していく役割を担う。ファシリテーション型リーダーは、先頭に立って集団をぐいぐい引っ張るのではなく、ファシリテーターとしての能力を兼ね備えたリーダーである。組織のフラット化が進んだ現在、多くの場面でファシリテーション型リーダーシップが求められているが、広域連携であれ公民連携であれ、これからの地域づくりに不可欠な連携は、参加メンバーが対等の立場でなければならないため、意思決定のプロセス・コントロールができるリーダーが今まで以上に必要とされる。

財政収支バランスの先をめざせ

最小の経費で最大の効果の実現

　地方財政が厳しい。しかし、厳しい財政状況下でも自治体は住民に対して行政サービスを供給し続けなければならない。行政サービスが十分でなければ住民は転出し、財政がますます悪化するという負の連鎖を引き起こす（提言 1）。国が多くの行政サービスについて地方にその供給を義務づけているかぎり、国が地方財政を支援することが必要だとしても、自治体は限られた資源を最大限に有効活用することによって住民福祉を向上させる責任を負っている。提言 9 までで指摘してきた地域経済の活性化によって税源を大きくすることが重要だが、同時に自治体内部の行財政運営の効率化によって財源を捻出する努力も必要だ。つまり地域経済の活性化と地方行政改革は地方創生の両輪なのである。

❖財政収支バランスの改善は過去のツケの返済にすぎない

2007年6月、地方財政破綻の未然防止を目的とする「地方公共団体の財政の健全化に関する法律」が制定された（提言1、Colum2）。その後、財政健全化への自治体の取り組みによって赤字団体数が減少するなど、地方財政は改善の兆しをみせている。

しかし、財政健全化への取り組みの多くは緩い財政規律によって生まれた過去のツケの返済だ。地方財政健全化法は行財政運営に規律を与えようとするものだが、財政の収支尻をあわせることが真の財政再建ではない。税収が多い自治体は無駄な支出を行っても財政は健全かもしれないし、税収の少ない自治体でも、仕事を先送りしたり、放棄したりすれば財政状況は良くなるからだ。その結果、住民生活に支障をきたす可能性がある。

経済の停滞による税収減や国からの財政移転の減少という厳しい状況下で財政収支の改善を図ろうとすれば、歳出削減が中心にならざるを得ない。住民ニーズに合わなくなった行政サービスを廃止、縮小するのは当然だ。しかし、現実にはカットしやすいところがねらわれる。経費節減の中心は人件費だが、部門別職員数の変化をみると、議会事務局、職員研修所、企画開発部門の職員数の削減が大きい。これら部門の職員を削減しても短期的には行政水準に影響しないからだ。しかし、自治体の政策形成能力は確実に低下し、中長期的に地域力を弱め、財政力の低下がさらに地域力を弱めるという「負の連鎖」を招きかねない。

単純な減量経営が職員の士気を削ぐことも指摘されている。職員は減っても仕事は減らない。その結果、職員はルーティンワークに追われ、政策を考える時間も気力も失われてしまう。どのような組織も人の力によって動かされるのであり、職員の士気の低下は住民にとって損失なのである。

❖地方公務員数の削減は進んでいるが

一般に、サービス部門は製造部門に比べて労働生産性を上げにくい。とくに労働集約的な仕事の多い地方行政においては、行政需要の増大にともなって人件費が増大することは、ある意味、宿命的ともいえる。とくに地域の成熟化にともなって自治体の仕事がハードからソフトに比重を移し、

ハードについても、道路整備や河川改修のように、建設・整備事業が終了すれば管理運営のための人員を必要としないものから、文化・コミュニティ・福祉のように、建設後は施設運営のために相当程度の人員が必要なものに移っていくにつれて、自治体は高い労働コストに耐えながら行政サービスを提供しなければならなくなっている。

　高度経済成長期を経て「福祉国家の建設」の時代に入ると、わが国では自治体行政の守備範囲は急速に拡大した。とくに福祉や文化といった人的サービスをともなう行政が質量ともに拡大するなかで、図 10-1 に示すように、とくに市町村職員数は増加した。しかし、近年は、組織の見直し、事務・事業の統廃合、外部委託の推進等によって地方公務員数は大きく減少している。福祉サービスが増加していくなかでの職員数の削減であることから、人的面での行政効率化は進んだといえよう。

　しかし、企画、商工、議会事務局のように政策形成にかかわる部門についての外部委託は難しいし、地域の将来を考えるなら人員の充実がむしろ望まれる。また、民間と協働で地域づくりを進めるためにも有能な自治体職員は必要だ。こうした職員を確保するためにも、スリム化が可能な仕事

図 10-1　地方公務員数の推移

2000 年代に入って地方公務員数は大きく減少している。

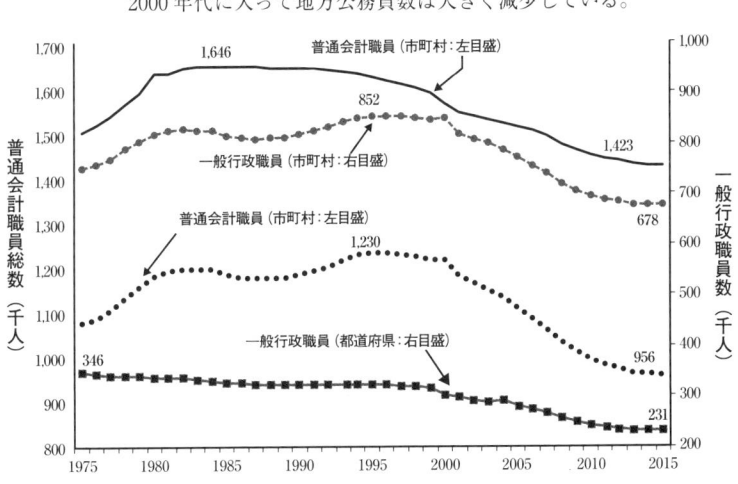

資料）総務省「地方公共団体定員管理調査」

のさらなる効率化が不可欠である。

✤行政効率には大きな自治体間格差が存在する

「効率性に差があったとしても、その多くは地理的条件など、自治体の努力が及ばない要因によるものだ」という声を自治体関係者から聞くことが多い。たしかに、人口規模の多少にかかわりなく、すべての自治体には1人の首長（知事、市町村長）が必要だし、施設の維持管理といった固定費をともなう行政サービスは、人口が少ないほど経費は割高になる。そこで、人口規模や職員の年齢構成、地理的条件といった、自治体の裁量が及ばない要因を考慮したうえで、行政の効率性を評価する必要がある。

行政サービスが効率的に供給されているかどうかを、企業の経営診断手法として多く用いられる包絡分析法（Data Envelopment Analysis: DEA）によって調べてみよう。DEA は、複数のインプットで複数のアウトプットを生産する事業体の経営効率を、最も効率的な事業体を基準に相対的な効率値として測ろうとするものである（Column11）。

📖✎ COLUMN11 : DEA

行政サービスの同じ供給量（アウトプット）が少ない資源投入量（インプット）で実現できている自治体 A が最も効率的であり、多くの資源を投入している自治体 C が最も非効率である。DEA では一定のアウトプットの量を最少のインプットで実現している仮想の自治体を計算によって求め、その自治体の効率性を1として、同量のアウトプットをどれくらいのインプットで供給しているかによって各自治体の効率性を計測する。効率性は0から1の間にあり、1に近いほど効率的である。

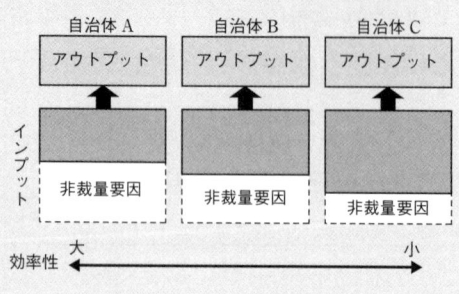

　鹿児島大学の林亮輔氏は全国786市を対象に一般行政の効率性を検証した。売上げや製品の生産量が明確に把握できる民間企業と違って、福祉、教育、産業など多岐にわたっている自治体行政のアウトプットを数量として総合的に表すことは難しい。そこで、日本の地方行政は現在のところ全国でほぼ画一的であることから、アウトプットは地域の行政ニーズによって決まり、行政ニーズは人口や面積といった地域属性に依存するという点に着目し、(a) 人口（窓口業務、議会、ゴミ処理といった、市民全体に対して供給される行政サービス）、(b) 65歳以上人口（高齢者向け福祉サービス）、(c) 可住地面積（ゴミ収集や消防のような都市全域を対象とし、とくに面積の大小に影響される行政サービス）、④福祉施設在所者数（保育所など福祉サービス）、(d) 事業所数（商工行政など産業関連型行政サービス）をアウトプットの代理指標とみなしている。

　全都市のスコアを示す紙幅はないので、都道府県ごとの平均値のみを図10-2に示した。ここでは、地理的条件等、自治体の力が及ばない要因によって生じる非効率性は事前に取り除かれている。上位10県の平均値は

図10-2　DEAスコアの都道府県別平均値（全国都市を対象）

行政の効率性には大きな地域間格差が存在している。

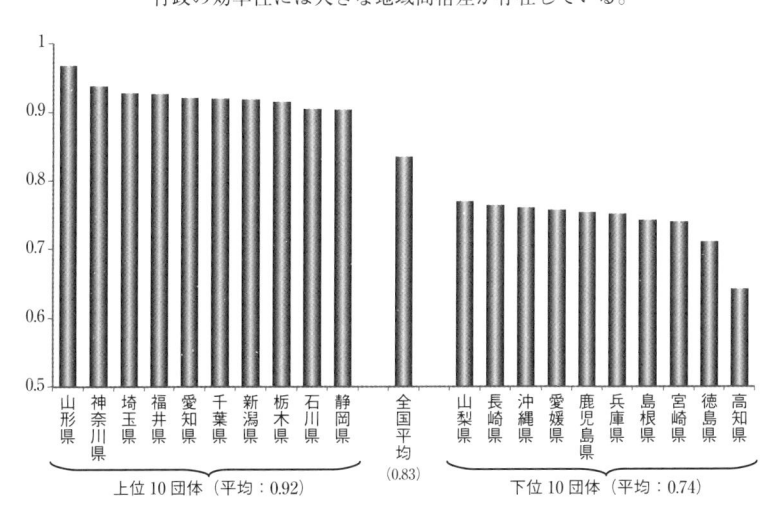

上位10団体（平均：0.92）　　（0.83）　　下位10団体（平均：0.74）

出所）2010年度。林亮輔鹿児島大学准教授による。

0.92、全国平均は 0.83、下位 10 位の平均値は 0.74 と効率性には大きな差がある。この結果は、効率性の悪い自治体は行政改革によって経費を節減でき、財政状況を改善できる可能性が十分にあることを示している。

　DEA のスコアは各自治体に行政効率性の程度に関する情報を提供してくれる、いわば健康診断のようなものだ。スコアが低い自治体は、その原因を詳しく検査し、効率性を改善するための処方箋を手に入れる必要がある。

✤ニュー・パブリック・マネジメントの考え方 ──自治体の宿命を乗り越える

　行政の非効率性を改善することを目的に、1980 年代以降、欧米諸国ではニュー・パブリック・マネジメント（New Public Management）の考え方が使われるようになり、実践されてきた。その中心となる考え方は、公共部門においても民間企業と同様の経営手法を取り入れるべきだということである。

　しかし、自治体を民間企業とのアナロジーでとらえ、自治体経営を実現すべきだということは気持ちのうえではわかっていても、実行はなかなか難しい。それは、公共部門は民間企業にはない宿命を背負っているからだ。「企業と自治体はその経営の目的が異なるのだから、企業経営を行政に取り入れることはできない」と考えるのは問題だが、だからといって「自治体も企業と同じ経営感覚をもつべきだ」と主張するだけでは問題は解決しない。企業と自治体との間に存在する違いを理解したうえで、その違いをカバーするシステムを地方行政に組み込むことが重要なのだ。まず、企業と自治体の違いについて考えてみよう。

　図 10-3 は企業経営と自治体経営をさまざまな角度から比較したものである。民間企業は売上げから費用を差し引いた利潤の最大化を目的に経営戦略を立てる。戦略を誤れば経営危機に陥り、最悪の場合には倒産する。こうした事態を回避するために、民間企業は売上げ、利潤、コストといった数量化可能な経営指標をにらみながら、売れる商品の開発、生産コストの縮減などの経営改善を行っている。

　これに対して自治体が最大化しようとしている行政サービスの便益は、

図 10-3　企業経営と自治体経営の比較

企業経営と自治体経営は大きく異なる。

	企業経営	自治体経営
経営目的	利潤の最大化	住民福祉の最大化
経営の評価	業績の数量化が可能	業績の数量化が困難
経営悪化の結末	倒産	財政再生団体の指定
財務管理方式	企業会計	官庁会計
予算と決算の関係	決算重視	予算重視
意思決定	命令系統が単純	命令系統が複雑

これを数量化することは困難である。そのため、「1億円の費用がかかった事業は、1億円の便益を生んでいる」とみなされたり、事業を行うためのインプット（投入物）の量で事業効果を測ったりすることが多い。しかも財源は税や補助金に頼っているため、住民ニーズに合わない行政サービスを供給したとしても収入が減るわけではない。かりに財政収支が悪化しても倒産することはない。財政再生団体の指定は企業の「倒産」に相当するものだが、厳しさの度合いはやはり違う。

　財務管理の方式も大きく異なる。企業会計方式をとる民間企業の場合、1年間の事業活動の結果どれだけの利益あるいは損失が発生したかは「損益計算書」をみれば一目瞭然である。これに対して自治体の場合（国の場合も同様であるが）、水道、交通のような公営企業を除けば、予算・決算は官庁会計を採用している。この方式は1年間の「財政収入と財政支出のバランス」を示しているにすぎない。

　また、予算・決算に込められた意味も違う。企業の場合には予算はむしろ合理的な経営計画を維持する比較的ルーズなものであり、決算との間にズレが生じた場合には、その理由を分析することによって将来の企業経営の方針や方向にフィードバックさせる。一方、自治体の場合には、決算よ

りも予算が重視される。決算は、予算どおりに事業が執行されたかどうか
を検討するものであって、予算化された事務・事業のフォローアップと将
来の政策形成にフィードバックさせるために決算を用いることはほとんど
ない。

　予算には、利害関係の調整や議会による行政部の統制といった政治的機
能、行政の内部管理といった行政的機能が期待されているが、その中心に
据えられるべき機能は、地方の資源を効率的に利用し、かつ諸目的間に適
正に配分するという経済的機能である。自治体の場合、予算重視と言いな
がら、予算編成過程で住民ニーズを十分にくみ取り、効率的な資源配分を
実現しているとは言いがたい。意思決定も、首長、議会、住民、各種団
体、国が複雑に絡み合っており、企業に比べて複雑だ。

❖「最小の経費で最大の効果」の意味

　地方自治法第2条は、「地方公共団体は、その事務を処理するにあたっ
ては、住民の福祉の増進に努めるとともに、最少の経費で最大の効果を挙
げるようにしなければならない」と定めている。自治体が「最小の経費で
最大の効果」をあげるためには、こうした宿命を打ち破ることが必要とな
るが、自治体経営を企業経営に近づけることはできる。「最小の経費で最
大の効果」という課題を実現するためには、次の2つの効率性が満たされ
なくてはならない。第1は、限られた地域資源を最も有効に活用して、住
民に提供できる行政サービスを最高の水準にまで高めるという「生産の効
率性」である。サービス水準が変わらないのであれば低コストで生産でき
る方が良いに決まっている。生産の効率性を改善する方法として真っ先に
思い浮かぶのが行政サービスの外部委託だ。外部委託は多くの自治体で進
んでいるが、サービスによっては進み具合が遅いなど、まだ課題は残され
ている。行政サービスの外部委託については提言12で詳しく触れること
にしよう。

　第2は、住民ニーズに合った行政サービスの組み合せを選ぶという「配
分の効率性」である。今日の組織別・性質別（人件費、補助費等）に編成
される予算は、高度経済成長期のように税の自然増収が見込まれ、膨張す

る行政需要を取り込みながら組織の拡大や、職員数や予算の増分を行えた時代には意味があった。だが、今日のように、行政需要が多様化し、今後さらに進行する超高齢化にともなう福祉関連経費の増加、地域経済活性化のための政策の推進、買い物弱者や医療難民と呼ばれる人びとへの対応など、新たな時代の行政需要が生まれる一方で、経済の停滞による財源の制約が厳しい時代にあっては、対応すべき優先度の高いニーズから順に限られた資源を投入していくことが不可欠である。たとえ行政サービスの供給において生産の効率性が実現できたとしても、サービス自体が住民ニーズに沿ったものでなかったり、優先順位の低いものであったりするならやはり資源の浪費である。

　地方分権改革の根拠の1つとして、「補完性の原理」がある。地方でできることは地方で意思決定し、実行するという原則であるが、地域の実情をよく知る者が行政サービスに関する決定を行う方が、住民ニーズに合った行政を実現できるからだ。限られた資源のなかで地域住民の福祉水準を最大限に高めるためには、地方分権の推進とともに、惰性に流されていた地方の行財政運営を改革しなければならない。利用可能な資源が限られるなかで自治体の政策効果を最大限に高めるために必要な改革内容については提言 13 でより深く述べることとする。

❖自治体経営を企業経営に近づけるために ——費用と便益のとらえ方改革

　現在の地方行政が抱える最大の問題は、行政サービスの便益と費用のとらえ方が適切ではないことだ。資源の効率的利用を図るためには、政策目的を具体的に示すとともに、行政サービスの供給にかかる費用を計算することによって「事業の評価」を実施するなど、科学的な政策形成ルールを確立しなければならない。これによって、費用と効果をにらんだ事業分析が可能になるとともに、これまで欠けていた事業の中長期計画との連携や、類似事業の統廃合も容易になる。

　行政サービスの費用は現行の予算制度における支出額とイコールではない。現行制度ではさまざまな事業にかかる支出と収入がドンブリ勘定で計上されているために、事業ごとにどの程度の費用を必要とし、どの程度の

収入を見込んでいるかが分からない。減価償却や間接部門の人件費など、今日の予算制度の下ではきわめて曖昧になっている費用をサービスごとに明確にし、住民に開示することが求められる。

費用とともに重要なのは便益に関する情報だ。かかった費用と便益が行政情報として提示されれば事務・事業の是非を判断しやすくなる。とくに受益者負担を徴収しない行政サービスにおいて有用である。もちろん、行政サービスの便益を評価するのは容易ではないが、少なくとも「利用者は満足してくれている」といった利用者の感想を頼りに評価することは避けなければならない。

また、利用者の延べ人数で評価することも問題が多い。貧困対策を除けば、税金を投入することが許されるのは、便益が広く社会全体に広がる行政サービスである。特定の個人やグループのみに利益が限られ、既得権化しているものは税の公正な使い方とはいえない。ある施設の利用者が年間延べ1万人であったとしよう。100人が100回利用する場合も、1万人が1回利用する場合も延べ利用者数は1万人であるが、税の公正な使い途という点では後者が勝るのである。にもかかわらず、行政評価の多くは延べ人数で利用状況を示している。行政サービスの利用実態を精査し、行政評価に利用可能な便益情報を提示する必要がある。何度も利用する人に感想を聞けば、「満足している」と答えるのは当然だ。利用していない人に行政サービス情報を提供し必要性を判断してもらうべきであろう。自治体関係者が必要不可欠なサービスだと考えているのなら、利用者を増やす工夫をしなければならない。

こうした行政内部の改革と同時に、住民の意識改革も必要である。わが国の場合、自分達が負担した税で行政サービスの財源が賄われているという、タックスペイヤーとしての意識が住民の間には希薄であるか、あるいは、心のどこかに地方行政への不満を抱きつつも無関心を決め込んでいる者が大半である。しかしこの問題にしても、行政サービスの費用と便益が分かりやすい形で住民に知らされるようになっていないことにも原因がある。

地方自治法は、毎年2回以上歳入と歳出予算の執行状況などを住民に公

表することを首長に義務づけている。だが、配布された広報で、行政が最小の費用で最大の効果をあげているかどうかを判断することは不可能だ。

　民間財の場合、消費者は購入を控えることで自らの選好を表明できる。しかも、良い商品やサービスを手に入れるためにインターネット等で情報収集に時間を費やすだろう。労力を使えばそれに対する見返りが得られるからだ。しかし市場メカニズムが機能しない行政サービスの場合には、政策に関する情報の入手と、住民ニーズを的確に伝えることのできる場の確保とが、適正な予算編成を実現するための唯一の拠り所なのである。これまでのように、行政とのパイプを持った一部の住民の声だけを政策に取り入れることが、かえって意思決定システムを複雑で分かりにくいものにしてしまった。また、行政サービスは政治のメカニズムで決まるために、ニーズが予算に反映されるとは限らない。とくに有権者の数が多い都市になると、自分 1 人がニーズを表明してもそれが実際の行政に反映される望みは薄い。そのため、民間財やサービスに対するような努力を行わない可能性が大きい。これを「合理的無知」という。「何もしない方がまし」という選択を住民が行ったのであり、「住民の意識が低い」と簡単に片付けてしまってはいけない。地方議会改革は住民ニーズを政策に反映させるためのものであり、提言 12 で取り上げる。

❖自治体は生産主体であるべき

　私たち家計は、生活に必要な財やサービスを市場で購入する。財布の中身にはかぎりがあるので、予算を有効に使うためにも、商品の値段と消費によって得られる満足とを秤にかけながら買い物をしていくことになる。つまり家計は、一定の予算制約下で商品価格等の情報を入手しながら、最も満足のいくように消費額を決めていく「消費主体」なのである。

　1970 年代までの経済学や財政学の文献では、政府も家計と同じように、一定の予算を住民ニーズに合うように配分し、国民や住民の満足を最大限に高める役割をもつ消費主体だと考えられていた。しかし、政府を消費主体としてみる見方は、その後、官僚制の経済学について先駆的な貢献をした W. ニスカネン（W. Niskanen）の挑戦を受けることになる。ニスカ

図10-4　消費主体から生産主体へ

住民およびその代表である議会を消費主体に、行政部局を生産主体とすべき。

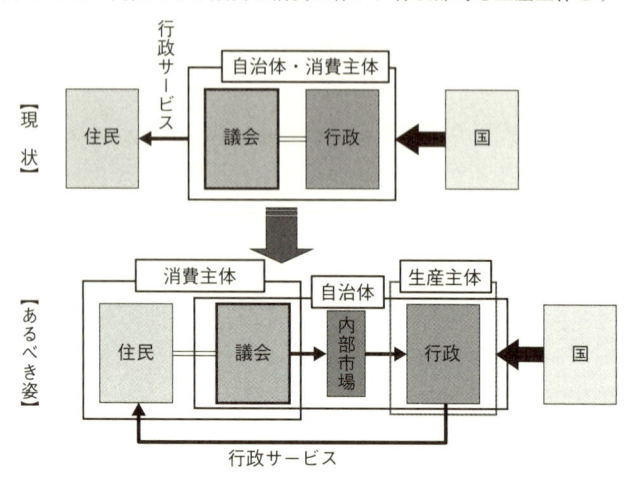

ネンは、公的部門を、家計（消費者）を代表する立法府と、それに公共財・サービスを供給する行政府とに区分したうえで、公的意思決定モデルを展開した。このアプローチは政府を生産主体と消費主体とに概念上分類することになる。そしてこのモデルでは、政府内に官僚が国民（住民）の代表である政治家にサービスを販売するという「内部市場」が存在することを意味している。図10-4はこのことを示している。

　日本の現状では議会と行政部局とが一体となって消費主体となり、国からの財政支援（補助金等）を受けながら住民に行政サービスを提供している。議会は住民の代表であるにもかかわらず、行政部局とひとくくりにされ消費主体としての自治体を構成する。直接選挙によって選ばれる知事・市町村長という首長と議会とが併存するという二元代表制（Column12）を採用しているにもかかわらず、首長を支持する与党が議会の多数を占める場合には、行政と議会とが足並みをそろえて行動するため、立法権と行政権の分離を徹底できるという二元代表制のメリットが失われてしまう。

　こうして自治体は、あるだけの財源を使って予算を編成し、住民に行政サービスを供給するのである。このような消費主体型自治体の場合の問題をまとめると、

① 住民のもう一方の代表である地方議会と行政部局との間の緊張関係が希薄になる、

② 住民と議会の間に距離が生まれ、住民ニーズが予算編成に反映されにくくなる、

③ その結果、行政サービスの供給が非効率になりやすい、

となる。

📖✏️ **COLUMN12：二元代表制**

住民が直接選挙で、首長（知事、市区町村長）と地方議会議員を選ぶ制度。日本国憲法93条が、地方自治体の首長と地方議員を住民が直接選挙で選ぶ二元代表制をとるよう定めている。二元代表制では、議員は法律や予算などを審議・決定する権限を持ち、執行は行政の長が責任をもつ。国政では直接選挙で選んだ議員で構成される議会が首相を指名し、その首相が内閣を組織する「議院内閣制」がとられている。

　こうした問題を解消する自治体の構図が図 10-4 の下段である。そこでは、住民を行政サービスの「顧客」と位置づけ、行政部局を生産主体と位置づける。そしてこれまで行政部局と一体で考えられていた議会は、住民の代表として消費主体に位置づけられる。このような位置づけをすることによって、行政部局は住民ニーズに沿った行政サービスを効率的に供給することに力を注ぎ、議会は住民との距離を縮めることによって住民のニーズを行政サービスに最大限反映させるように行動する。つまり、民間部門の場合には、財やサービスの供給者である企業と、顧客であり需要者である消費者とが、市場において取引を行うのと同じように、行政サービスの需要者である住民（その代表である議会）と供給者である行政部局とが、自治体内での市場（内部市場）において取引を行うのである。もちろん、こうした市場は実際には存在しないために、自治体内部にシステムとして疑似市場をつくる必要がある。この役割を担うのが提言 13 で取り上げる「行政評価システム」である。

　このように仕組みを変えることによって、自治体の財政規律は単に「財

政収支のバランスを確保する」だけでなく、「最小の経費で最大の効果をあげる」という効率的な行政運営を実現することが可能になる。もちろん、こうした理想の姿を実現するためには、議会、行政部局の活動のあり方が変わらなければならないことは言うまでもない。提言11では行政サービスの効率化を実現するための外部委託を、提言12では議会改革を取り上げる。

外部委託の積極的な活用と新しい発想

かつては、自治体が税金を使って供給する行政サービスは、自治体自らが生産することが一般的であった。しかし現在では、自治体が責任をもって供給しなければならないサービスであっても、生産自体は外部委託するという方式が、行政コストの節減につながるとして広がっている。ところが依然として、サービスの種類によっては外部委託が進んでいないことや、その原因として住民の抵抗が根強く残っているといった課題がある。自治体が「最小の経費で最大の効果」をあげるためには、外部委託を積極的に進めることが求められる。さらに今日では、単なる行政効率の改善だけでなく、地域経済力の強化にもつながる委託のあり方も模索しなければならない。

❖外部委託はサービスによって進み具合が異なる

　行政における生産性を向上させ、行政サービスの供給コストを縮減する最も有効な方法の1つは外部委託の活用である。外部委託は当初、役所の内部管理事務のうち印刷業務、公共施設の設計といったごく限られた分野から出発したが、その後、し尿やごみの収集、庁舎の清掃・警備等の単純労務事務、機械設備の運転・保守業務等へと対象が広がっていった。高度経済成長期には、税の自然増収に支えられて、再び直営に切り替えられるという傾向もみられたが、1970年代後半に入って行財政運営の簡素・効率化が叫ばれるようになると、再び対象が拡大されていった。

　2003年9月施行の地方自治法の一部改正によって、公の施設（スポーツ施設、都市公園、文化施設、社会福祉施設など）の管理方法が、「管理委託制度」から「指定管理者制度」に移行した。これまで公の施設の管理を外部に委ねる場合は、公共的団体（いわゆる外郭団体）に限定されていたが、民間事業者、NPO法人などへの委託が可能になったのである。ただし、道路法、河川法、学校教育法等の個別の法律において公の施設の管理主体が限定される場合には、指定管理者制度をとることはできない。

　議会の議決を経て指定されれば、指定管理者には施設の使用許可や料金設定の権限が与えられ、利用料を徴収することもできる。管理者は民間の手法を用いて、弾力的で柔軟性のある施設の運営を行なうことができ、その施設利用に料金を徴収している場合は、得られた収入を自治体との協定の範囲内で管理者の収入とすることができるようになった（地方自治法244条の28項）。

　市区町村における事務・事業の外部委託実施状況を2003年と2014年について比較したものが表11-1である。すべての事務・事業で外部委託率が上昇しており、外部委託が進んだことを示している。しかし、在宅配食サービスやホームヘルパー派遣事業、一般ごみ収集、水道メーター検針、情報処理・庁内情報システム維持、し尿収集のように、外部委託率が90%を超えるものもあるが（2014）、電話交換業務、案内・受付業務、学校用務員事務等の委託はまだ低水準である。

表 11-1　事務・事業の外部委託率

外部委託率は上昇しているが、サービスによって進み具合は異なる。

（単位：％）

	2003	2014
在宅配食サービス	96	99
ホームヘルパー派遣事業	91	97
本庁舎の清掃	86	87
一般ごみ収集	84	92
水道メーター検針	82	91
情報処理・庁内情報システム維持	82	94
し尿収集	78	95
本庁舎の夜間警部	71	78
道路維持補修・清掃等	67	81
ホームページ作成・運営	49	63
電話交換業務	33	36
公用車運転	29	58
案内・受付業務	20	26
学校用務員事務	20	22

注）　委託率は委託実施団体数÷事業実施団体数×100
資料）　総務省「市区町村における事務の外部委託の実施状況」(2003)
　　　総務省「地方公共団体における行政改革の取り組み状況に関する
　　　調査」(2014)

　指定管理者制度の導入によって、公共施設の外部委託は着実に進んでいる。しかし、表11-2にみるように、都道府県に比べて市区町村の進み具合は遅い。また、宿泊休養施設、キャンプ場、体育館、プール、文化会館等、余暇、スポーツ、文化施設については実施が比較的進んでいるのに対して、図書館、博物館、公民館といった社会教育関係の施設での導入が低調である。

　事務・事業や施設によって委託の進み具合に差が生じているが、外部委託が進みにくい理由として、現在従事している職員の処遇等の対応、外部委託の方が経費が割高であること、秘密保持または保安上の観点から職員による対応が望ましいこと、業務に精通した職員により対応する方が望ましいこと、適切な受託者を見つけることが困難なこと、といった点があがってくる。

　いずれももっともらしい理由のようにみえる。しかし、外部委託を実施

表 11-2　指定管理者の導入率

指定管理者の導入率は社会教育関連施設において低い。

(単位：％)

	都道府県	指定都市	市区町村
体育館	93.9	90.8	36.5
競技場	89.6	64.8	45.5
プール	92.6	94.4	46.3
海水浴場	60.0	33.3	12.3
宿泊休養施設	100.0	93.3	86.3
休養施設	96.7	89.7	73.6
キャンプ場等	98.5	66.7	58.3
産業情報提供施設	54.9	84.5	74.7
展示場施設・見本市施設	97.7	90.0	61.2
開放型研究施設等	27.8	82.4	52.7
大規模公園	87.9	49.3	49.8
公営住宅	67.2	60.4	16.2
駐車場	76.6	69.2	38.9
大規模霊園・斎場等	100.0	28.7	20.7
図書館	9.5	21.5	14.7
博物館	48.9	43.3	27.0
公民館・市民会館	—	—	21.2
文化会館	93.0	82.1	48.5
合宿所・研修所等	64.9	56.3	46.4
特別養護老人ホーム	66.7	89.3	68.5
介護支援センター	100.0	100.0	48.8
福祉・保健センター	65.9	84.9	52.9
児童クラブ・学童館等	85.7	71.3	22.5

注）　導入率＝制度導入施設数÷公の施設×100
出所）　総務省「地方行政サービス改革の取組状況等に関する調査」（平成28年3月25日公表）
　　　　http://www.soumu.go.jp/iken/102617.html

し、コスト節減などの成果をあげている自治体があることを忘れるべきではない。地方の企画立案能力や業務の専門性が重視されている今日、自治体職員にしかできない本来の仕事は山積し、人材の確保も必要であることを考えるなら、公権力の行使にかかる事務、組織・人事管理といった行政の専管に属するもの以外は、個々の事務・事業や施設の内容、特性、委託の長所と短所を検討したうえで、行政サービスの生産方法を検討すべきであり、その際、

① 受託者の事務処理のチェック、監督が可能なもの、
② 行政コストの節減と事務の効率化が図れるもの、
③ 行政目標とする住民サービスの水準を維持し、サービスの提供に際して公平性が損なわれないもの、
④ 安定した業務遂行能力を持った信頼できる受託者が確保できるもの、

については、積極的に外部委託化を推進すべきであろう。

❖図書館は民間委託にふさわしくないのか

　外部委託をすればサービス水準が低下することを懸念する住民もいるだろう。公共部門の無駄を指摘しながらも、依然として「民」よりも「公」に信頼を寄せている人が多いわが国では、外部委託、とくに民間企業への委託に対する住民の拒否反応は依然として強い。この点は、図書館の指定管理者制度の採用に関して意見が大きく分かれていることに如実に表れている。図 11-1 に示すとおり、図書館の指定管理者制度の導入は十分に進んでおらず、しかも、導入状況は地域によって大きく異なっている。

　佐賀県武雄市がレンタル大手「TSUTAYA（ツタヤ）」を展開するカルチュア・コンビニエンス・クラブ（CCC）に運営を委託する指定管理者制度を導入したことを契機に、他の自治体でも民間委託に切り替えようとする動きが出てきた。しかし、住民には図書館運営の民間委託に対する抵抗は残っている。たとえば愛知県小牧市で 2015 年 10 月、CCC などに運営を委託する新図書館計画の賛否を問う住民投票が行われ、反対が賛成を上回った。また、読売新聞の調査では、民間委託に賛成は全体の 39％にとどまり、反対が 61％に達した（2015 年 10 月 13 日現在）。反対した市民の多くが地域の文化・教育の拠点である図書館運営を営利企業に任せることに強い拒否感を示したという。また、武雄市の図書館で、蔵書の管理手法や選書の偏りなどが問題視されたことも反対の理由であった。

　図書館はたしかに公共性をもっている。しかし、「公共性イコール公営」なのだろうか。公共図書館という言葉がある。英語では public library だ。日本では公立図書館をイメージするが、ユネスコの「公共図書館宣言」によれば、公共図書館は年齢、性別、国籍、身分などを問わず全員が等し

図11-1 図書館の指定管理者導入状況の地域間比較

図書館の指定管理者の導入状況は低く、しかも地域によってバラツキがある。

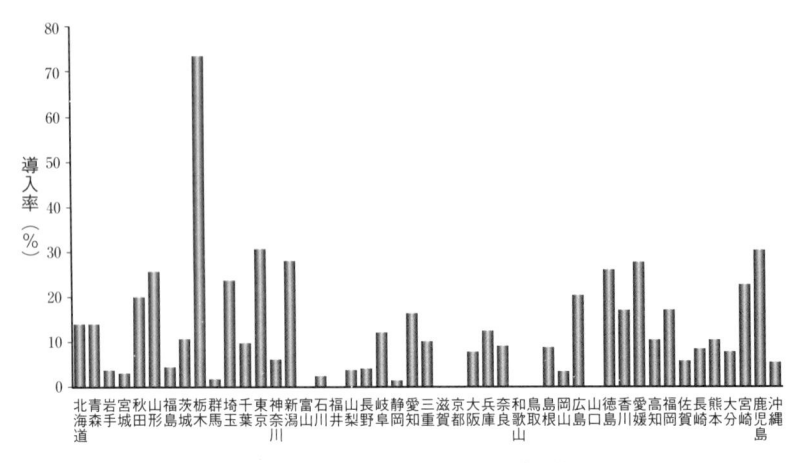

注） 導入率は各都道府県内市区町村の制度導入施設数÷公の施設数
出所） 総務省「地方行政サービス改革の取組状況等に関する調査」（2016 年 3 月）
http://www.soumu.go.jp/iken/102617.html

くサービスを利用でき、地域において人びとが知識と情報を得るためのセンターであるとされ、私立図書館も含まれる。ニューヨーク市にあるニューヨーク公共図書館はアメリカを代表する図書館の 1 つであり、財政的基盤は民間からの寄付によって成り立つ私立図書館である。

　このように、欧米では市民に開かれた私立図書館が公共図書館の役割を担っているが、日本の場合には、私立図書館はきわめて数が少なく、ほぼ「公共図書館＝公立図書館」と考えられている。ニューヨーク公共図書館はその業務の 1 つとして有料でビジネス支援などのサービスを提供している。日本の公立図書館の場合、図書館法の規定によって利用に代価を徴収することを禁じられているため、こうした有料のサービス提供はできない。

　図書館としての機能の問題と、新しい図書館サービスの供給の是非という問題は、切り離して検討しなければならない。市民にとって役立つ本、市民が読みたい本、市民に読んでもらいたい本、バックナンバー、売れ筋ではないため一般の書店の店頭に並ばない雑誌や図書、こういった図書を市民に提供するのが公共図書館の役割だ。ここで注意しなければならない

のは、図書館の使命は自治体自らが図書館を運営しようが、民間が運営しようが関係はないということだ。

　利潤を追求する民間企業にこのような選書はできないと考えるのは誤りだ。「CCC に運営を委ねた武雄市の図書館で、実際に選書のあり方が問題だったではないか」という声もあるかもしれない。愛知県小牧市の図書館の民間委託に対して、住民が「No」と判断したのはその現れだ。しかし、「外部委託＝偏った選書」ということではない。どのような方針で選書を行うかは、市民のニーズを十分に踏まえなければならない。そのためにも、透明性が求められる。しかし、これは運営を公民のいずれが行おうと同じことである。

❖外部委託に新しい発想を

　外部委託には一般に次のようなメリットがあるといわれている。

① 行政事務に関する知識や技術の高度化・専門化にともない、庁内では十分な対応が不可能な場合に対処することができる。

② 民間企業の創意工夫と効率化の導入によって人件費等の行政コストの縮減が図れる。

③ 住民の日常生活と密着した業務について、住民ニーズへのきめ細かい対応ができる。

④ 住民意識を高め、コミュニティ活動を推進できる。

　しかしこれらのメリットは、外部委託がうまく機能してはじめて実現するものであり、委託すれば自然に生まれるというわけではない。この点は他の制度やシステム改革も同様である。システムを変更すればメリットが生まれるというのは幻想であり、むしろ、これまでの制度やシステムによって芽を摘まれていたチャンスが、システム改革によって生まれるだけなのである。現実にメリットが生まれるかどうかは、改革の中身次第である。改革には副作用はつきものであり、むしろ、副作用のない改革はその分メリットも小さい。ハイリスク・ハイリターン、ローリスク・ローリターンという、投資の一般原則は公共部門の改革にもあてはまる。

　大切なことは、メリットを生むような改革を進めること、そして、その

プロセスで利害関係者の意見を聞くこと、そのためにも改革の内容や道筋の透明性を高めるとともに、市民に分かりやすく説明することである。こうしたプロセスを欠いた改革は結局のところメリットを発生させなかったり、メリットをアピールできなかったりするため、副作用ばかりが強調され、改革が不成功に終わる。

指定管理者制度も、管理者選定の段階から「出来レース」となっている場合が多いともいわれ、とくに地方では「適切な管理者が見当たらない」という理由で外郭団体などに継続して委ねる事例がみられる。しかし、本来なら指定管理者制度の創設によって、これまで運営委託を独占してきた外郭団体も、生き残るためには民間企業との競争力をつける必要が生まれたとみるべきだろう。指定管理者制度は、外郭団体の改革に結びつけなければならない。

外部委託にせよ、施設の建設から運営に至る全過程を民間に委ねる PFI（Private Finance Initiative）にせよ、「支払いに対して最も価値の高いサービスを供給する」という VFM（Value for Money）の改善や効率性の向上という NPM の枠内で、委託は考えられてきた。

しかしこれからの公民連携は、自治体と民間部門が協働で地方創生ビジョンを考え、計画と戦略を立てるなど、公民が真のパートナーとして地域経営を進めることが絶対条件である。公民の協働は、自治体が民間を利用しその見返りとして報酬を与えたり保護したりするという関係、あるいは「もたれ合い」の関係ではなく、公民両部門が単独では実現できない利益を協働で実現することでなくてはならない。この前向きの連携の成否が地方創生の結果を左右するといっても過言ではない。

インフラ整備や地域づくりに公民連携を活用することの重要性については提言 16、17 で触れるとして、ここでは、指定管理者制度の活用が、単なる行政の効率化を越えて地域づくりに貢献できることを指摘しよう。佐賀県武雄市の図書館業務の委託もその 1 つだ。図書館の外部委託といえば、本の貸出業務の委託をイメージする。したがって、上で述べたように図書館の外部委託の争点は主にこの点に集中するのである。しかし、武雄市のケースを地方創生という視点からとらえることはできないだろうか。

　東京をはじめとした大都市の情報がメディアを通じて全国に発信される今日、どの地方の住民も、とくに提言2の分析でも明らかになったように、若者が都市的生活を送りたいと考えるのは当然である。武雄でも「蔦谷書店を武雄に！」という市民の要望があったと聞く。しかし武雄市の人口は5万人、市場規模が小さいために民間企業である TSUTAYA の誘致は困難である。

　それを変えたのが図書館業務の委託だ。武雄市が図書館業務を委託し、委託料を支払うという通常の契約に加えて、図書館内で書店、カフェ、レンタル CD・DVD という業務を認めたのである。指定管理料は委託前のコストよりも安くなり、開館時間も増えたという。委託によってサービスの向上とコストの軽減が実現したわけだ。自治体と民間企業とがお互いに知恵と資源を出し合うことで、これまでにない新たな指定管理者制度がみえてくる。現在、こうした集客をねらった新しい試みが各地で展開されようとしている。通常の行政サービスに収益発生ビジネスを組み合わせて民間の力を活用する。これはまさに、自治体経営におけるイノベーションである。新しいシステムを導入する際には、副作用があるからやめるのではなく、副作用をどうやって解消するかに知恵を絞るべきである。

待ったなしの地方議会改革

マネジメント改革の視点こそ重要

自治体が「最小の経費で最大の効果」をあげるためにも、議会改革を地方行政のマネジメント改革に位置づけなければならない。それは経費削減の延長線上の議会改革ではなく、二元代表制のもとで首長との適正な緊張関係を維持しながら住民の一方の代表としての役割を十分に果たすための改革でなければならない。現在の議会改革は本来果たすべき議会の役割を強化するのとは真逆のものであり、議会の存在意義をますます小さくする可能性がある。議会のあるべき姿を取り戻すためにも、地方議会は住民の縮図であるとともに、住民との間の行政情報のやり取りにエネルギーと時間を注入しなければならない。

❖ 強まる地方議会への風当たり

　多くの地域で人口が減少しており、税源の縮小にともなう財政力の低下は、それら地域の行財政規模が縮小することを予感させる。しかし、行財政規模が小さくなるからといって、地方議会の役割が小さくなるわけではない。むしろ逆だ。財政制約が厳しくなればなるほど限られた資源を有効活用する必要があり、住民が何を望んでいるかを行政サービスに反映させるという議会の役割は大きくなるからである。しかも、人口や企業の転出によって地域の持続可能性が危ぶまれている今日、議会は地方創生という大きな課題にも取り組まなければならなくなってきた。地方を取り巻く環境が厳しくなればなるほど、地方議会の役割は大きくなるのである。

　地方議会に関しては、これまでも機能強化を目的とした議論が展開され、権限と自由度の拡大が図られてきた。一方、地方でも議会の機能を強化しようとする具体的な現れとして、議会運営の基本原則、基本方針などを定めた「議会基本条例」が多くの自治体で制定されている。このように地方議会の機能を強化しようとする動きが国と地方ともにみられるのである。

　ところが現実の自治体議会改革は、「議員は多すぎる」「議員報酬は高すぎる」といった議会に対する風当たりの強さに押され、定数の削減、報酬の引き下げという「経費節減型」が中心である。この背景には、地方財政が悪化しているなか、歳出を切り詰めたいという財政事情、「職員数や議員数を減らす」「職員給与や議員報酬を引き下げる」というポピュリズム、一部議員の不祥事といったこともあろう。また、労働者の生活給とは異なり、議員報酬は一定の仕事に対する対価としての性格をもつが、住民には議員の仕事が見えないため報酬引き下げに向かいやすい。専業ではない議員の存在も、「議員活動はボランティアであるべきだ」という主張につながっている。ところが、現在の「経費節減型」議会改革では、議会の弱体化がさらに議会への信頼を低下させ、それが経費削減型改革に結びつくという「負の連鎖」を招きかねない。

　図12-1は市区町村議員数の推移をみたものだ。条例定数制度が施行された2003年以降、定数は急減した。ここで、2013年12月31日現在の政

図 12-1　市区町村議会議員数の推移

市区町村議員数は条例定数制度の導入後大きく減少している。

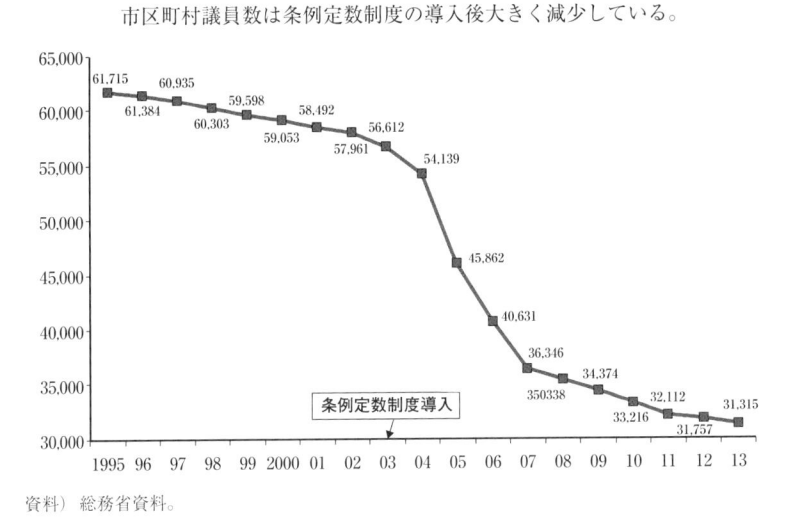

資料）総務省資料。

令市を除く全国都市のデータを用いて、人口、面積と議員定数との関係を回帰分析によって求めると、

標準的な議員定数（人）＝14.78＋0.0846×［人口（1000 人）］－0.0000655×　　　［人口（1000 人）］²＋0.0061×［面積（km²）］　　　　　　決定係数 ＝0.818

という結果が得られた（議員定数は全国市議会議長会 HP（http://www.si-gichokai.jp/）。人口が多いほど議員定数は多くなるが、増加の程度は小さくなっていく。また、面積が大きいほど議員定数は多くなる。人口と面積とで全国都市の議員定数の約 82％が決まる。

　この式の人口と面積の所に個別自治体の数値を入れると、当該自治体の標準的な議員定数（理論値）が計算でき、実際の定数と比較することで、多いか少ないかを判断できる。たとえば、人口 27 万 4485 人、面積 677.95km²（2013）の函館市の場合、この式を使って得られた標準的な定数（これを理論値という）は 37.2 人となる。一方、実際の定数は 30 人であり、標準値よりも 7.2 人少ない計算になる。

注意しなくてはならないのは、この式は実際の議員定数から標準値を求めたものであって、定数が適正かどうかを判断するものではないということである。実際の定数が標準値より少ない自治体は、議会が十分に機能しているかどうかを問い、標準値よりも多い自治体は上回る正当な理由があるのかを分析して欲しい。人口と面積では議員定数の82％は説明できるが、残りの18％は他の要因の影響を受けているからである。そして他の要因の中には、個別自治体に特有の事情が含まれている可能性もある。

　個々の自治体の実際の議員定数が、上の式に人口と面積の数値を入れて求めた値（理論値）と違っている場合、その差が生じた理由が重要なのである。もし、ある自治体の実際の議員定数が理論値よりも多かったとしよう。多くなっている理由が正当で、住民に納得してもらえるものであるなら何の問題もない。重要なことは「説明できる理由があるかどうか」ということと、「実際に住民に説明するかどうか」である。

　この算式は、「わが市は標準的な定数よりも多いので削減すべきだ」というふうに利用されることを意図したものではない。多くの自治体が定数をさらに削減すれば、その数値を使って求めた式そのものが変化し、標準的な議員定数は減少する。その結果、「頑張って定数を削減したのに、依然として標準値よりも多い」ということになる。現在の議員定数の削減はまさにこうした状況に陥っているのである。議員定数の削減競争とでもいうべき現状は、議会活動の停滞を招き、議会批判をさらに強める可能性がある。

❖首長優位の実態

　議員の適正な数や報酬額を一義的に決めることはできない。それは自治体が果たすべき役割と、そのなかで議会が担う責任とのセットで検討されるべき事柄だからである。重要なことは、議員定数や報酬が他の自治体に比べて多いのか少ないのかという相対的な位置関係ではなく、地方分権時代にふさわしい役割を議会が果たしているかどうかだ。

　経費削減型議会改革の根本的な理由は自治体議会の「費用対効果」に関する住民の不満にある。どのような政策も費用対効果を改善するには、費

用を削減するか、効果を大きくするか、あるいはその両方を実現するかである。現在の議会改革は「効果」を大きくするのではなく、「費用」の削減が選択されていることになる。

　「議員は多すぎる」「報酬が高すぎる」という批判が、議会がその役割を十分に果たしていないという理由で出てきたのであれば、人数を減らすのではなく、むしろ議会の機能を強化し、住民の期待に応えられる議会に改革すべきなのである。また、自治体議会において無投票当選のケースが出てきているように、議員のなり手不足が深刻な問題となっているところもある。より良い人材を確保するという視点から議員報酬のあり方を検討することも必要である。

　わが国は首長（知事・市町村長）と議員がともに住民によって選挙で選ばれるという二元代表制を採用している。にもかかわらず制度面でも行政運営面でも、首長が議会に対して優位にあるのが現実だ。表 12-1 は全国市議会で提出された案件を示したものである。どの規模の市も、市長が提出した案件はほぼ100％が原案どおりの可決となっているとともに、議員提出案件は全提出件数の 1 割にすぎない。

表 12-1　市議会で提出された案件の状況

市長提案はほぼ 100％が原案どおり可決されている。
また、議員が提出した案件は約 1 割にすぎない。

（単位：件、％）

	市長提出による議案			議員提出による議案	
	提出件数 (a)	原案可決件数	原案可決率	提出件数 (b)	(b) / (a+b)
5 万未満	27,789	27,617	99.4	2,209	7.4
5〜10 万未満	29,672	29,478	99.3	2,420	7.5
10〜20 万未満	19,306	19,099	98.9	1,959	9.2
20〜30 万未満	6,359	6,338	99.7	649	9.3
30〜40 万未満	4,291	4,282	99.8	655	13.2
40〜50 万未満	3,322	3,303	99.4	326	8.9
50 万以上	2,229	2,213	99.3	251	10.1
指定都市	4,497	4,455	99.1	469	9.4
全市	97,465	96,785	99.3	8,938	8.4

注）　データは 2015 年 1 月 1 日〜12 月 31 日分。
資料）　全国市議会議長会。
　　　　http://www.si-gichokai.jp/research/jittai/1192807_1953.html

これに関して、「議決に至るまでに、原案の修正を行ってきており、議会の役割は果たせている」という反論が出るかもしれない。しかし、それであれば、修正に至るプロセスを可視化すべきである。それができていれば、住民の議会に対する見方は変わるはずだ。

ほとんどの住民は原案どおりに可決されているという実態を知らないだろう。つまり、住民の議会に対する強い風当たりは、住民が原案可決率の数値をみたからではなく、議会活動の実態が住民に見えていないことに原因がある。「議会は機能していない」という批判には、自治体議会への住民の関心の低さも影響しているだろうが、関心の低さの背後にはやはり議会活動が一般の住民には見えないことがあると考えるべきであろう。

❖議会の機能強化はなぜ必要なのか

首長選挙の投票所に足を運ぶとき、有権者は、候補者が示す政策のすべてに賛成しているわけではなく、提示された政策をパッケージとしてとらえ、政策の組み合せや、望ましいと思う政策を多く提示した候補者に票を投じると考えられる。したがって、多様な住民から最大公約数的な支持を最も多く受けた者が当選する。当然のことながら、首長は多様な住民ニーズにバランス良く対応するよう努めるであろう。しかし、あくまでも首長は1人であり、個人的な「思い入れ」「個性」「政治信条」などに基づく一方向の価値判断が政策立案に反映されるのは避けられない。しかも、考え方の異なる新人候補が現職を破って当選するとき、たとえ僅差の勝利であってもこれまでの政策がリセットされることも多い。

ところが議会は違う。多様な住民の代表者としてさまざまな価値基準をもつ議員集団によって構成されるのが議会である。議会は住民の縮図であり、住民の利害を調整するのは議会だからこそ可能なのである。調整した政策を首長にぶつけることが二元代表制のメリットである。そのために必要なことは、議員同士の真剣な討議であり、それを行うための場の設定である。支持基盤の異なる議員の討議によって、各会派が提案する政策内容と相違点がより明確に住民に伝わるはずだ。

議会の機能が弱まることと歩調を合わせるように、最近、重要な案件の

判断に住民投票が使われるようになっている。しかし、住民投票では「賛成か反対か」の判断しかできない。自治体の政策課題は「イエスかノーか」で決められるようなものは少なく、現実にはその間にいろいろな選択肢がある。多くの選択肢のなかでどれがベストなのかを選ばなくてはならず、これは住民投票という形式では不可能だ。イギリスのEU離脱は世界中に大きな衝撃を与えた。現在のEUの制度に不満をもつ人は多い。しかし、改善すべき点が改まりさえすれば、大きなリスクを負ってまでもEUから離脱する必要はないと考えた人も多かったに違いない。

　大阪市をなくして5つの特別区を設けるいわゆる「大阪都構想」の是非を問う住民投票も同じ性格をもつものであった。自治体関係者からは「地域の将来を住民が決定するという点で意義深い」との声も聞かれた。たしかに住民自治という点で住民投票は意義があろう。しかし、住民投票は「都構想に賛成か反対か」という、オール・オア・ナッシングの判断しかできない。しかも、住民投票に参加できない将来世代の未来を決定づける「都構想」のメリット、デメリットが住民に十分に理解されないままに住民投票にかけられた感は否めない。現在の大都市制度には問題も多い。その問題を解決するうえで、「大阪都」という大変革について「イエスかノーか」の選択を住民に求めるのはあまりにも危険である。

　各政策課題には、解決のための多くの選択肢があり、そのなかでどれがベストなのかを選ばなくてはならない。そこで重要な役割を果たすのが議会である。多様な住民の代表者としてさまざまな価値基準をもつ議員によって構成されるのが議会であり、住民の多様なニーズを踏まえて、利害を調整するのは議会だからこそ可能なのである。議会で議論することによって、「最適な着地点」を見いだすことが住民の幸せに直結するはずだし、十分に議論を重ねることによって、政策目的やその争点が住民に明らかになっていく。現在の議会にはそれが欠けている。

　そもそも市場での供給ができない行政サービスの場合、住民ニーズは政治プロセスによって表明されるしかない。費用対効果表の作成など、自治体経営を成功させる仕組みが整ったとしても、住民の意思を行政に反映させるための仕組みが必要だ。近年、中長期計画の策定、予算編成、プロ

ジェクトの実施過程で、公聴会をはじめとした住民参加が進められており、マネジメントの改善が進められている。しかし、参加しているのは一部の住民であり、サイレント・マジョリティ（声なき多数派）のニーズが十分に伝わっているとは言いがたい。住民の自治意識の低さにも原因があるが、行政側の説明が不十分であったり、住民ニーズの情報を収集する姿勢や、収集のためのシステムが存在しなかったりすることにも原因がある。しかし何よりも、地方議会が十分な機能を果たしていないことが問題である。

　住民ニーズが多様化している今日、住民の縮図としてさまざまなニーズを調整し、住民にとって最も望ましい着地点を探ることができるのは議会をおいてほかにはない。マネジメント改革は行政部局の仕事のようであるが決してそうではない。住民の意思を行政に反映させるためにも議会は重要な役割を果たさなければならないのである。

　提言 10 では、議会は住民の代表として消費主体の役割を、行政部局は住民ニーズに合った行政を効率よく実施する生産主体の役割を果たすべきであることを提言した。どのような取引であっても、当事者双方が利益を得るためには双方向の十分な情報がなくてはならない。行政サービスも同様である。しかし、現実には、住民は、①いかなる政策目標の下に、②どのような行政サービスが提供されようとしているのか、③サービスは誰にどの程度の利益を与えているのか、④サービスの提供にはどの程度の費用がかかっているのか、⑤その費用は誰が負担しているのか、といったことに関して正確な情報を与えられてはいないし、自治体側にも、住民（サイレント・マジョリティ）が行政に対してどのようなニーズをもっているかの情報が十分に伝わっているとは言いがたい。

　財政制約が厳しい現在、行政サービスの供給において最小の経費で最大の効果を実現するためには、自治体と住民との間に「インフォームド・コンセント（正しい情報を得たうえでの合意）」が不可欠であり、議会が住民の代表であり縮図として機能できるかどうかが鍵となる。とくに、行政内容が多様で、かつ専門性が高まっている今日、議会がその役割を十分に果たすためには、どの程度の議員数が必要で、その仕事の対価である議員報

酬はどの水準が適正かを議論し、住民の理解を求めることが必要である。
この議論を通して議会が住民に近い存在にならないかぎり、議員定数の削
減や報酬引き下げへの勢いに歯止めをかけるのは困難だ。

　政策目的の設定、事務・事業の選択、予算編成という一連のマネジメン
トプロセスに住民ニーズを反映させる役割が議会には求められている。そ
のためにも、議会の調査分析活動は重要であり、議会事務局の強化も視野
に入れたシステム改革が必要である。

政策効果の最大化を
実現するためになすべきこと

過去、地域を活性化するためにさまざまなメニューが提示され実行されてきた。しかし、かかった費用に見合う効果を発揮しないままに、「やらなかったよりはまし」という評価に甘んじていることも多い。その原因は、最適な政策手段を選択するための評価システムが十分に機能していないことである。政策効果を最大にするためには、提言9で示した企業家主義的な自治体運営が不可欠であるが、そのためには政策形成プロセスにおいていくつかの重要な条件を満たさなければならない。政策における総合性、アウトカムベースの政策目標の設定、行政評価を可能にするための基準である SMART ターゲットについて考えよう。

❖政策における総合性の確保

　貧困問題、経済・産業の停滞、インフラの不足、医師不足、人口減少と高齢化による空き家の増加、中心市街地の空洞化、環境破壊等々、地域は多くの問題を抱えているが、これらの問題は相互に密接な関連をもって発生している。したがって、地域を１つのシステムとしてとらえ、全体を見据えた最適化のなかで問題は解決されるべきである。ところが、わが国における政策形成の特徴の１つは、意思決定が縦割りで、問題ごとに「部分最適」をめざそうとするところにある。そのため、「部品（インフラ）は立派だが、設計図はお粗末」という状況に陥りやすい。また、社会資本が住民や企業の活動における利便性や快適性の向上といった事業効果を十分に発揮できていないのも、インフラ間の連携が不足していることに原因がある。

　日本全体で人口減少時代に入り、経済も右肩上がりではなくなった今日、とくに人口や企業が転出する自治体は「人口減少」を食い止めるためにさまざまな対策を講じている。ここで留意しなければならのは、「人口」は地域の魅力や地域力を示す「指標」にすぎないということである。人や企業は基本的に市場メカニズムによって地域間を移動する。死亡と出生の差である人口の自然動態を別にすれば、転出が転入を上回る人口の社会減は、人や企業の活動環境としての地域力が他地域に比べて劣っていることの結果なのである（提言１参照）。

　したがって、地域力の差を縮小しないままに、市場メカニズムに反する規制等の手段で人や企業の移動を抑え込むことは、たとえ可能だとしても望ましいとはいえない。子育て世代への手厚い給付や企業への補助金や税の優遇は、人や企業を一時的に増やす効果をもつかもしれないが、地域それ自体の魅力を根本から改善するものではなく、効果は長続きしない。つまり、施策をいったんやめると、元に戻ってしまうのである。これらの施策の効果は短期的だと認識し、それと並行して根本的な構造改革を実施し、地域力それ自体を強化しなければならない。

　しかし、人口減少を引き起こした原因は複合的だ。そして原因の一つ一つは他の原因から独立しているわけではなく、相互に関連している。したがって、これらの原因に対処するための政策も相互依存関係を十分に考慮

したものでなくてはならない。この相互関連を常に意識しておかないと、政策のつながりが断ち切られ、人口減少を食い止める効果も弱まってしまう。

　高度経済成長期に比べて、社会経済構造が複雑に入り組んでいる現在、地域づくり戦略を総合的な視点から作成し実施することの重要性はいっそう高まっている。政策の総合性を実現しようとするのが「総合計画」（Column13）だ。しかし、現在の総合計画は真の総合戦略からは遠く、施策メニューを網羅的に記述しているケースが多い。地域づくりに関係する施策メニューを網羅することが「総合」なのではない。メニューの中には相乗効果を生むものもあれば、効果を打ち消し合うものもある。具体的な目標を設定し、その目標の達成に影響するさまざまな要因を把握したうえで、政策効果を大きくするために要因間の相互作用を踏まえて戦略を立てることが「総合」なのである。

📖 COLUMN13：総合計画

総合計画は一般的に、おおむね10年間の地域づくりの方針を示す「基本構想」、これに基づく5年程度の行政計画を示す「基本計画」、3年間程度の具体的施策を示す「実施計画」からなるものが多い。2011年の地方自治法改正によって削除された第2条第4項には、「市町村は、その事務を処理するにあたっては、議会の議決を経てその地域における総合的かつ計画的な行政の運営を図るための基本構想を定め、これに即して行うようにしなければならない。」と定められていた。現在、策定義務はなくなったが、条例によって策定している自治体が多い。しかし、議会による具体的な内容のチェックが十分に行われているとはいえない。

　地方創生戦略における「総合」の意味をどのようにとらえれば良いのだろうか。全国各地で問題となっている中心市街地の活性化を例に考えてみよう。地方都市の衰退で真っ先に思い浮かぶのがシャッター通り化した商店街だ。商店街の賑わいは中心市街地の盛衰のバロメータといえ、商店街を活性化すれば中心市街地が再生するほど甘くないことは分かっていても、まちの「顔」である商店街に活気を取り戻したいという願いが自治体関係者のなかに生まれるのは当然である。厳しい財政事情もあって最近で

はアーケードやモニュメントの新設は減り、イベントの開催やチャレンジショップが多くみられるようになっている。しかし、イベントは一過性のものだし、チャレンジショップも中心市街地が商売を成り立たせるだけの条件を備えなければ成功しない。

　中心市街地の衰退の原因は多様であり、根が深い。商店街の振興策だけでは限界があり、住宅立地や土地利用にまで踏み込んだ政策が必要であることは次第に認識され始めている。ある県庁所在都市は中心エリアでの住宅建設、リフォームを固定資産税の軽減等によって助成することで「まちなか居住」の促進を図った。しかし実績は目標を大きく下回り、人口減少に歯止めをかけることはできなかったという。

　このような結果に終わったのは、目標が高すぎたからなのかもしれないが、それよりも、中心市街地から人口が転出した原因やメカニズムにメスを入れず、また、原因間の相互作用を考慮せずに、住宅政策に頼ろうとしたことに原因があると考えられる。実績と目標との間に乖離が生じた場合、住宅政策、土地利用計画、インフラ整備などの事業効果比較を行うとともに、真の総合戦略によって政策効果を高める可能性の有無を検討すべきである。「人口減少には歯止めがかからなかったけれど、住宅投資が増えたのだから一定の成果はあった」と評価することは避けなければならない。

　中心市街地の活性化という課題に関しては、さらに考慮しなければならない根本的な問題がある。それは中心市街地を含めたエリアの将来ビジョンをどう描くかだ。中心市街地活性化策の評価指標として「人口集中地区人口（人口集中地区とは、人口密度が 4000 人 /km² 以上の基本単位区が互いに隣接して人口 5000 人以上になる地区のことで、その地区に居住する人口）の増加」があがっているが、これはエリアの夜間人口を増やそうとするものである。しかし、場所によっては商業集積を拡大し、昼間人口（交流人口）を増やすことによって中心市街地を活性化するという選択肢があるかもしれない。

　「都市のコンパクト化」も重要なポイントだ。市街地の規模を小さく保ち、歩いて行ける範囲を生活圏ととらえ住みやすいまちづくりを目指そうとするコンパクトシティ構想は土地余りの時代に入った今日、効率的で低

コストのまちづくりの方法として期待されている。郊外の宅地化を抑制するなど、本気でコンパクトシティ化を推進するつもりなら、中心市街地の商店街は住民生活にとって不可欠な施設となる。そうなればチャレンジショップが商売として成り立つ可能性は大きくなり、高齢化した商店主に代わる営業の担い手が現れるであろう。シャッター商店街を生み出しているさまざまな原因とその相互関連、他の政策との関係を分析することなく、「何もしないよりはまし」式の人口増加策を羅列するだけでは、中心市街地のあるべき方向性を踏まえたまちづくりはできない。

❖政策目標はアウトカムベースで

わが国の政策は、目標が抽象的で、かつ目標達成期限が定められていないことが多い。目標自体があいまいであれば政策評価は困難であり、政策効果が十分に発揮されないままに事務・事業が存続していても不思議はない。また、プロジェクトの計画期間は設定されているとしても、それはインフラの建設計画や事業の実施期間であって、プロジェクトが達成しようとしている目標の達成期限を定めたものではない。目標達成期限が示されないことが多いのは、目標がアウトカムベースで具体的に定められていないことにも原因がある。

新しい総合計画を策定したり計画を改訂したりする際に必ず実施しなければならないのは旧計画の総括である。にもかかわらず、実際には十分な検証がなされないままに新計画の策定に着手することが多いのも、総合計画において設定されている目的が具体的でないためだ。総合計画に関しては、都市再生に成功した米国ダーラムの事例を提言 18 で取り上げている。

表 13-1 は行政サービスを生産するのに必要なインプット、インプットを用いて供給されるアウトプット、アウトプットによって生まれるアウトカムを比較したものである。ゴミの収集・処理、教育、道路整備は、アウトプットを生み出すこと自体が目的ではなく、そこから発生する環境改善効果、学力の向上等に表れる教育効果、道路の場合は移動時間の短縮にともなうさまざまな経済効果の実現が目的である。ましてや、アウトプットを生み出すのに必要なインプット（投入物。職員や施設等）の量を増やす

ことが目的ではない。インプットの量を目標とすることの問題点は次のように考えれば良い。

人口当たり職員数（インプットの1つ）という行政指標を考えてみよう。この指標は行政サービスの水準とも考えられるし、行政の効率性の尺度とも考えられる。つまり、職員数が多いと住民に対してきめ細かな手厚いサービスを提供できると考えるなら、サービス水準の指標となる。しかし財政状況が悪化すると、職員数が多いことは行政が非効率であるというようにマイナスに評価されることが一般的になる。都道府県と市町村の二重行政が問題になっているが、これも、財政が良好なときにはサービス水準が高いと評価されたが、今日では「類似の施設が近い場所にあるのは無駄」と判断されるようになった事例だ。

このようにインプットで評価すると真逆の判断が出てくる可能性がある。職員にしても施設にしても、期待している成果つまりアウトカムを基準に評価すれば、このような問題は生じない。アウトカムが小さい方が良いという判断を下すはずはないからだ。アウトカムでの評価は財政状況によって左右されることはなく、財政という制約のなかでは、他の政策目標との優先順位を決定する際の基準として利用されることになる。つまり、費用に対してアウトカム（効果）が大きいものから優先的に選ばれる。

政策の効果を判断するのにアウトプットでも十分ではない。同じアウトプットの量でもアウトカムの大きさが異なることは十分に考えられるからだ。学習塾という私的教育の消費量が多い住民が数多く住む自治体では、相乗効果によって学校教育のアウトカムは大きくなるだろうし、健康に気を配らない住民が多く住む自治体では、病院での診療・治療のアウトカムは小さくなるだろう。このように、同じ量のアウトプットが提供されても、どの程度のアウトカムに結びつくかは自治体によって異なるのである。ところがこれまでの中央集権的システムでは、地域特性を勘案せずにアウトプットを標準化することを目的に、インプットに対して補助金を交付してきたといえる。

プロジェクトの成果はアウトカムで評価しなければならないとしても、個人の満足度やマクロ経済への効果（景気や経済の成長）のように、アウ

表 13-1　政策のインプット、アウトプット、アウトカム

インプット、アウトプット、アウトカムは明らかに異なっている。

サービス	インプット	アウトプット	アウトカム
消防	消防士、消防署、消防車、消火水	面積当たり消防署 消防署当たり消防士・消防車 面積当たり消火栓	火災予防、火災の鎮圧 世帯当たり火災発生件数、火災による被害額
警察	警察官、派出所、警察署、パトロールカー、拘置所	面積当たり警察署数、面積当たりパトロール回数	犯罪防止と検挙・処罰 人口当たり犯罪件数、犯罪による死亡者・負傷者数、検挙率
学校教育	教員、校舎、教室、机、図書、コンピューター等の備品	生徒当たり教員数、生徒当たり図書数、補習事業回数、各種学校行事	知識の習得、学力の向上 学力テストの成績、就職、生涯所得の増加
福祉サービス	施設、スタッフ	施設収容者数、福祉サービスの供給量	健康回復、家族の負担軽減、受給者の生活改善
産業振興（中小企業の支援）	インキュベーション施設、セミナー講師	施設利用者数、セミナー開催回数と受講者数	起業、既存事業の成長、市場の拡大
労働者のスキル開発	職業訓練施設、スタッフ	職業訓練施設数、訓練を受けた人の数	追加的な人的資本の価値、稼得能力
公共交通機関	車両、スタッフ	路線延長、1日当たり運行便数、輸送人数	住民の利便性・快適性、企業経営の改善、地域経済の活性化　輸送時間の短縮、ビジネス・コストの節減、渋滞や混雑の緩和
レクリエーション、文化施設	施設、スタッフ	収容人数、参加者・利用者数	個人的満足度、健康増進、人的交流、地域経済の活性化
ゴミ収集・処理	収集車両、処理施設、職員	収集世帯数、ゴミ収集・処理量	環境の改善、資源のリサイクル、他の収集・処理方法との便益やコスト比較

出所）著者作成。

トカムを直接に計測するのが困難な場合も多い。このようなケースでは、アウトプットを目標化せざるを得ない場合もある。たとえば自治体が起業セミナーを開催するとしよう。この事業のアウトカムは、セミナーの成果としてどれほどの新規事業所が開設され、それによって地域の GDP がどの程度増加したかで評価しなければならない。セミナーへの参加者数は決してアウトカムではない。著名人が講師に招かれれば参加者は増えるだろう。しかしセミナーへの参加者数が多いからといって経済的成果が大きい

とは必ずしもいえないからだ。

　だが、地域経済成長の要因は複合的であり、セミナーの効果だけを計測することは（やれないことはないが）難しい。このような場合、セミナーへの参加者数でアウトカムを推測せざるを得ないかもしれない。しかし、重要なことは、セミナーへの参加者数はあくまでもアウトカムの代理尺度にすぎないということである。その認識ができてさえいれば、アウトカムの測定は難しいとしても、アウトカムを大きくするための方策を常に意識しておくことが可能になる。

❖ SMART ターゲットの活用

　たとえ目標がアウトカムベースで立てられていたとしても、「交通事故を減らす」「就業者数を増やす」「安全で安心できるまちをつくる」といった大雑把な目標では、プロジェクトの成果を評価することはできない。正しい目標の設定がゴールに到達するために必要なのである。

　「SMART ターゲット（SMART 基準、SMART ゴールという場合もある）」は、行政評価（事前評価および事後評価）を実際に使えるようにするための基準である。インターネットで「SMART」を検索すると、民間企業向けの経営コンサルタントのサイトで多く取り上げられている。しかし、SMART ターゲットは行政の効率化や政策効果の拡大にも活用でき、実際にイギリスでは行政のマネジメントサイクルの中でとりあげられている。

　SMRT ターゲットは目標を明確化するための基準として、①具体性（Specific）、②測定可能性（Measurable）、③実現可能性（Achievable）、④適切性（Relevant）、⑤期限明示（Time-bound）の5つを設定する。SMART ターゲットは目標管理の元祖ともいわれる P. ドラッカー（Peter Drucker）が提示し、G. ドーラン（George T. Doran）がこの基準を経営マネジメントに取り入れることで知られるようになったものである。

　その概略はこうだ（Paul J. Meyer (2003), *Attitude Is Everything: If You Want to Succeed Above and Beyond*, Meyer Resource Group, Incorporated を参照）。

　①　具体性：活動方針や目標が具体的であること。達成したいと考えて

いることを具体的かつ正確に述べること。これによって目標はより明確になり、目標達成のためにしなければならないことが分かりやすくなる。

② 測定可能性：設定したゴールがどれくらい実現したかを検証し評価できるようにすること。目標が具体的であっても、測定できなければ目標達成に向けてどの程度進んでいるかを知ることができない。進捗状況を知ることは、物事を順調に進め、目標期日にやり遂げ、達成感をもたせるのに役立つ。

③ 実現可能性：達成できる範囲内で最大限のゴールを設定すること。目標が手の届かないものであったり、逆に、標準以下の低いものであったりしてはならない。目標が実現可能であってこそ、目標達成に必要な能力、スキル、資金調達力を高めようと努力する。最初から実現困難であったり、逆に、ハードルの低いゴールを設定したりするなら、頑張ろうというインセンティブは生まれない。

④ 適切性：適切な目標を選ぶこと。目標がたとえ具体的かつ測定可能で、実現可能なものであっても、ほかの政策目標と整合的でなかったり、ある分野の仕事であれば大きな力を発揮する職員に得意でない仕事を与えたりすることは、たとえ実行可能であっても適切とはいえない。適切であって初めて、目標は支持される。

⑤ 期限の明示：目標達成の期限を設定すること。期限を設定することによって、担当者に頑張る気持ちや責任をもたせることができるし、ほかの仕事が割り込んでくることで目標達成が後回しにされるのを防止できる。つまり、期限を明示することは、プロジェクトの目標の重要度を強調することになる。

ただ、SMART ターゲットを設定することが難しい領域もある。また、設定された目標にこだわりすぎて、環境の変化への柔軟な対応ができなくなってもいけない。誰が目標を定めるかも重要なポイントである。トップダウンで設定すると、無理な要求を現場に強いる可能性がある。しかし現場で目標を設定すると、組織全体の戦略目標から外れてしまったり、ハードルを低く設定したりする可能性がある。したがって、現場とトップとの

十分な協議によって目標を設定するとともに、目標の進捗状況を常に監視し、必要に応じて目標を修正することも考慮に入れる必要がある。

❖的確な戦略を実行するために

　日本の地域政策はなぜ総花的で網羅的なのだろうか。また、行政評価の必要性が叫ばれながらも、政策形成と予算編成に十分に活かされていないのはなぜなのか。その背景には、問題発生の原因とメカニズムを十分に分析しないままに、現状認識からいっきに最終目標、それも抽象的な目標をめざそうとすることがある。たとえば「にぎわいのあるまちづくり」「安全で安心できるまちづくり」といったように、最終目標が抽象的であれば、目標達成のために何をすればよいのか見当がつかず、他自治体の事例や、住民あるいは有識者の意見を参考にしながら網羅的に政策メニューを提示することになってしまう。

　しかし、その結果は満足のいかないものになる可能性が大きい。なぜなら、最終目標が漠然としているために、議論の最中に出てきたさまざまな意見に配慮している間に、目標に向かう軌道から外れてしまうことになりかねないからだ。目標に行き着くまでの距離が長いために、出発時点でのわずかな軌道の誤りが着地点を最終目的から大きく逸らせる可能性もある。

　多くの自治体で人口が減少し、事業所も閉鎖に追い込まれている。「まちの活力を回復するためには人口減少を食い止めなければならない。とくに若者を呼び戻すことが必要だ」というところまでは誰もが比較的簡単にたどり着く。しかしここからが難しいのである。

　人口減少の実態を分析し原因とメカニズムを探ることなく、いきなり人口減少を食い止めるという目的にたどり着こうとすると、子育て支援、婚活支援、さまざまな産業活性化策、住宅対策、文化振興など、思いつくままにアイデアが出て、「打てる手はすべて打つ」ということになりがちだ。そして「打てる手はすべて打った。あとは結果がでるかどうかだ」となる。多くの自治体で同じようなメニューが出てくるのはこうしたプロセスが一般的になっているからである。つまり、目標が抽象的であるために、具体的な目標に沿った事業の「選択と集中」ができず、効果は乏しくなってし

まう。

　また、行政評価も、たとえば保育所の待機児童数を何人減らせたとか、起業セミナーを何回開催し、何人が参加したといった行政サイドの活動指標を用いて行われることが多い。しかも、1つの事業に複数の目的や意義をもたせることによって、事業の正当化を図るのも日本の政策形成の特徴だ。保育所の増設による子育て支援は、出生率の回復、女性の就労促進、児童の集団教育といった幅広い目的を持つと考えてしまう。一つ一つの目的には効果が薄くても、全部集めれば効果は大きいというわけである。こうした事務・事業の評価は予算査定の判断材料にはなるだろう。しかし、まちの活性化や人口減少の抑制といった所期の目的との連動は断ち切られている。

　地方創生戦略の効果を強めるとともに、政策目標と事務・事業の選択・予算との橋渡しを可能とする行政評価を実現するためには、図 13-1 に示すように、頂上（最終目標）を一気に目指すのではなく、いくつかの中間目標を設定し、それらを踏まえた中間計画を立てることが望ましい。大切なことは、最終目標を達成するためにはどのような条件（A）が必要か、そしてその条件（A）を実現するためには、さらにどのような条件（B）が必要かというように、最終目標から逆算的に中間目標を設定していくことである。

　人口減少を食い止めるという場合、まずはどの階層の人口転出を食い止めようとしているのかを明確にする必要がある。提言 2 でも述べたように、年齢によって転出の動機が異なり、必要な対策が異なるからだ。ターゲットとする年齢層を絞り込めば、効果的な施策を見いだしやすい。若者の転出を抑えたいのであれば、雇用創出のための産業振興、都市的環境を備えたまちづくりといった施策が必要になろう。若者にとって魅力ある仕事は何かを分析し、設定した目標を効果的に実現するためのインフラ整備（ハード）、活動支援（ソフト）といった事業を選択しなければならない。このように段階を踏んで最終目標に到達することは、目標の絞り込みに対応した「政策・施策・事業」という体系を構築することでもある。最終目標に至る過程を重視し、いくつかの中間目標を設定すれば、目標のさらな

図 13-1　中間目標の設定と事業の選択

最終目標から逆算的に中間目標を立てれば具体的な政策がみえてくる。

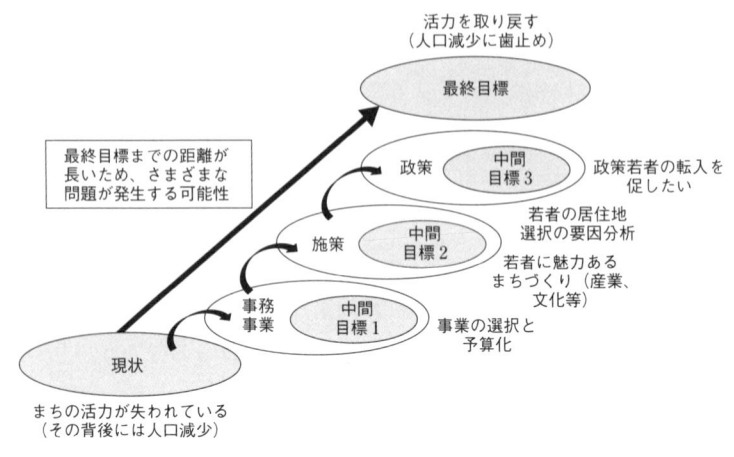

出所）筆者作成。

る具体化と政策手段（事業）の選択がしやすくなり、軌道が大きくそれることもなくなる。

✤マネジメントサイクルの活用

　自治体が「最小の経費で最大の効果を上げる」ためには、民間企業と同様、マネジメントに PDCA（Plan → Do → Check → Act）サイクルを取り入れるべきだといわれている。自治体に PDCA サイクルが存在しないわけではない。自治体行政にも総合計画の策定、予算の要求・査定（PLAN）を経て事務・事業の実施、予算執行（DO）という流れがあり、近年では多くの自治体で行政評価（CHECK）が実施されている。にもかかわらず、PDCA を導入すべきだと改めていわれるのは、自治体のマネジメントに改善の余地があるからだ。住民のニーズは政策に反映されているか？　目的を達成するうえで最も効果のある事務・事業が選択され、予算が編成されているか？　事務・事業は最小のコストで実施されているか？　行政評価の結果は改善に活かされているか？　といった疑問があり、改革の必要が認識されているのである。

　また、PDCA サイクルは基本的な考え方を示すものであり、このマネジメントサイクルの導入が必要だという所まではたどり着いても、その内

容が具体的になっていないために、「必要性は認識してはいるが、なかなか使えない」という声も聞こえてくる。

　このマネジメントサイクルを行政プロセスに有効に組み込んでいる国がある。イギリスだ。イギリスではすべての支出について、各省に承認の権限が移譲されたもの以外は、大蔵省の承認を得なければならない仕組みになっている。また、承認の権限が移譲されたものであっても、金額が大きかったり、新しい提案を行ったりする場合には大蔵省の承認が必要となる。プロジェクトを提示する際、各省は評価指針であるグリーンブックに基づいて事前にプロジェクトを点検する。グリーンブックは国の政策に関するものであるが、その考え方や具体的な評価手順を参考に、日本の自治体行政が抱える問題点を明らかにすることができる。

　グリーンブックの目的は、「政策目的を達成するうえでほかに良い方法は存在しないか？」「政策に投入する資源をより有効に活用できる他の使い途は存在しないか？」といった質問に対して「No（存在しない）」と答えられないプログラムを排除することである。この目的を果たすためには、政策、プログラム、プロジェクトについて適切な「行政評価」を行うことが不可欠である。

　政策目的を効果的に達成する施策に関する意思決定を科学的基準に基づいて行うマネジメント・システムとしてイギリスで取り入れられているのがROAMEFサイクル（Rationale → Objectives → Appraisal → Monitoring → Evaluation → Feedback）であり、行政サービスの供給を効率的、効果的なものにするための手引きとして活用されている。これについては提言13の付録で取り上げる。

ROAMEF サイクルの適用
イギリスの政策形成に学ぶ

> イギリスでは、政策目的を効果的に達成するためのマネジメント・システムとして ROAMEF サイクルが活用されている。

　ROAMEF サイクルは付図 13-1 に示したように、プロジェクトの必要性・妥当性のチェックから始まり、見直しのステップを経て必要性・妥当性に戻ってくる。PDCA サイクルと異なる点は、事前評価がプロセスの中に明示的に組み込まれ、その役割が重視されることである。各ステップをイギリス大蔵省のグリーンブック等に基づいて説明しよう。

付図 13-1　ROAMEF サイクル
ROAMEF サイクルの特徴は事前評価を重視しているところにある。

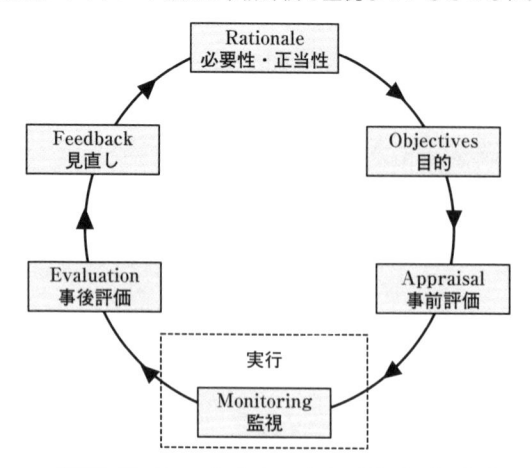

出所）UK Treasury（2011）, *The Green Book: Appraisal and Evaluation in Central Government.*

ステップ 1：必要性（正当性）

　行政サービスの供給や規制などの政府活動が必要（正当）かどうかについて大まかな検証を行う（より詳細な検証はステップ 2 で行われる）。政府活動が必要とされるためには、①活動に対してニーズが存在することが確認され、②提案される活動がコストに見合うものであること、が前提条件となる。なお、ここでは政府活動によるプラスの効果だけでなく、政策を行わなかったときの結果と、政策によって生じるマイナスの効果についても正当性の判断材料として含まれなければならない。政府活動が正当化される理由があったとしても、政府活動の実行が望ましくないこともありうる。つまり、正当化する理由の存在は必要条件であって十分条件ではない。

ステップ 2：目的の設定

　ステップ 1 で活動の正当性を大まかに検証した後、ステップ 2 では活動のアウトカムと目的を明確に定める必要がある。アウトカムや目的が十分に示されないと、プロジェクトの評価を適正に行うことができないからだ。目的実現のプロセスを容易にするために、「目標（objectives）」を設定し、それに基づいて「ターゲット（target）」を設けなければならない。目標は、「経済活力のあるまちを創造する」といったように、「どんなことを達成しようとしているのか」を表すものであり、ターゲットはその目標を具体的に数値化したものである。また、ターゲットは数値化すること以外にも SMART 基準を満たしていなければならない。わが国では抽象的な「目標」レベルでいきなり政策を立案するという場合も多い。つまり、提言 13 で述べたように、現状から最終目標を一気に目指そうとする傾向がある日本との違いはここにある。

ステップ 3：事前評価

　PDCA サイクルでは Do → Check とされ、プロジェクト実施後に評価を行い、それをもとに実施方法を修正したり、場合によっては計画を立て直したりすることに力点が置かれる。しかし、政府活動の無駄を省くためには、最も効率的で効果的なプロジェクトを選択し、予算化することが不可

欠である。したがって、事前評価はマネジメントサイクルにおいて実施困難ではあるが、最も重要なステップともいえる。

　最終的にはプロジェクトは「選択と集中」によって絞り込まなければならないとしても、最初の段階ではできるかぎり多くのプロジェクト・オプションを提示し、評価の対象とする方が良い。最初からオプションを絞り込むと、必要なプロジェクトが排除されてしまう可能性があるからだ。絞り込みは十分な分析を行ったうえでなされるべきなのである。時間や手間がかかっても、多くのプロジェクトを提示する方が、「最小の経費で最大の効果」という自治体経営の目標を実現しやすくなる。他自治体の成功事例はプロジェクト・オプションの 1 つとしては参考になるが、他のオプションを提示しないままに模倣してはいけない。

　また、事前評価はプロジェクトのさまざまな側面についてなされなければならない。イギリスでは、提案されたプロジェクトにゴーサインを出すかどうかを大蔵省が判断するための情報として、各省はプロジェクトに関する調査・分析をまとめた資料である「ビジネス・ケース」（business case, 投資対効果検討書）（Column14）を作成することになっている。

　提案されるプロジェクトは、他の用途に使えることを犠牲にして希少な資源を利用するのであるから、客観的にその実施に賛成が得られるものでなくてはならない。ビジネス・ケースはこの判断材料になるものであり、プロジェクトの推進の是非を判断する者に対して、以下の点を提示するものでなくてはならない（ニュージーランド大蔵省（2014）、*Guidance on Using the Five Case Model: An Overview*）。

- プロジェクトを説得的かつ明確に正当化する理由。
- 意思決定を行ううえでの明示的かつシステマティックな基準。
- ベストバリューを実現するために希少な資源を利用することの透明性とアカウンタビリティ。
- 提案された投資が他の支出計画に比べて最大の VFM を提供するものであることをプロジェクトに参加する民間企業などのステークホルダーに保証し、プロジェクトへの参加を促すためのコミュニケーション・ツール。

- 期待される便益を実現するとともにコストとリスクを管理するための
計画。

📖✏ COLUMN14：ビジネス・ケース

ニュージーランドやオーストラリアなどの行政改革先進国に影響を与えたイギリ
ス大蔵省のビジネス・ケースは以下に示す5つである。

- 戦略ケース（Strategy Case）：プロジェクトが、既存の事業や戦略に適合し、現
在および将来のニーズに沿ったものになっているか？
- 経済ケース：ビジネス・ケースの中核をなす。プロジェクトのコストパフォーマ
ンスが問われるため、各プロジェクト・オプションについて費用と便益を数量化
する。さらに他の主体との連携によるプロジェクトの実施は検討されたか？
検討されていないならそれはなぜか？
- 商業ケース：提案されたプロジェクトが事業収益的に優れた方法で供給されてい
るか？　事業の調達戦略を民間企業等から調達する場合、調達先の候補と、そ
の候補を選択した理由、契約条件等、契約上の取り決めが定められているか？
- 財務ケース：資金面でのアフォーダビリティ（費用負担能力）に焦点を当てる。
予算上の資金は十分に確保されるのか？　所得・支出勘定やバランスシートにど
のような影響を与えるか？
- マネジメントケース：プロジェクトは現在の組織の能力で達成可能か？　可能で
ないなら、必要な能力をいかに獲得できるか？　たとえば、規模、複雑さ、不
確実さといった、プロジェクトにともなうリスクを管理することは可能か？

http://www.wales.gov.uk/funding/wiipindex/5cmodel/?lang=en

ステップ4：実行と監視

　ステップ3のハードルをクリアしたプロジェクトが実行の段階に進み、
その中から最善のプロジェクトが選別される。ただし、他のプロジェクト
にも優れたところがあれば取り入れればよい。またこのステップでは民間
部門を活用することも含めて、望ましい調達ルートについても検討されな
ければならない。最善のプロジェクトを実行し、プロジェクトが効果的、
効率的に進むようにモニタリング（監視）する。そのためにも、プロジェ
クトが動いている間、それらが所期の目標をどの程度達成しているかを検
証するためのモニタリング・データを集めておく必要がある。

ステップ5：事後評価

　技術的には事前評価と同じであるが、事前評価は数あるオプションから最善のものを選ぶことが目的であるのに対して、事後評価はプロジェクトのパフォーマンスを改善するために、活動が所期の目標を達成しつつあるかどうか、どのような点で修正が必要か等を知るために行われる「形成的評価」（formative evaluation）である。事前評価によって最適なプロジェクトが選択されたとしても、その後の社会経済状況の変化や予期せぬトラブルによって最初に設定した目標が達成できないことも十分に考えられ、事後評価での教訓は次のステップに活かされる。

ステップ6：見直し

　事業評価の結果、プロジェクトを修正する必要が生じたり、場合によっては、目標それ自体の変更が必要になったりする可能性もある。

　公共政策は実施前の段階でその効果を正確に把握し、最適な施策やプログラムを構成することが難しい。したがって、評価を通じたフィードバックを重視することによって政策それ自体を修正し、その効果を大きくしていくためのマネジメント・システムが必要なのである。限られた資源を有効に活用するためにも、こうしたマネジメントサイクルを活用することが求められており、わが国でもアウトカムベースの政策目標を設定するなど、具体的な取り組みを行うべきである。

広域連携は地方創生の必須戦略

現在の地域産業政策の特徴は、各自治体が行政区域内を対象に、しかも複数の産業を同時に発展させようとしていることである。地方版総合戦略では「地域連携による経済・生活圏の形成」が参考例としてあがってはいるが、広域的な地域再生戦略が立てられることは期待できない。人や企業の経済活動が行政区域を越えて広がっているにもかかわらず、各自治体が近隣自治体と競合するような政策を単独で行うことは、政策効果を減殺するどころか、共倒れになる可能性も大きい。各自治体が強みを発揮できる政策に重点的に資源を投入し、他の自治体と一体となって圏域全体で多様性と規模の経済性を発揮する道を模索すべきである。大競争時代に生き残るためにも広域連携は必須戦略である。

　人口減少が財政力を低下させ、地方行政サービスの供給を困難にしている。人口や産業の空洞化により持続可能性が危ぶまれる地方も存在するなか、「地方の再生を図り、持続的発展を可能とする政策は何か？」を検討することは、わが国における喫緊かつ最大の課題である。

　こうしたなか、第31次地方制度調査会は2016年3月、「人口減少社会に的確に対応する地方行政体制及びガバナンスのあり方に関する答申」（以下、「31次答申」とする）を提出した。「31次答申」は「とりわけ、地方圏において、早くから人口減少問題と向き合ってきた市町村は、中山間地や離島等の条件不利地域を中心に、すでに厳しい現状に直面しており、行政サービスの持続可能な提供を確保することが喫緊の課題であるといえる」との警鐘を鳴らした。基礎的な行政サービスを供給できなくなれば住民生活に支障をきたし、その結果、人口がさらに減少する可能性があるからだ。

　「31次答申」はこうした状況を回避するために、「あらゆる行政サービスを単独の市町村だけで提供する発想は現実的ではなく、各市町村の資源を有効に活用する観点からも、地方公共団体間の連携により提供することを、これまで以上に柔軟かつ積極的に進めていく必要がある」とした。この点は過去においてすでに「水平補完」という言葉で指摘されてきたものであり、緊急度はさらに高まっているものの、とくに目新しいものではない。

　たしかに人口減少が行政サービスの供給に及ぼす影響は提言1でも示したようにきわめて深刻だ。しかし、地方は「持続可能性」あるいは「消滅」という根本的な問題に直面している。そこで、「31次答申」は、地方圏については、「特定の課題にとどまらず、幅広い分野の課題について総合的に検討することを通じて圏域のビジョンを協働で作成すべきである」と指摘し、従来の行政サービスの供給を主たる目的とした広域連携から、地方創生のための広域連携へと踏み出した内容となっている。

　そこで注目されるのが「連携中枢都市圏」（Column15）だ。連携中枢都市となる圏域の中心市と近隣の市町村が、連携協約（地方自治法252条の2第1項）を締結することによって連携中枢都市圏を形成し、圏域の活性化を図ろうとする構想であり、ヨーロッパで活用されている City-Region

（イギリスの取り組みについては提言 15 の付録 2 を参照）の日本版といえる。地域において、相当の規模と中核性を備える圏域の中心都市が近隣の市町村と連携し、コンパクト化とネットワーク化によって「経済成長のけん引」、「高次都市機能の集積・強化」、「生活関連機能サービスの向上」を行うことにより、人口減少・少子高齢社会においても一定の圏域人口を有し活力ある社会経済を維持するための拠点を形成することを連携中枢都市圏は目的としている。

> ### 📖✏️ COLUMN15：連携中枢都市圏
>
> 連携中枢都市は、①政令指定都市または中核市、②昼夜間人口比率おおむね 1 以上（昼間人口 ≧ 夜間人口）、③三大都市圏の区域外に所在することなどの要件を満たす必要がある。連携中枢都市圏を形成するための手続きは以下のとおりである。①連携中枢都市宣言（連携中枢都市が、近隣市町村と連携して、圏域全体の経済をけん引し圏域の住民全体の暮らしを支えるという役割を担う意思を表明）、②連携協約の締結（連携中枢都市と連携市町村が、圏域全体の方向性、連携する分野、役割分担等を規定し、それぞれの市町村における議会の議決に基づき 1 対 1 で締結）、③都市圏ビジョンの策定（連携中枢都市が、圏域の中長期的な将来像や、連携協約に基づく具体的な取り組みについて、近隣市町村および、産学金官民の関係者を構成員とした「連携中枢都市圏ビジョン懇談会」における協議を経て策定）。2017 年 3 月 31 日現在、連携中枢都市圏は姫路市を連携中枢都市とする播磨圏域連携中枢都市圏、福山市を中枢都市とする備後圏域、倉敷市を中枢都市とする高梁川流域連携中枢都市圏など 22 圏域、圏域を構成する市町村数は 206 である。

　人口が減少するなかで地方圏において生活関連サービスを維持することは住民生活を守るうえで必須の条件である。しかし、連携中枢都市圏において求められるのは「経済成長のけん引」「高次都市機能の集積・強化」であろう。これが可能になれば、「生活関連機能サービスの向上」はおのずから実現するからである。

❖地方創生になぜ広域連携が必要なのか

　地域経済を活性化するうえでなぜ広域連携が必要なのだろうか。また、連携を進めるとしてそのエリアをどう設定すべきなのか。この点を明らか

にするためには、地域経済の推進力は何かを明らかにしておく必要がある。というのも、推進力を手に入れるのに広域連携が必要なのかどうかが重要なポイントになるからだ。

ヨーロッパの都市政策にかかわってきたM. パーキンソン他は、都市の競争力を「安定的なあるいは拡大する市場シェアをもつ企業を引きつけ、つなぎ止める経済の能力が存在すること。一方で都市居住者にとっての生活水準が安定あるいは上昇すること」と定義し、ヨーロッパ大陸において成功を収めている都市に共通する経済の推進力として、①企業や組織のイノベーション、②高度な技術や専門知識をもった労働力、③地域内外との接続性、④経済的多様性、⑤戦略的な意思決定能力、を挙げた（Parkinson, M., M. Hutchins, J. Simmie, G. Clark and H. Verdonk（2003）, *Competitive European Cities: Where Do the Core Cities Stand?*（Final Report to Core Cities Working Group).）。

OECD（経済協力開発機構）は、どの推進力が最も重要であるかについては議論の余地があるものの、①活発な競争と効率的な市場を確保するための規制の枠組み、②健全で安定的なマクロ経済条件、③適切な物的インフラ、④ダイナミックなイノベーションプロセス、⑤高度な技術と専門的知識をもった労働力の存在、⑥旺盛な企業家精神、⑦高度な社会的包摂（社会的弱者を含めて市民全員を社会の一員として取り込み、支え合うこと）については共通しているとした（OECD（2005）, *Local Governance and the Drivers of Growth*）。

そのほかにも地域経済成長に関する研究は数多く存在するが、成長の推進力としては、高度な技術・専門性をもつ労働力と経済的多様性はほぼ共通してあげられている。それ以外にも、地域経済の成長にとってとくに重要な要素には、地域に産業が集積することによって生産能力が高まったり、輸送コストや情報コストが軽減されたりすることによって、産業活動の効率性が良くなるという「集積の経済」（agglomeration economies）がある。集積の経済は通常、「地域特化の経済」（localized economy）と「都市化の経済」（urbanized economy）の２つに区分して考えられている。地域特化の経済とは、特定の地域に同じ種類の産業に属する多くの企業が近

接して立地することから得られる経済的利益であり、都市化の経済とは、ある特定の都市や地域に業種の異なる多くの企業が集中して立地することによって得られる経済的利益である。

　A. ハーディング他は集積の経済に関して、サービス部門においても地域特化の経済の効果はみられるものの、時代とともに、都市化の経済に比べてその重要性は弱まってきたとしている（Harding A. et al. (2013), *The Case for Agglomeration Economies in Europe*, European Union）。しかし、東京や大阪といった大都市であれば別だが、単一の自治体内にさまざまな産業が立地している地域や都市は限られている。また、多様な産業が立地していても、それぞれの規模が小さければ、都市化の経済は機能しない。つまり、集積の経済を地域が手に入れるためには、経済活動が相応の規模をもたねばならないのである。

　地域が成長するかどうかは、イノベーティブなさまざまな機関のクリティカルマス（提言 7 の Column8）を実現し、経済活動のクラスター化に結びつける「近接性要因」をその地域がもっているかにかかっている。一般に、各自治体がフルセットで、しかも隣接する自治体と競合するような産業を振興しようとするかぎり、クリティカルマスに到達する前に共倒れになる可能性が大きい。

　各自治体が強みを発揮できる政策に重点的に資源を投入し、他の自治体と一体となって圏域として多様性を発揮する道を模索すべきだろう。つまり、圏域内の各自治体が成長性と強みを備えた分野に特化することによって規模の経済を手に入れ、他の自治体と補完関係を保つことによって圏域全体で経済の多様性を実現するのである。ヨーロッパでは、均衡のとれた持続可能な地域空間発展戦略である「European Spatial Development Perspective: ESDP」が欧州委員会（European Commission）によって承認されて以降、広域連携の重要性が認識され連携が実行されてきた。同じ都市機能を拡大することを競い合うのではなく、都市は既存の都市資産を共有することによって協力すべきだというのが ESDP の提案である。

　人口が減少し、地域経済力が弱まっている現在、それへの対応の仕方には二通りのものがある。1つは、分散している人口や企業の分布を特定の

エリアに集約するというように、空間構造（人や企業の地域内での分布）それ自体を変更するというものである。いま1つは、空間構造を変えるのではなく、圏域の一体性を高めることによって人やモノの流れや相互作用を強め、実質的に空間構造を変更するのと同じ効果を生み出そうとするものである。

　コンパクトシティ構想は前者の方向といえるが、実際に居住地の変更を促すことには抵抗があり、場合によっては実現しないこともある。そこで、ESPON（ESPON（2016）*The European Observation Network for Territorial Development and Cohesion*）は、人や企業の現在の分布を変更するよりはむしろ、ネットワークの整備等によって広域連携を強め、地域の一体性を高めるべきだと提案する。

❖大都市と周辺都市は運命共同体

　「31次答申」は、地方圏については地域活性化という新たな視点での広域連携が提案されているのに対して、三大都市圏については、「国際的な競争力を保ちつつ、生活環境を改善するためには、三大都市圏が圏域として人口減少社会にどのように対応するかを検討する必要がある」と指摘しつつも、広域連携に関しては、「規模・能力は一定以上あるが昼夜間人口比率が1未満の都市が圏域内に数多く存在するため、地方圏のように、核となる都市と近隣市町村との間の連携ではなく、水平的・相互補完的、総務的に適切な役割分担を担うことが有用である」として郊外エリアでの行政サービスの提供という従来型の広域連携に提言内容を絞り込んだ。

　大都市制度改革というやっかいな課題が積み残されたままになっているという事情があったからかもしれないが、東京一極集中が進むなかで、首都圏以外の大都市圏が日本経済のけん引役を維持するためには、働く場を提供する大都市と、居住の場を提供する郊外部との連携強化こそが大都市圏の広域連携のポイントであり、大都市制度改革とセットでの広域連携を提示すべきであった。つまり大都市制度改革の核心は中心都市と周辺都市の一体化に対応した広域連携をどう進めるかなのである。

　近年、人口の都心回帰が進んでいるとはいえ、地域経済の推進力である

高度な技術と専門性をもった労働力の居住環境を大都市だけで用意することはできない。企業のビジネス活動と、それを支える労働者の生活は不可分であり、大都市と周辺都市とがビジネスと生活という機能において補完関係を維持することが、大都市圏の広域連携の最も重要なポイントである。

　地域経済の中枢を担う大都市の雇用創出力が弱まれば、周辺自治体の住民の働く場が失われ、人口が減少する。中心都市が圏域全体にとっていかに重要であるかについて、イギリス政府の報告書（HM Treasury（2003）: *Cities, Regions and Competitiveness*）は次のように指摘した。都市圏においては、主要な都市資産をフルレンジで供給し国際的な地位をもっている圏域のコア（核）となる都市（以下では中心都市とする）、独自の生産活動やサービス供給活動を行う都市、その周辺の町村が、相互に依存しながらヒエラルキーを形成している。そして、このヒエラルキーが有効に機能し、圏域が発展可能かどうかは、通勤、買い物、娯楽といった行動に関しての各都市の結びつきの強さによって決まるが、こうした種々の活動の連関の強さや多様さは、主として中心都市の経済的な強さによって決定される。つまり、中心都市は地域全体としての活動量の上限を決めるのである。

　また、M. パーキンソンは次のように言っている。競争力のある地域には競争力のある都市が存在する。逆に、競争力のある都市を「核」としてもたない地域で成功したところはない、と（Parkinson, M. et al.（2012）, *Second Tier Cities in Europe: In an Age of Austerity Why Invest Beyond the Capitals?*）。いずれも、地域経済にとって中心都市の発展が重要だというのである。

　大都市圏においては、企業活動は中心都市で重点的に行われる。しかし、それはあくまでもビジネスの側面であって、ビジネスを実行する労働力の多くは周辺自治体に住む住民に頼っている。図 14-1 は大都市の昼間人口と夜間人口を示したものだ。大阪市には毎日 100 万人を超える人びとが通勤や通学目的で市域外から流入しているし、名古屋市でも昼間流入人口は 50 万人弱に上る。その他の大都市も大なり小なり労働力を周辺自治体に依存している。そして周辺自治体は子供の教育、福祉等、生活に必要な行政サービスを提供することによって中心都市の労働力を支えていると

図14-1　大都市の昼間流入人口と流出人口

大都市の多くは労働力を周辺自治体からの通勤者に依存している。

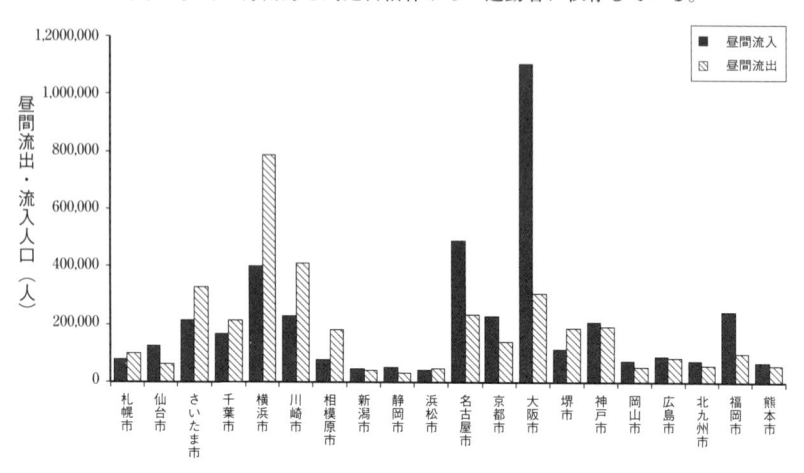

資料）2010 年『国勢調査』

考えることができる。

　このように、大都市圏においては中心都市と周辺都市のどちらが欠けて
も地域は衰退する。大都市圏における広域連携とは、図 14-2 に示すよう
に中心都市と周辺都市が「運命共同体」であることを強く認識し、補完関
係を築くことによって、単独では実現できない付加価値をもたらし、大都
市圏としての競争力を強化するものでなければならない。とくに首都圏に
経済機能が集中している日本では、他の地域の衰退は国全体の活力を削ぐ
ことにつながるため、都市圏としての競争力を強めるべきである。

❖ある連携中枢都市圏の場合

　連携とは「互いに連絡をとり協力しあって物事に対処すること」といっ
た意味だ。しかし、単に「協力して課題に向き合う」という「かけ声」だ
けでは地域の活性化は実現しない。また、広域連携それ自体が目的化し、
「連携するにふさわしい事業はないだろうか？」と、後から会議や研究会で
検討するところが多いが、これでは順序が逆だ。各自治体が自らの課題を
抽出し、その課題を広域で取り組むことで大きな政策効果が生まれるかど

図 14-2　大都市圏における広域連携

中心都市と周辺都市は機能を補完し合いながら大都市圏として競争力を強めるべき。

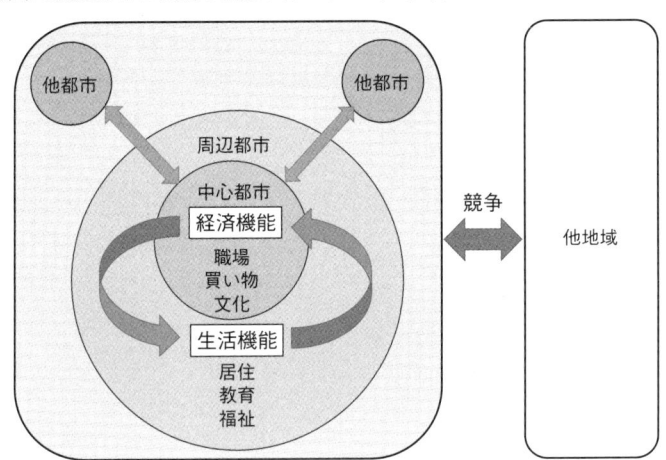

うかを検討したうえで、検討結果を持ち寄って拡大会議（研究会）を開催するのでなければならない。拡大会議を開いてからテーマを考えれば、結果的には「こんな分野や事業なら広域で取り組めるのではないか」といったメニューの提示に終わる危険性が大きい。事実、連携中枢都市でもきわめて幅の広いメニューがみられる。

　表 14-1 はビジョン策定済みの、ある連携中枢都市の「連携中枢都市宣言」に盛られた連携想定分野（細目は省略している）である。これを見て気づくのは、現在多くの自治体が利用している一部事務組合をはじめとした広域行政制度では対応できない分野がほとんどであること、とくに産業クラスターの形成やイノベーションの実現、観光、研究開発など、民間が主役であり自治体がそれをサポートするような分野が多いことである。連携のテーマとして掲げるのにふさわしいものといえる。このように連携メニューを提示するだけなら話は簡単だ。しかし、これらの分野で具体的な成果をあげるためには、政策目的を実現するのにふさわしい連携のあり方を探らなければならない。この「宣言」にはその道筋がほとんど見えず、実現可能性が危ぶまれる。

　第 1 にやらなければならないことは連携によって対応する分野の絞り込

表 14-1　ある連携中枢都市宣言の連携想定分野

連携分野は広範囲に及ぶ。問題はこれを具体的にどう実行するかだ。

圏域全体の経済成長のけん引

- 産学金官民一体となった経済戦略の策定、国の成長戦略実施のための体制整備
- 産業クラスターの形成、イノベーションの実現、新規創業促進、地域の中堅企業等を核とした戦略産業の育成
- 地域資源を活用した地域経済の裾野拡大
- 戦略的な観光政策
- その他、圏域全体の経済成長のけん引に係る施策

高次の都市機能の集積・強化

- 高度な医療サービスの供給
- 高度な中心拠点の整備・広域的公共交通網の構築
- 高等教育・研究開発の環境整備
- その他、高次の都市機能の集積に係る施策

圏域全体の生活関連機能サービスの向上

- 生活機能の強化に係る政策分野

    地域医療

    福祉

    教育・文化・スポーツ

    地域振興

    災害対策

    環境

- 結びつきやネットワークの強化に係る政策分野

    地域公共交通

    道路等の交通インフラの整備・維持

    域内外の住民との交流・移住促進

    その他、結びつきやネットワークの強化に係る連携

- 圏域マネジメント能力の協会に係る政策分野

    圏域内市町の職員等の交流

    その他、圏域のマネジメント能力の強化に係る連携

みだ。ただし、自治体によって優先すべき政策課題は異なるであろうから、できるだけ多くの分野を連携対象候補とすることによって連携への参加を呼びかけやすくなるし、参加しやすくもなる。最初から絞り込んでしまうと参加自治体が少なくなる可能性があるため、分野を広げることは出発点としては、問題はない。しかし、ここから重要になるのが絞り込み作業だ。

　人口が減少し利用可能な資源が少なくなっていく時代においては、政策課題に優先順位をつけることが不可欠である。「そんなことは百も承知だ」という声が聞こえてきそうだが、実際にはできていない。対象分野の絞り込みはきわめて骨の折れる仕事であるが、時間がかかってでもこれを行うべきだ。対象を拡大したままでは、参加自治体が集まっても、連携の必要性を確認しあうだけに終わってしまう可能性は大きい。「やれるところからやる」という考えは間違ってはいないが、「やる価値がある」プラス「やれる」を基準に、対象プロジェクトを選び抜く必要がある。その手間を省いて、思いつきでプロジェクトを羅列し、やりやすいものから手をつけるというのでは良い結果は得られない。

　第2は目的達成に適した連携の方式を見いだすことである。人によってイメージする連携の姿は異なるだろう。しかし、わが国では中身の違いを吟味せずに「連携」という言葉を使っていることが多い。これは日本語の曖昧さの一例である。一口に連携と言っても、情報を交換し共有することで、各自治体の行政に活かすという簡素なものから、共同での情報の公開、プログラムの調整や訓練、正式な長期連携といったように、自治体間の結びつきの強さや制度上の取り扱いの違いによって連携には多くの形態が存在する。ふさわしい連携形態を選ぶことなしに、単に「連携を進めよう」と声をかけても失敗に終わる。後になって、「そこまでは考えていなかった」とか、「もっと深い連携を目指していたのではなかったのか」とならないようにすることが重要である。

　第3は、連携を促進するうえでつきまとうさまざまな障害を取り除くことである。連携は複数の主体が協力して取り組むことである。しかし、自治体間をはじめとした連携は、その参加者が自分の属するコミュニティや

集団を基盤としていたり、機関やグループの利益の代表として加わったりすることが多い。そのため、連携が複雑になったり、場合によっては対立的になったりという、政治がらみにならざるを得ない。こうした障害を取り除くためには、連携の参加者による努力と工夫と同時に、議論をまとめる優れたリーダーが不可欠である。

❖新時代の広域連携 ──技術的連携から政治的連携へ

広域連携の究極の姿は市町村合併だ。平成の合併によって1999年3月末に3232あった市町村の数は、2006年4月には1820にまで減少した。このように市町村数を大きく減少させた平成の合併であったが、その目的は、

① 地方分権の進展に対応できるように市町村の財政力を強化すること、

② モータリゼーションが進んだことによって生活圏域と行政区域との間に生じた乖離を埋めること、

③ 政令市や中核市になることでより多くの権限を手に入れること、

であり、現在の行政の守備範囲のなかで、財政力の強化や行財政運営の効率化を図ることが主な目的であった。

しかし、地域の衰退という最大の問題に広域で取り組める環境を活かす動きはきわめて不十分であった。あれほど大きかった住民の熱は冷め、「合併はしたが人口は依然として減り続けている」「合併の恩恵は一部の地区に偏っている」といった不満の声も聞こえてくる。これらは合併自体の問題というより、合併を地方創生にどう活かすかが十分に検討されていないことに原因がある。

合併というのは、それまで小さな行政区域内で行われていた地域づくりを広域化することによって、地域的にメリハリのきいた開発戦略を立てたり、専門的な職員を配置したりすることによって政策の形成と実施の体制を強化するための環境整備にすぎない。つまり、平成の合併は新たな地域づくりのスタートラインに立ったことを示すものであり、ゴールではない。合併が実現すれば地域が活性化するというものではないのである。合併を決断するまで、多くの自治体で合併の是非について住民を巻き込んだ議論が展開された。合併を地域づくりに活かすためにも、合併前の熱気を

再び取り戻す必要がある。

　しかしすでに指摘したように、平成の合併は現在の行政の守備範囲を前提とした行政の広域化を進めるものであり、経済の活性化という目的で作られたエリアではない。だが、合併は地域経済政策だけでなくあらゆる行政を圏域内で統一する必要が生まれるために、今後さらに合併を進めることは現実には難しい。このように考えるなら、「地方経済開発戦略」（提言8）の策定と実行に目的を絞り込んだ広域連携の道を探るべきであろう。

　どの連携形態をめざすかは、連携対象となる分野やプロジェクトの内容と、連携に参加する自治体が相互にどのようにかかわっていけるかにかかっている。

　プロジェクトの進めやすさだけを考えるなら、各自治体が単独で実施する方が明らかに楽だ。自治体間の合意を形成する必要がないからである。連携を進めるにあたっては必ず「壁」がある。A. ヒメルマンは、連携の障害となる要素として、①交渉と合意に至るまでに要する「時間（time）」、②合意が形成されるために必要な相互の「信頼（trust）」、③現存する「縄張り（turf）」をあげ、これらの要素にどの程度配慮しなければならないかによって連携を図 14-3 のように、ネットワーク（Networking）、協調（Coordinating）、協力（Cooperating）、協働（Collaborating）の4つに整理した（Himmelman. A. (2002) Collaboration for a Change）。右に行くほど連携の密度は濃く、これら3つの要素を強く意識しなければならなくなる。

- **ネットワーク**：「情報の交換」程度の最も非公式な形態であり、実現しやすい。お互いがそれほど信頼していなくても連携は可能であり、また連携を実現するのに時間はあまりかからない。各パートナーが互いの縄張りに立ち入られることにためらいがあるときに使われる。

- **協調**：情報の交換だけでなく、共通の目標を達成するために各パートナーは自らの活動に修正を加える。具体的には、これまでは単独で実施していたイベントの共同開催、トレード・フェアにおける共同の販売促進、その他、互いの縄張りには介入しない程度の取り決めを行うことである。ネットワークの段階に比べると、自治体間の

図14-3　連携の深化

連携にはその深化の程度によって乗り越えるべき壁、つまり実行の困難さが異なる。

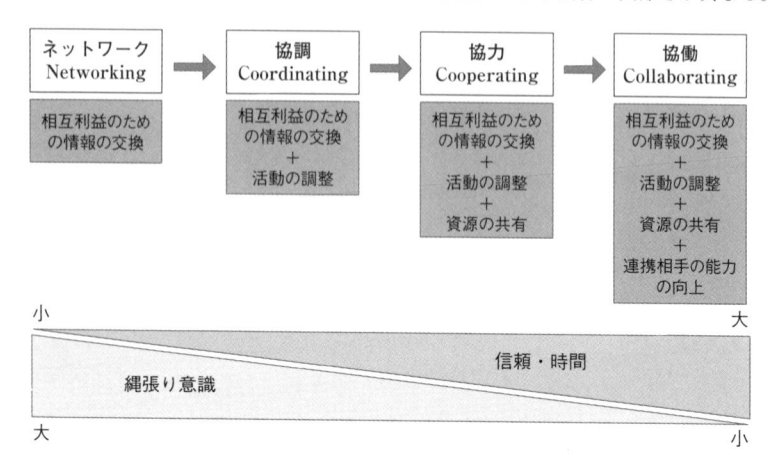

結びつきはより明確になるが、ネットワークよりも組織的な取り組みが求められ、戦略も思い切った変更が必要となる。また、ネットワークに比べて連携に時間がかかり、より高い信頼関係が必要とされる。

- **協力**：相互の利益と共通目標の達成のために、情報の交換、活動の修正に加えて、「（人的資源、資金、技術などの）資源の共有」も行われ、無駄な競争や重複を回避するために、自治体活動を監視することも含まれる。ネットワークや協調よりもさらに大がかりな組織的取り組みが必要である。協力を実現するためには多くの時間、高い信頼、相互の縄張りの利用権限の拡充が必要となる。

- **協働**：情報の交換、活動の修正、資源の共有に加えて、「相互の能力の向上」を図ることが重要なポイントである。したがって、協働を実現するためには、連携の参加者が相互に他の参加者の能力を高めたいという「強い意志」が存在しなければならない。相手の能力を高めたいという意志の動機は「利他心」にあるというよりは、むしろ相手の能力が高まることによって自らの利益が大きくなるという「利己心」にあるとしても、各パートナーが政策にともなうリスク、

責任、連携から生まれる利益を単に共有するというだけではなく、連携相手が最善の状態になるような関係を築こうという意志の下に、合意に基づいた新たな政策や戦略を立て、実行する必要がある。他の3つの連携に比べて実現に時間を要し、きわめて大きな信頼関係、広範囲の縄張りの共有化が必要になる。

しかし、地域活性化によって圏域からの人口転出を食い止めるといった成果を連携に期待し、表 14-1（前掲）のような分野を連携の対象とするなら、ネットワークや協調といった緩やかな連携では目的の実現は不可能だ。したがって連携を実行するためには、

①　目的に応じた連携の形態を選択し、

②　その形態の連携を実行する際の障害を克服する覚悟や条件が連携構成員にどの程度備わっているかを検証し、

③　障害を克服するための取り組みに知恵とエネルギーを注ぐ、

というプロセスを経ることが不可欠である。

たとえ協働型連携の必要性を唱えたとしても、連携構成員間で障害をクリアすることができないなら、連携は実現しない。したがって、連携の障害が大きい場合には、一気に協働型を目指すのではなく、段階を追って連携をステップアップさせていくという方法を採用することを勧めたい。また、協働のステージにまで連携を深めることのできるテーマに絞り込むことも必要であろう。連携分野を広げすぎると、結局は従来型の連携に終わってしまう可能性がある。イギリスをはじめとするヨーロッパ先進国で地域政策のトレンドとなっている City-Region 政策は、連携の対象を経済の活性化に絞り込むことで成功に結びつけているところが多い。

現在でも自治体連携のための制度は存在する（表 14-2）。しかし、新たな制度である連携協約を除くと、一部事務組合をはじめとする広域行政制度の主な目的は行政の効率化や経費の節減であり、廃棄物処理や消防のように各自治体が単独でも供給しなければならない行政サービスを対象としたものが多い。近年、関西広域連合のように新たな広域連携の形が生まれてきてはいるが、従来の行政の守備範囲から大きく踏み出すことにはためらいがちだ。

表 14-2　広域連携制度

現行の広域連携制度は行政の守備範囲を前提としたものが多い。

種類	制度の特徴等	主な事務
連携協約	地方公共団体が、連携して事務を処理するにあたっての基本的な方針および役割分担を定めるための制度	連携中枢都市圏の形成に係る連携協約
協議会	地方公共団体が、共同して管理執行、連絡調整、計画作成を行うための制度	消防、救急、広域行政計画の策定
機関等の共同設置	委員会または委員、行政機関、長の内部組織等を複数の地方公共団体が共同で設置する制度	介護区分認定審査、公平委員会
事務の委託	事務の一部の管理・執行を他の地方公共団体に委ねる制度	住民票の写し等の交付、公平委員会
一部事務組合	地方公共団体が、その事務の一部を共同して処理するために設ける特別地方公共団体	ごみ処理、し尿処理、救急、消防
広域連合	地方公共団体が、広域にわたり処理することが適当であると認められる事務を処理するために設ける特別地方公共団体。国または都道府県から直接に権限や事務の移譲を受けることができる	後期高齢者医療、介護区分認定審査、障害区分認定審査

出所）総務省資料。

　これからの広域連携は、政策効果の最大化を目的として戦略を作成し、各自治体が役割を分担する方式に転換することが求められる。つまり、地方創生につながる新時代の広域連携は、図 14-4 に示すように、政策によって生み出される利益だけでなく、政策にともなうリスクや責任を分配することによって圏域全体の利益獲得を達成するものでなければならない。そのためにも、構成自治体は圏域全体の発展ビジョンと資源を共有し、自らの活動を修正しながらパートナーの能力の向上を図るべきなのである。従来の広域連携を技術的連携とするなら、新しい連携は、首長や議会の関与を強めた政治的連携といえよう。したがって、こうした政治的障害を取り除くための工夫と、首長や議会の強い意思が必要になる。

図 14-4　広域連携の新旧比較

地方創生を実現するためには政治的連携への転換が不可欠。

	これまでの広域連携	これからの広域連携
対　象	自治体単独でも処理しなければならない基礎的・必需的生活関連サービスが中心	地域経営に必要な戦略的政策の作成と実施 経済開発と社会開発
ねらい	行政の効率化	政策効果の最大化 競合から役割分担 事業規模の拡大 相乗効果の発揮
形　態	技術的連携	政治的連携
連携域	生活圏	多様な圏域

広域連携を成功させるために

地方創生には協働型広域連携が不可欠だ。しかし、協働型連携を成功させるためには、適切な圏域設定とともに、連携の障害を取り除くためのガバナンス・モデルが不可欠である。最初から大きな成果を期待するのではなく、まずは、「ささやかな成功」をめざし、そのプロセスの中でより強い連携に育てていくことも必要である。

❖ 連携は他のパートナーの犠牲のうえに成立するものではない

連携に参加する全パートナーは地域ビジョンや目標を共有し、地域の強みや弱みを知り、それらを踏まえた地域発展戦略に合意しなければならないことから、誰と組んで政策を行うかを決めることにもなる圏域の設定は、協働型連携を成功させるうえできわめて重要なポイントである。

かつて「道州制」が大きな議論となったが、「なぜ道州制なのか」という機能論よりも、道洲の「区域割」が大きな関心をよんだ。区域割は道州制に何を期待するかによって決まるはずである。にもかかわらず、時代に合わなくなった府県制の改革、国からの権限移譲の受け皿づくり、地域経済政策の実施の広域化など、道州制にはさまざまな期待が錯綜し、そこに決着をつけないままに道州制論議が進んだこともあって、区域割の議論がクローズアップされてしまったのである。このことが道州制実現への足かせになったことは否定できない。このように広域連携において圏域の設定はきわめて重要だがデリケートな取り扱いを必要とする課題である。再度強調したいのは、圏域設定は広域連携に何を期待するかを決めてから議論すべきテーマだということである。

広域連携圏域は行政区域という制度上の範囲ではないし、同時に、「ここからここまで」という一定の地理的範囲をもつものでもない。むしろさまざまな種類の経済活動によって構成される「機能上」の範囲と考えるべきである。交通手段が改善されたり、大きな住宅地が開発されたり、大型ショッピングセンターが建設されたりするだけで、人やモノの流れは変化するため、経済的一体性をもった圏域を確定するのは簡単ではないからである。したがって、圏域の設定はある程度の柔軟性をもって考える方が良いともいえる。その意味では、合併は行政区域を制度的に固定してしまうものであり、柔軟さに欠くことになる。

圏域が適切に設定されたとしても、必ずしも連携が成功するとは限らない。とくに複数の自治体が「協働」の関係を築くためにはさまざまな障害を取り除かなくてはならない。連携を実現するうえで最も重要なことは、すべてのパートナーに対して協働のメリットを可視化することである。メリットが数量化できなくても、単独では達成できなかった成果が連携に

よって実現できるという「見通し」が少なくとも必要だ。そのためには連携の目標を計画的かつ具体的に定めなければならない。そして、各パートナーがどのような役割を果たすかを責任の分担を含めて事前に取り決めておく必要がある。

　行政サービスを効率的に供給することを目的とした「技術的連携」（提言14参照）と異なり、経済戦略としての連携は、その利益が目にみえる形で実現するのに長い期間を要するし、とくに、地方創生を目的とする連携の場合、地域政策の目的やゴールは多様であり、場合によっては自治体間の思惑の違いから対立が生まれる可能性もある。そうしたなかで連携して取り組むべき優先事項についてパートナー間の合意を形成することが必要なのだ。したがって、すべての自治体において、首長や議会から連携推進に対する政治的サポートを得るためにも、連携によるメリットを可視化するとともに、連携において果たすべき役割と責任を明確にしたうえで、それを正確に伝えなければならない。そうでなければ連携案を地元に持ち帰っても首長や議会を説得することは難しい。

　連携を困難にしている理由の1つは、他の自治体、とくに圏域において中心となる都市に連携のメリットが集中し、周辺部が埋没してしまうのではないか、という懸念だ。しかし、他のパートナーの犠牲のうえに実現する連携は「協働型」とはいえない。また、連携が重要だとしても、主要なインフラを特定の地域に集中させて良いという理由にはならない。協働型連携はむしろこうした施設の立地計画を圏域全体で立て、相乗効果によってより大きな成果を手に入れることが重要なのである。

　国、地方ともに財政が厳しい現在、限られた資源を有効に活用するためには公共投資の重点化が不可欠である。これまでのように各自治体がフルセットでインフラを整備するのではなく、他の自治体や民間企業との連携によって整備を進めるべきである。

　その第1のメリットは、社会資本の有効利用が可能になることである。同種の小規模な施設を複数建設するよりもグレードの高いものができ、集客力がアップする。また、広域からの利用があるため、施設の稼働率を上げることもできる。第2は建設費・運営費の節約である。同じような施設

が各地に整備されると、その分、建設費や運営費がかかる。これを重点化・集約化することで費用を節減できる。第3は地域（圏域）の中核施設づくりが可能になることである。施設は住民の交流の場となるとともに、集客・情報発信などにより、広域連携やネットワーク形成のコア施設として機能する。第4は地域のイメージアップにつながることである。グレードの高い施設が建設されれば地域イメージは向上する。地域住民間の連携意識の向上や地域アイデンティティの確立にもつながるだろう。

　広域連携によって圏域全体にどのような利益が生まれるかを分析し、可視化することは重要だが、その利益を空間的にどのように分配するかは連携を成功させるうえできわめて重要となる。つまり、他の自治体の犠牲のもとに特定の地域を発展させるのではなく、各パートナーの能力が高まることによって付加価値を生み出すことができなければ、連携は失敗に終わるだろう。

❖競争相手の競争相手は友達という発想

　「京都・大阪・神戸」「富山・金沢・福井」「福岡・北九州」、これらはライバル関係にあると考えられる都市だ。そのほかにも全国にはライバル関係にある「まち」が比較的近い距離に存在する地域が多い。これからの時代、圏域内でライバル関係あるいは競争相手であった「まち」が手を結び、大きな相手に立ち向かうことが求められる。そのロジックは、「私の競争相手の競争相手は友達」である。このまま競争状態を続けていれば共倒れに陥る可能性を認識することが、これまでの「競争相手」を、これらは「ともに競争するパートナー」に変えることによって、「1＋1＞2」を目指すのである。

　1つの圏域に「核（コア）」が1つである必要はない。むしろ、既存の町が連携して1つの圏域を作り上げ、ポテンシャルを高めることが多くなっている。その形態は、圏域内に①距離的に近い複数の大都市（たとえば、関西の場合は京都、大阪、神戸の3都市）が存在するか、②エリアの中心をなす比較的多くの小規模な町がネットワークを形成しているかのいずれかである。とくに後者の場合は、規模の拡大によってクリティカルマスを

実現することが目的となる。

　図 15-1 は近接する大都市の例である。北九州市役所と福岡市役所間の距離は約 70km、高速道路を使えば車で 1 時間、京都・大阪間、大阪・神戸間も約 1 時間だ。しかも、それぞれの都市は大きな人口と経済力をもっている。これらの大都市以外にも、同一の圏域内でお互いがパートナーとしての役割を担える都市が存在するはずだ。

　競争相手と手を結ぶためには、これまでのような規模の拡大だけを競うのではなく、都市が意図的に、地域政策のなかに産業立地のための土地利用計画、インフラ整備を含めた空間構造戦略を立てることが必要となる。それはまさに提言 9 で取り上げた「企業家主義的」都市圏の創造である。

　核になる都市の連携戦略は、連携によって相乗効果を発揮させようとするものである。しかし、こうした連携の利点が活かされるためには、核になる複数の中心都市のそれぞれが、生活や企業活動の場として高い優位性をもつことが不可欠である。そのためには、大都市とその周辺とが連携を深め、大都市圏としての発展を同時に実現することが必要である。つま

図 15-1　複数中心都市の圏域形成

日本には比較的近い距離に大都市が複数存在するところが多い。

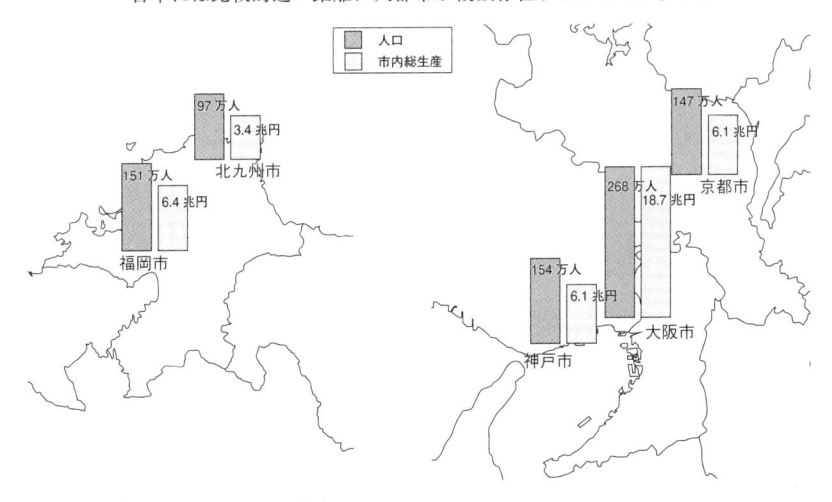

注）　市内総生産、人口は 2013 年度。
資料）内閣府「県民経済計算」

り、連携は「中心都市と周辺都市の連携」（提言 14）プラス「中心都市間の連携」の二層構造になる。

　こうした連携で重要なことは、同種の産業活動が圏域内で分散してしまうと効果が削がれるということである。単に、複数の町を統合して合計人口や経済規模を大きくするだけなら、同じ人口規模の単一都市の力には及ばない。つまり、人口5万人の町が10集まって50万人になっても、単独で50万人規模の都市には力負けする。このことは市町村合併によって人口を多くするだけでは、地域の活性化に結びつかないことからも明らかだ。

　要するに、1＋1＞2にするためには、圏域内での分業と、その分業を効率的に活かすためにネットワークを強化し、圏域があたかも1つの都市であるかのように機能させることが必要なのである。それには、交通インフラを整備し輸送効率を高めることなどによって町と町の間のモビリティを改善する必要がある。こうすることによって、一体性をもった活動圏域という意味でのコミュニティは拡大し、提言7で述べたコミュニティ・キャピタルが質・量ともに増加し、住民生活を改善することによって地域の持続可能性を高めるだろう。

　経済活動の核となる少数の都市を強化し、役割分担と相互補完による相乗効果を生み出すという戦略は、東京一極集中に歯止めをかけるためにも不可欠だ。日本では、大都市の連携の必要性は指摘されながらも、実際には連携は進んでいない。一方、ヨーロッパには少数の大都市が連携することによって競争力が強くなった例が多く存在する。イギリス・スコットランドのエジンバラとグラスゴーの連携はその一例であり、提言15付録1で取り上げる。

　ヨーロッパでは国境を越えた都市間連携の動きも始まっている。エーレスンド地域（Øresund）を形成するデンマークのコペンハーゲンとスウェーデンのマルメ（Malmö　スウェーデン第3の都市）のメジコンバレー（medicon valley）戦略だ。連携によってヨーロッパでの「バイオメディカル」研究活動のリーディング・センター化を実現し、スカンジナビアにおける経済的優位性をストックホルムから奪取することを狙いとしたものである。コペンハーゲンとマルメは、ともに大学、研究機関、製薬会社との

密接な連携を図り、医療とバイオテクノロジーの重要なセンターとして発展してきた都市だ。新たに国境を越えた地域としてのメジコンバレー戦略は、デンマークとスウェーデンの既存の「クラスター」間の連携を深め、ともにその能力を高めることに成功している（Fertner, C. (2006). *City-regional Co-operation to strengthen Urban Competitiveness: A report on Cross-border Co-operation in the regions of Copenhagen-Malm and Vienna-Bratislava*. Master Thesis in Urban and Regional planning.）。

❖協働型連携のガバナンス・モデル

連携を実現するのは容易ではない。とくに政治的な判断を必要とする協働型はその統治方法（ガバナンス）のあり方が連携の成否を左右する。C. アンセル＝A. ガッシュは連携を実現し、満足のいく成果を得るためのガバナンス・モデルを図 15-2 のように示した。モデルは、①開始条件、②制度設計、③リーダーシップ、④協働のプロセス、という 4 つの変数群に分かれている。日本にとって地方創生のための協働型連携を実現する指針を提供しているので、やや詳細に紹介しよう（Ansell C. and Gash A. (2007). "Collaborative Governance in Theory and Practice," *Journal of Public Administration Research and Theory*, 18 (4), pp. 543-571）。

①　開始時点での条件（初期状況）

パートナー間のこれまでの関係はどうだったのか、資源や知識等に関するパートナー間の格差はどうか、ソーシャル・キャピタル（「社会関係資本」と訳される。社会・地域における人びとの信頼関係や結びつきを表す概念であり、つきあいや交流、社会参加などを要素とする。これが備わっているほど、経済、社会に良い影響があり、幸福度が高まるとされる）はどの程度備わっているのかといったことが、協働への参加に影響を与える。協働に参加する全自治体が経済力、財政力、組織力、提供できる資源を等しく所有しているわけではない。このような場合、弱い自治体は協働の主導権を強力自治体に握られてしまうのではないかという懸念を抱き、連携が進まないかもしれない。連携を進めるうえで外すことができないにもかかわらず、参加に消極的な自治体がある場合には、権限を追加したり

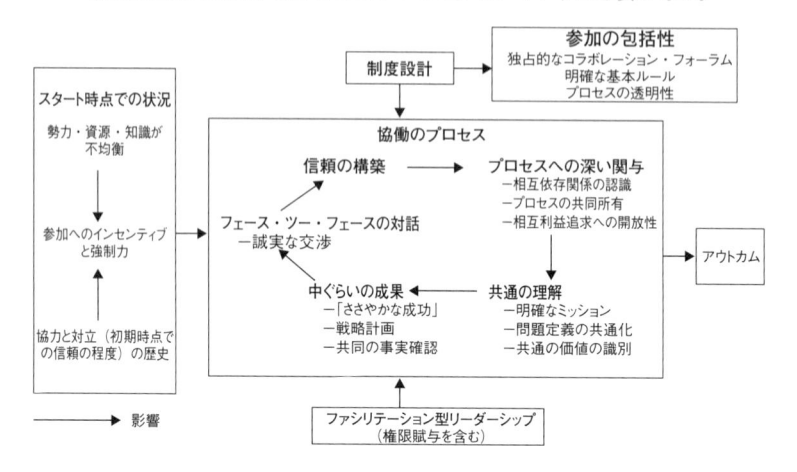

図 15-2　協働型連携のガバナンス・モデル

協働型連携を実現するためには多くの条件をクリアする必要がある。

代表権を強化したりという措置を考慮することも必要である。

協働型連携を実現するには、障害を取り除くために時間やエネルギーといったコストが必要だ。したがって、連携に参加するかどうかは、そうしたコストを上回るメリットが得られるかどうかにかかっている。連携に消極的な自治体に参加を促すためには、連携の成果が明確かつ具体的に伝わる必要があるが、少なくとも、個々の自治体が目指している目標が、協働によってはじめて実現可能であることを認識させることが必要である。

②　制度設計

どのような制度を作るかは、協働型連携を成功させるうえできわめて重要である。なかでも誰を連携メンバーに加えるかはとくに重要だ。連携を成功させるためには、政策やプロジェクトの影響を受け、したがって連携に関心をもつすべての自治体が参加資格をもつことが望ましい。しかし、メンバーは「つきあい」で参加するというのではなく、参加に積極的でなくてはならない。利害関係自治体と協議し、合意のもとに政策が実施されるという協働型連携の基本原則を満たさなければならないからである。また、制度設計においては、プロセスの透明性を保証することが、手続き上の正当性と、連携に対するメンバーの信頼を築くうえで不可欠である。

③　ファシリテーション型リーダーシップ

連携に参加してほしい自治体を協議の場につかせるだけでなく、連携を実際に進めるためにもリーダーシップが不可欠である。連携に加わる動機が弱かったり、参加自治体間で力や資源の格差が存在したり、構成自治体の間に対立やライバル関係という歴史が存在したりする場合には、リーダーシップはさらに重要となる。しかし、そこで必要とされるリーダーシップは「指導」「統率」型というよりも、むしろ連携メンバーの能力を引き出す「ファシリテーション型」である（提言 9 の Column11）。

④　協働のプロセス

協働のプロセスはいくつかのステージから形成され、このプロセスはサイクルとしてとらえられている。

＊フェース・ツー・フェースの対話

連携を成功させるためには、各構成自治体が納得のいく利益を見出し、政策に関する合意が形成されることが必要だ。そのためにも、相互利益をメンバーが一丸となって追求することを妨げる要因となる固定観念やその他の障害物を取り除くだけでなく、メンバー間の信頼と尊敬を生み、理解を共有し、連携に深くかかわることを確かなものにする必要がある。そのためにも、各メンバーがフェース・ツー・フェースで対話することは重要な要素である。

＊信頼を築く

連携を成功させるためには、メンバー相互の信頼と尊敬が不可欠であるため、対立の歴史があったなら時間をかけてでも信頼関係の回復に努めなければならない。メンバー間の信頼の構築に時間や費用を使うことにためらいがあるなら、協働型連携に乗り出すべきではない。

＊プロセスへの責任をもった関与

各構成メンバーが協働にどの程度の責任をもって取り組むかは、連携の成否を左右する重要な要素である。連携への参加意欲は、期待する成果の大小によって異なるであろう。しかし、おつきあい、参加しておかないと自らの存在が忘れ去られてしまう、といった消極的な動機での参加もみられる。これでは、協働への積極的なかかわりを期待することはできない。

メンバー全員が協働に深くかかわるためには、「他のメンバーと十分に協議し連携を進めることが大きな成果を生む最善の方法なのだ」という共通の信念が必要である。そしてこの信念は利他的なものではなく、自らの利益を最大にするという動機によって生まれるものである。協働型連携は、「他のパートナーの能力を高める」ことが必要だが、それはあくまでも自らの利益として還元されるという期待に基づいたものなのである。

＊理解の共有

協働のプロセスにおいて、各メンバーは連携によって何を実現しようとしているのかについての理解を共有しなければならない。この理解の共有を進めることは、「コラボレーション・ラーニング」の一部とみなすことができる。つまり、連携はそれによって実現される成果（アウトカム）だけでなく、そのプロセスによってガバナンスやマネジメントの能力が強化されたり、政策形成能力が培われたりするという効果も成果の１つなのである。

＊ささやかな成功

連携の目的やメリットが具体的であったとしても、最初から大きすぎる成果を期待すると、その目的やメリットの具体性が失われていき、連携がうまく進まないことも多い。まずは「ささやかな成功」を手に入れることから始めるべきだ。ささやかな成功は協働のプロセスにフィードバックし、それがメンバー間の信頼の強化につながり、連携を強めるという好循環を生むことになる。したがって、協働型連携を進めるにあたっては、こうした「ささやかな成功」を具体的に予測し、メンバーに提示することが重要である。

アンセル＝ガッシュは次のように結論づけている。協働を成功させることは容易ではない。とくに合意の形成には時間がかかるため、政策を早く実行しなければならないようなときには連携に消極的になる可能性がある。しかし、構成メンバー間で連携のコンセンサスが得られたなら実施段階のスピードに加速がつく。また、メンバー間の信頼や尊敬は、たしかに連携開始時点において重要な要素ではあるが、それらは協働を進めていくなかで大きくもなるし、小さくもなる。実際、協働のプロセスを通じて、

各メンバーが相互依存性を認識するようになる事例は多い。

　わが国でも、連携中枢都市圏という新たな制度への期待は大きい。しかし、大きすぎる期待を抱いて、抽象的な目標を羅列するだけでは、協働型連携は実現しないだろう。最初はささやかな期待と、その期待を実現させる具体的かつメンバー間の合意を得やすい目標を立てて連携を始めるべきである。具体的なプロセスを経るなかで、さらなる連携の芽が見えてくるはずだ。

付録 1

ライバル同士の連携をめざせ
連携を成功させたグラスゴーとエジンバラ

> 地域の核になるような都市が複数存在する圏域は多い。提言
> 15 において、こうした複数中心都市の圏域では都市間連携に
> よって地域全体の力を大きくすることが必要であることを指摘
> した。しかし、実態はそのような圏域では都市がお互いにライ
> バル関係であることを意識し、頭では「連携しなくては」と思っ
> ていても、実際には自らの利益を優先させるため、連携が実を
> 結ばないことが多い。しかし、ヨーロッパには大都市が連携す
> ることによって競争力強化に成功した事例がある。英国・ス
> コットランドのグラスゴーとエジンバラもその 1 つである。

❖グラスゴーとエジンバラ──なぜコラボレーションなのか?

英国・スコットランドの都市といえば、グラスゴーとエジンバラを思い
浮かべる人も多いだろう。両都市間の距離は 75km、博多と北九州間、神
戸市と京都市間とほぼ同じだ。両市は 3 本の鉄道路線と M8(高速道路)
で結ばれて、人やモノの交流が活発である。

グラスゴー市は古くからの産業都市であり、現在は文化・芸術・若者の
街として知られている。市の人口は約 60 万人、都市圏の人口は約 230 万人
である。エジンバラ市はスコットランドの首都であり古くから行政府・商
業都市として栄え、金融業や小売業が盛んだ。市街地が世界遺産にも登録
されており、スコットランドでは最大の観光客数を誇っている。人口約
50 万人、都市圏の人口は 135 万人である。

エジンバラ、グラスゴーは長きにわたって、重要な金融センターの役割
を果たしてきた。しかし、スコットランド議会の設立と経済振興、教育、

保健などの分野のスコットランドへの分権化によって、首都であるエジンバラの経済は好調に推移し、不動産価格の高騰や労働力の不足等、増加する需要に対処するのが困難となった。一方、グラスゴーでは、かつて栄えていた製造業が衰退するなかで、労働力をはじめとした資源が十分に存在していた。市の行政区域の変更があったために単純な時系列比較はできないが、エジンバラ市の人口が着実に増加しているのに対して、70万人を超えていたグラスゴー市の人口は 2005 年には 57 万人に減少した。

　こうした状況下でスコットランドが採用した地域戦略を紹介しよう（The Work Foundation "Collaboration Case Studies" および Docherty I., Gulliver S. and Drake P.（2004）, "Exploring the potential benefits of city collaboration," *Regional Studies* 38, pp. 445-456）。

　過熱気味になったエジンバラの経済に直面したスコットランドの戦略には 2 つの選択肢があった。1 つはエジンバラからあふれた経済活動を中央スコットランド全体に分散させることであり、いま 1 つはグラスゴーを補完的な主要センターとすることによって、スコットランドの経済を 2 つの主要都市で受け止めるというものであった。

　スコットランドは後者、つまり両都市の経済をスコットランド全体の発展をけん引する核（コア）都市として成長させる戦略を選んだ。この戦略の中心は新たな「国際金融サービス区」をグラスゴー中心部に創り、グラスゴーにさらに 2 万人の雇用を増やそうというものであった。エジンバラからあふれた経済活動を中央スコットランドの小都市に分散させるというオプションと比べると、この戦略は次のような利点をもつことになる。

　労働力や対事業所向けサービス業等、グラスゴーにすでに存在している資源を活用することによって規模の経済性をさらに発揮できること、交通・情報通信インフラ投資の増加を支えるのに十分な需要をグラスゴー内で生み出せること、エジンバラの周辺都市に雇用を分散することによるマイカー依存の通勤問題を抑えること等である。エジンバラとグラスゴーという 2 つの高規格都市を戦略的に育成することによって、中央スコットランドはさらに多くの企業を惹きつけ、地域経済全体にとっても利益になることが期待されている。

2006年、グラスゴーとエジンバラの連携を進めるために、「グラスゴー・エジンバラ・コラボレーション・イニシアチブ（Glasgow Edinburgh Collaboration Initiative: GECI）」が設立され、以下の4つのゴールをめざした。

- 両市が共有した経済発展目標の達成を促進する。
- 国際的にみた最高のパフォーマンスを持つ都市を効果的に誕生させる。
- スコットランドの経済パフォーマンスを高めることに大きく貢献する。
- 国家レベルでの持続可能な経済成長のエンジンとしての両市の役割と重要性を確立する。

グラスゴーとエジンバラは完全に1つになるわけではなく、多くの分野で引き続き競争を続けることになる。この点を認識しつつ、コラボレーションを進めるにふさわしい分野は何かを明確にするために次の4つの基準が用いられた。

1. 追加性（Additionality）―両市が単独では達成できない目標を達成するのに役立つもの。
2. 適切性（Appropriateness）―両市にとって最も適切と考えられるもの。
3. 重要性（Importance）―都市全体の競争力を実質的に変えることができるもの。
4. バランス（Balance）―短期的成果物と長期的課題とのバランスが取れたもの。

以上の基準に基づいてコラボレーションの対象として以下の3つの主要な分野が提示された。それぞれについての政策提案は短期、中期、長期の活動を混ぜ合わせたものでできている。

1. 接続性（交通通信）―グラスゴーとエジンバラの鉄道移動時間を早める。両都市間のデジタル接続を改善する。両都市と世界との接続性を改善する。
2. 主要部門（観光、金融サービス、創造産業（芸術、映画、ゲーム、服飾デザイン、広告など知的財産権をもった生産物の生産にかかわる産業））の振興―文化イベントの共同開催、主要な機能をスコットランド地域に移転することを求める中央政府（ウェストミンスター）

へのロビー活動を行う。

3. 世界への開放性と有能な人材の確保——グラスゴーとエジンバラに、居住、仕事、学習目的でより多くの人を惹きつける。

❖いかにして連携を進めたか？——成果と障害そして教訓

グラスゴーとエジンバラをスコットランド経済の推進エンジンにすべきという点は、スコットランド政府の報告書（*Review of Scotland's Cities-The Analysis*, 2002）に示されていた。この報告書は 277 頁にのぼる大部のものであり、政策の効果（意図した効果と意図しない効果の両方を含む）を分析し、自治体、スコットランド政府、公共機関、地域コミュニティ、企業が都市の将来ビジョンを確立し、そのビジョンを実施可能な戦略に転換し、戦略を実施するためにいかに力を合わせて行動すべきかを提示することを目的として作成されたものである。

つまり、最初に「コラボレーションありき」ではなく、スコットランドという地域の発展にどのようなビジョンと戦略が必要かを調査分析したうえで、以下の点を指摘したのである。

1. グラスゴー、エジンバラをはじめとする都市はスコットランド経済の成長とダイナミズムのセンターである。

2. 各都市はそれぞれが違った個性をもっているが、その都市を取り巻く後背地を含めた地域のセンターであり、その地域の経済成長とダイナミズムに重要な戦略的役割を担っている。

この調査報告書と、各都市の将来への取り組みを提示する報告書（*Building Better Cities*）を基礎に、スコットランド政府は都市の成長とチャンスを支援するための基金（Cities Growth Fund）を 2003 年に創設し、2003-2006 の 3 年間に 9000 万ポンドを投入、2006、2007 年の 2 年間に 8300 万ポンドの資金を追加した。グラスゴーとエジンバラに投入された資金は 5 年間でそれぞれ 7650 万ポンド、4690 万ポンドであった（Interim Evaluation of the Cities Growth Fund, 2007）。資金は、各都市の成長とその周辺を含めた City-region の発展に資するプロジェクトを支援するものとして交付される。

このように、グラスゴーとエジンバラはスコットランドにおける経済のセンターとしての役割を担うべきであることが最初に示され、両都市がその目的を達成するうえでコラボレーションを実現することが効果的だとされたのである。連携は目的ではなく、あくまでも地域や都市が活性化するための戦略である。

　両市のコラボレーションに関する意識を高めることを目的にコラボレーションのweb-siteが立ち上がった。これは、歴史的に競争状態にあった両都市の住民に、コラボレーションの考えを広め、参加組織の運営や文化にコラボレーションの考えを埋め込むことをねらいとするものであった。また国際イベントにおいて両市を共同でプロモートするためにもweb-siteが利用された。「ビジットグラスゴー・エジンバラ・キャンペーン」「双子都市（twin-city）」ツアーなどによって両都市には1100万ポンドの追加的収入がもたらされたと言われている。両都市間をノンストップで結ぶ鉄道の増便や、city-region鉄道ネットワークの強化も2007年に発表された。両都市のコラボレーションの成果として最もふさわしいのは、エジンバラ市議会が2008年度予算で10万ポンドをグラスゴー・エジンバラ・コラボレーションのための支出に割り当てたことである。

　しかし、コラボレーション.に障害がなかったわけではない。2007年のエジンバラ市議会選挙で第1党となった自由民主党は「コラボレーションがエジンバラにもたらしている利益はグラスゴーに比べて小さい」との問題提起を行った。この発言は後に撤回され、グラスゴーが2014年開催のコモンウェルスゲームズ（イギリス連邦に属する国や地域が参加して4年ごとに開催される総合競技大会）の開催地に決定したことなどもあって、両都市のコラボレーションは進められた。このように、グラスゴー・エジンバラ・コラボレーションは政治的な障害を乗り切った。しかし、こうした動きは、コラボレーションがいかに政治に左右されやすく、コラボレーションの利益に偏りがあるときには、政治的障害が起こりうることを示している。

　しかし、グラスゴーとエジンバラのコラボレーションは、以下の点を教訓として残している。

- 連携を進めようとする国の意志と資金の提供は歴史的に強いライバル関係にあった都市間でさえ、コラボレーションのインセンティブとなりうる。
- ロンドン（日本では東京）の経済的支配は、とくに当該都市が近接している場合には、コラボレーションの重要なインセンティブになりうる。

付録2
イギリスは国をあげて広域連携を進めた

> 中心市と周辺都市は運命共同体であり、圏域全体として発展政策を講じることが必要であることは分かっていても、連携を実現することは容易ではない。イギリスでは国をあげて広域連携を推進し、都市の活性化を実現しようとした。そのアイデアと実施のプロセスには学ぶべきものが多い。

❖ City-Region 政策の推進

　ロンドンへの一極集中が進むイギリス。そのなかで、バーミンガム、リバプール、マンチェスターなどの都市がヨーロッパ各国の第2、第3の都市に比べて経済面で劣っていることに危機意識をもったイギリス政府は、「核都市（core city）および核都市と密接な経済的関係をもつ周辺エリアを包含する地域」（City-Region、以下 C-R とする）を単位とした経済政策を強力に推し進めてきた。

　イギリスにおいて C-R が注目された背景は次のとおりである。第1は中央集権的システムへの対応である。イギリスは歴史的にも中央集権国家であり、権限は首都ロンドンに集中していた。そこで、当時の労働党政権は経済発展に関する一部の権限を国から地方に移譲するために、1999 年にイングランド地域に9つの地域開発公社（Regional Development Agencies）を創設した。しかし、その責任は十分ではなく、地域経済の実態に合わないものであった。また、イングランドにおける自治体の政策は国のコントロールを強く受けており、財源の多くを国からのひも付き補助金で賄っていた。こうしたなか、地方への権限移譲が唱えられ、自治体の財政上の

自由度を高める動きはあったものの、大規模なインフラ整備や経済開発政策における都市の能力は制限されたままであった。

　第2は（中心）都市の規模が小さすぎることである。たとえばマンチェスターは、都市圏の人口が250万人を超えているのに対して市の人口は45万人にすぎない。つまり、イングランドの都市の行政区域は日常生活圏をカバーできていない。

　第3は経済開発政策における広域連携が欠如していることである。イギリスの自治体は伝統的に連携して政策を行うことが少なく、制度的にも自治体が共同で政策を実施することを妨げる仕組みになっていた。

　第4はイングランドにおける都市構造の変化である。グローバリゼーション、長距離通勤、サービス・知識集約型経済の拡大は、都市経済が機能するエリアを拡大してきた。自治体は、もはや行政区域内の住宅問題、交通問題、教育訓練問題にかかわっていれば良いという時代ではなくなり、近隣自治体と共同で政策を実施する必要性がますます大きくなっていた。

❖広域連携推進のための新たな制度

　労働党政権は国をあげてC-R政策を推進した。「白書」（*The Local Government White Paper*、2006年10月）は、イギリスの経済活性化と繁栄のためにはC-R単位での政策が重要であるとし、英国財務省（HM Treasury)は2007年7月に「*Sub-National Review of Economic Development and Regeneration*」（SNR）をまとめ、より実質的な政策フレームワークを提示するに至った。そこでは、自治体連携を推進するために、複数の自治体が共同で広域の目標を定め、連携して住宅、交通、再開発などの政策を実施するという自発的なパートナーシップ制度である Multi-Area Agreements（MAAs）の創設が提案され、2008年7月から実施された。

　国は行政区域を越えたガバナンス協定、明確な経済発展戦略、優先順位をつけた投資計画を作成したC-Rに権限と財源調達の自由を与えることによってMAAsを普及しようとした。その結果、2008年5月時点でグレーター・マンチェスター（Greater Manchester）、リーズ（Leeds）等7つの

MAAs が成立し、最終的に全体で 15 の MAAs（98 の自治体がかかわる）が実現した。

　MAAs は、自治体が交通、職業訓練、都市計画、住宅整備といった経済成長を促進する政策を共同で行えるようにする仕組みとして導入されたものであるが、それらは、基本的に自治体間の政治的合意に基づいた任意かつ非公式の取り決めであり、拘束力を持たないものであった。そのため、C-R の経済発展に十分な成果を上げるほど強力なものとはいえないという評価もあった。

　2010 年の総選挙で労働党は敗北し、政権は保守党と自由党の連立に移行するが、労働党は政権末期に C-R の連携とガバナンスを強化するためにいくつかの手段を講じた。その 1 つが 2009 年予算においてリーズ C-R とマンチェスター C-R を、法的 C-R に指定したことである。さらに、行政区域を越えた自治体連携をさらに促進させることを目的として法的拘束力をもつ MAAs、Combined Authorities 等が創設された。Combined Authority は、創設は任意だが、公共交通や、職業訓練、住宅整備、都市・地域再生、廃棄物収集・処理、低炭素化、開発許可等の経済政策分野に関する権限が国から移譲され、地域開発を行うイングランドの広域地方自治体である。活動に必要な財源は政府による補助金、構成自治体間に割り振られるカウンシル税（住宅用財産にかかるイギリスの地方税）で賄われる。2011 年にグレーター・マンチェスター（Greater Manchester）Combined Authority が、2014 年には 4 つ、2016 年、17 年にはそれぞれ 2 つの Combined Authority が創設された。このように、イギリス・イングランドでは国が広域連携を強力に推進した。

COLUMN16:連携先進都市グレーター・マンチェスター（Greater Manchester）

グレーター・マンチェスターはイングランドにおいて、C-R 政策に最も力を注いできた広域連携の先進地である。その業務の1つに都市交通（トラム）システムの運営がある。トラムの路線は全構成自治体に広がっているわけではない。にもかかわらず全自治体が共同で運営しているのは、企業や高い技術をもつ労働者にとってマンチェスターをより魅力あるものにすることは、新たな雇用機会や新規投資を生み出すことを通して隣接地域にも利益をもたらすと考えられたからである 。そのほかにも、10 自治体が所有するマンチェスター空港の拡張を進めるなどの実績も上げている。

インフラ整備は公民連携で

公共インフラは住民や企業の活動にとってなくてはならないものだ。多くの社会資本がすでに整備された日本であるが、人口や企業の転出が進む地方において地域力を強化するためのインフラ整備は不可欠である。また、都市部を中心に高度経済成長期に整備されたインフラの更新時期も迫っている。インフラ整備は今後も必要であるが、財源調達を含めた整備の方式は大きく変わらなければならない。とくに公民連携が今後のインフラ整備推進の鍵を握っている。

❖インフラ整備と PPP

わが国では、高度経済成長期に社会資本が集中的に整備され、これらのストックは、建設後すでに30〜50年の期間を経過していることから、今後急速に老朽化が進むと予想される。インフラの長寿命化を図るための維持管理計画の策定、劣化した部分を早期に発見し対策を講じるといった「予防保全」を行ったとしても、やはり限界がある。

インフラ需要に対して財政事情からそれに対応できないという「インフラギャップ（infrastructure gap）」は新興国において顕著である。しかし、日本をはじめとした先進国でも、老朽化した既存のインフラの維持、更新のための投資や、減少する人口に対応するために生活空間を集約するコンパクトシティ化、地域の衰退を食い止めるための再開発投資など、インフラギャップが発生している。厳しい財政状況下、インフラギャップを埋め、地域の持続可能性を高めるためには、更新すべきインフラを重点化するとともに、調達方式を改めることによって、費用対効果の大きいインフラ整備を指向しなければならない。

自治体は住民ニーズに対応した施設の機能移転や統合等を内容とする「公共施設等総合管理計画」を策定中であるが、具体策については「これから検討」に留まっているところも多い。とくに施設が重複する都市圏においては、「どこに（立地）」「どのくらい（配分）」整備するかという、都市圏域全体を視野に入れた公共施設の最適配置への取り組みが必要である。提言15で述べたように、広域連携によってインフラ整備を行うことも必要である。しかし、インフラ整備を公共部門と民間部門が共同で進めるという「公民連携」も積極的に進めるべきである。

公共インフラ整備への自治体のかかわり方については、かつての「公か民か」という単純な区分ではなく、さまざまな形が考えられ、そこに各自治体の創意工夫が活かされることになる。PPP（Public Private Partnership）もその1つであり、欧米諸国ではインフラ整備に積極的に活用されている。フランス、イタリア、スペインといったEU加盟国は、古くから交通インフラ等の建設をコンセッション方式（Column17）のPPPによって行ってきた。営業権を与えられて事業を実施する民間企業は、有料道路の料金の

ように利用者からの収入を得て事業にかかるコストを回収する（独立採算型）。

　イギリスは公民連携の考えをより広い公共インフラに拡大し、利用者からだけでなく、政府自らがサービスを購入するという形態（サービス購入型）を PFI（Private Finance Initiative）として積極的に活用している。公共部門がコストを下回る料金で利用者にサービスを供給する場合でも PPP を活用することは可能である。この場合、民間部門は国や自治体からの補助金と利用者からの料金とで事業費をまかなうことになる。

　日本でも、1999 年 7 月に公布された PFI 法（民間資金等の活用による公共施設等の整備等の促進に関する法律）の施行以降、インフラ整備に PFI が活用され始めた。しかし、図 16-1 にみるように実施件数はそれほど多くはなく、しかも実績は大都市圏に偏っている。また、日本の PFI 事業は、行政が PFI 事業者に建設、維持管理の報酬を支払う「サービス購入

図 16-1　都道府県別にみた自治体実施の PFI 事業数

自治体実施の PFI は大都市圏に偏っている。

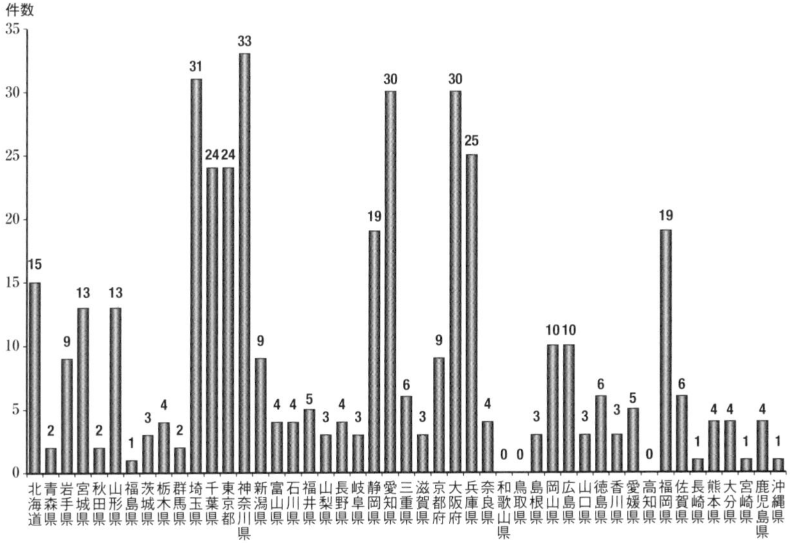

資料）　内閣府「PFI の現状について」（平成 28 年 5 月）
　　　 http://www8.cao.go.jp/pfi/pfi_genjyou.html

型」が大半であり、インフラの利用者が事業者に料金（したがって事業者の報酬）を直接支払う「独立採算型」はきわめて少ない状況であった。その後、2011年にPFI法が改正されたことによって「公共施設等運営権」が新たに追加され、コンセッション方式が拡大していくことが期待されている。

> **COLUMN17：コンセッション方式**
>
> インフラの所有権は公共部門に残したままで、民間事業者にインフラの事業運営に関する権利を長期間にわたって付与する方式。日本でも、平成2011年のPFI法の改正によって「公共施設等運営権」として規定された。公共施設等運営権は「公共施設等の管理者等が所有権を有する公共施設等（利用料金を徴収するものに限る）について、運営等を行い、利用料金を自らの収入として収受する」権利である。それまでのPFIが公共サービス購入型であったのに対して、事業を実施した民間企業にとって、工夫次第でより収益の上がるPFI事業を実施することができるようになったことで、PFIの利用を促進することが期待されている。なお、インフラの所有権が民間に移転されたなら、それは民営化であり、PPPではなくなる。

❖ PPPのメリット

　PPPと、公共部門が民間建設会社にインフラの建設のみを発注し、完成後は公共部門が運営するという従来型調達方式（以下は従来方式とする）との間には大きな違いがある。以下、主にサービス購入型PFIを想定して従来方式と比較しよう。従来方式の場合の民間企業のリターンはインフラの建設に関してのみ発生するのに対して、PPPの場合、民間部門のリターンは、インフラが契約期間中に生み出すサービスの質や量というアウトカムに連動して決まる。そして、従来方式では民間部門はインフラの建設のみに責任を負うのに対して、PPPでは建設だけでなく、管理と運営全体に責任を負うことになる。

　プロジェクトの実施にともなって発生する費用やリスクを誰が負担するかも従来方式とPPPでは異なっている。従来方式では、資本費および運営費は公共部門が支払うとともに、費用が見積もりを上回ったり、供用開

始が遅れたりすることにともなうリスクは公共部門が負担する。これに対して PPP の場合には、公共部門はサービスが提供される期間に支払いを行えば良い。民間部門は財源を負債と投資家の株式投資とでまかない、株式へのリターンはサービスの質に左右されることになる。このように PPP においてはプロジェクトにともなって発生する費用やリスクの多くが民間に移るのである。

表 16-1 は従来方式と PPP の違いの要点を示したものだ。インフラ調達のあり方は従来方式と大きく異なっており、PPP を導入する際に、自治体はインフラ整備の考え方を根本から変える必要がある。

PPP には従来方式に比べてさまざまなメリットがあるが、主要なものは以下のとおりである。オーストラリア政府の手引き書等を参考にまとめた。

第 1 は、ライフサイクルコスト・マネジメントによりコスト縮減が図れることであり、これが最大のメリットともいえる。従来方式では、インフ

表 16-1　従来方式と PPP の相違点

インフラ調達において従来方式と PPP は多くの点で根本的に違いがある。

従来方式	PPP
政府はインフラそれ自体を購入する	政府はインフラが生み出すサービスを購入する
設計と建設に関する短期的な契約（通常 2 年ないし 4 年）	設計、建設、資金調達、維持管理を統合する長期の契約
インプット・ベースの仕様	アウトプット・ベースの仕様
政府が全事業期間中のリスクを負う	民間部門が全事業期間中のリスクを負う
支払いは建設費を支払うために初期の段階に集中する。経常費用は少ない	資産が運転を開始した時点で支払いが始まる。支払いのプロファイルは長期の契約期間にわたって供給されるサービス水準を反映して、安定的
政府は通常、建設期間と費用の超過の責任を負う	民間事業者が建設期間と費用の超過の責任を負う
政府が施設を運営する	政府は施設を運営するときもしないときもある
政府は施設の耐用年数の間に複数の契約を結ぶ（建設、管理運営等）	政府は施設の耐用年数の間に単一の契約を結ぶ
パフォーマンスの基準は定まっていない	パフォーマンスの基準が定められており、契約の要求水準を下回ったときには支払額が減らされる可能性がある

出所）Australian Government（2008）*National Public Private Partnership Guidelines Overview*, p. 6.

ラの設計、建設、保守（メンテナンス）、運営が別の事業者によって行われるのに対して、PPP ではこれら一連の業務を単一の事業者が責任をもって実施することになるため、事業期間全体を通じて発生する「ライフサイクルコスト」を抑えることができる。最終利用者あるいは公共部門は、ライフサイクルコストを考慮して設定されたサービス価格を民間事業者に支払うことになる。

PPP では、民間部門は事業実施期間中に発生する可能性のあるリスクを吸収するように、インフラを設計し価格設定を行う。それに対して従来方式では、インフラ建設後の管理運営の段階で発生する可能性のあるリスクは建設請負契約者が提示する入札価格には含まれないため、民間企業との契約時には PPP の方が従来方式よりも高い価格が設定されるようにもみえる。

しかし、インフラ完成後に発生する可能性のあるリスクは、従来方式の場合、公共部門が後年度に負担しなければならなくなる。つまり、従来方式では、初期時点ではライフサイクルコストの全体が表面化しないために低コストに見えるだけなのである。

第2は自治体予算の確実性と安定性を高めることである。従来方式では、インフラの将来保守費用等、インフラ完成後にどれくらいの費用が発生するかは不確実であり、しかも費用の大きさにかかわりなく公共部門が全額を負担しなくてはならない。これに対して PPP の場合には、契約の段階で、PPP プロジェクトに対して将来支払わなければならない負担は明らかになっている。このことは、公共部門の予算編成に確実性と安定性をもたらしてくれる。

また、PPP の場合には契約時点で公共部門の将来負担が確定するが、将来負担を適正な額に設定するためには、PPP プロジェクトがどれくらいの便益をもたらしてくれるかについて公共部門が関心をもっておく必要がある。むしろ、将来便益こそが最大の関心事だと言ってもよい。これに対して従来方式では、公共部門はサービスの生産者であり供給者であるため、インフラ建設とサービスの供給にどれくらいの支出が必要となるかが最大の関心事になりがちである。つまり、公共部門にとっての最大の関心

事は、従来方式の場合は「費用」であるのに対して、PPP の場合はプロジェクトが生み出す「便益」である。したがって PPP では、極端なことをいえば、期待どおりの成果さえ確保できるのであれば、サービスの供給方法は重要ではない。

　プロジェクトを実施するかどうかは政治が判断するが、その判断は、プロジェクトが生み出す便益と事業期間中に発生する費用との比較に基づいて下さなければならない。ところが従来方式の場合には、プロジェクトの完成後に発生する費用と便益はインフラの建設段階では不確実であるため、無駄なプロジェクトにゴーサインを出してしまう可能性がある。これに対して PPP の場合には、契約の段階で便益と費用が正しく予測されていなければならないため、この予測値を、プロジェクトを実施するかどうかの判断材料に利用することが可能である。

　PPP の場合、公共部門の支払いはプロジェクトの建設時ではなく、完成後、サービスの供給開始後に始まる。民間事業者はインフラの完成が遅れれば、収入の遅れという形で自らが負担することになるため、建設工事の完了を急ぐというインセンティブが働くことにもなる。

　第 3 は VFM（Value for Money）を高めることである。以上の 1 および 2 のメリットを持つことによって、PPP は公共部門に対して従来方式よりも高い VFM を提供することができる。「VFM がある」「VFM が出る」といった表現をすることが多いが、これは、従来方式による総コストに比べて PPP のコストが小さいことを意味している（VFM は Column18）。とくに、従来方式では公共部門が負っていたプロジェクトにかかわるリスクを、PPP は最もうまくコントロールし吸収できる主体が負うように、リスクを公民間に最適に配分することによってリスクによるダメージを小さくでき、VFM が高まるのである。

COLUMN18：VFM

PPP による VFM は、インフラ整備の効率性を従来方式による総コスト（プロジェクトの想定事業期間中に発生する費用総額の割引現在価値に、公共部門が負担するさまざまなリスクを数量化して上乗せしたもの）と PPP で供給した場合に公共部門が支払う総コスト（割引現在価値）とを比較し、従来方式に比べて PPP のコストが小さければ VFM があるとされ、PPP 事業として採用されることになる。下図は従来方式（公共事業）と PPP（PFI）方式を比較したものである。

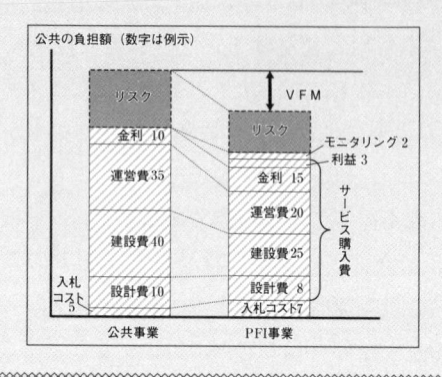

❖ PPP は民間企業や地域経済の活性化にもつながる

　PPP の場合、民間事業者はアウトカム（アウトプット）を求められるだけであり、プロジェクトの仕様書は自らが作成できる。民間事業者は最も有利な方法を追求する過程で、技術革新や VFM を高める能力を強化することもできる。とくに PPP は民間部門に対して投資機会を提供するだけでなく管理運営も任せることになるため、施設の管理・保守のスキルアップにもつながる。このように PPP は民間部門にとって新たなビジネスを提供するものであることから、外国では多くの企業が PPP 担当ユニットを設置し、市場調査と全事業期間ベースのコストに基づいた価格設定等に関する専門家の助言や専門家の育成などに資金を投じたといわれている。

　PPP は地域経済にもメリットをもたらす。PPP はそれまで公共部門の独占業務だと考えられてきた領域に民間企業が参加できるという点において、ビジネスチャンスを提供することになる。とくに地域経済が停滞して

図 16-2　国内銀行の都道府県別預貸率

地方では地元で集めた資金が地元で使われていない。

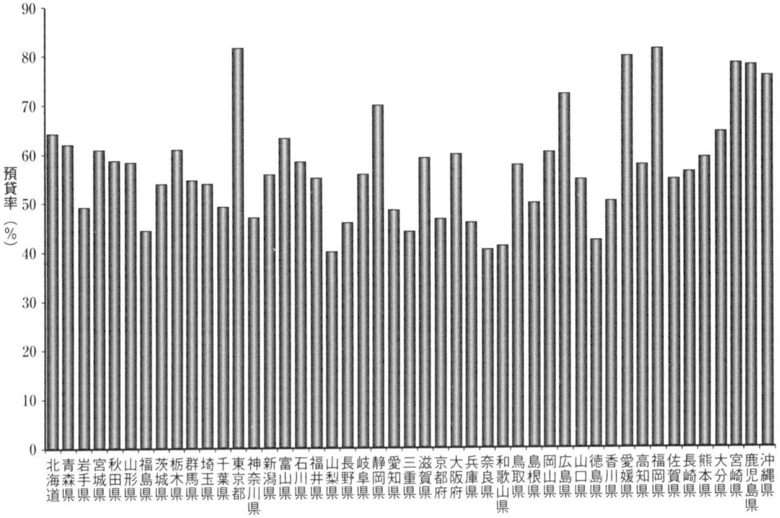

縦軸: 預貸率（%）、0〜90

横軸: 北海道 青森県 岩手県 宮城県 秋田県 山形県 福島県 茨城県 栃木県 群馬県 埼玉県 千葉県 東京都 神奈川県 新潟県 富山県 石川県 福井県 山梨県 長野県 岐阜県 静岡県 愛知県 三重県 滋賀県 京都府 大阪府 兵庫県 奈良県 和歌山県 鳥取県 島根県 岡山県 広島県 山口県 徳島県 香川県 愛媛県 高知県 福岡県 佐賀県 長崎県 熊本県 大分県 宮崎県 鹿児島県 沖縄県

資料）　日本銀行「都道府県別預金・現金・貸出金」2016 年 10 月末。
　　　　https://www.boj.or.jp/statistics/dl/depo/pref/index.htm/

いるため民間部門に活動余力が存在している場合、その余力を有効活用すれば地域経済の活性化に結びつく。

　また、地方には資金需要がなく地域の資金が地元で活用されないという現象が起こっている。このことはとくに地域経済を金融面で支えてきた地域金融機関にとって大きな問題である。図 16-2 は国内銀行の預貸率を都道府県別に見たものである（2016 年 10 月末現在）。地域で集められた資金は地元で運用されることが基本的に望ましいが、預金が地元でどのくらい活用されているかを表す預貸率には大きな地域間格差が存在している。低い預貸率は地域金融機関の収益に影響するが、地域経済にとってもマイナスだ。地域で運用されなかった資金は有価証券で運用され、域外に流出し、その効果が域外に漏れてしまうからである。

　PPP プロジェクトに要する資金は融資や株式発行という形で民間がまかなうことになる。PPP は民間資金を活用するのであるが、苦しい財政状況から逃れることが目的ではなく、民間資金を地元で運用することに

よって地域経済にプラスに作用することを第1の目的とすべきであろう。PPPによる新たなビジネスチャンスは、地元で活用されない民間資金の有効活用にも結びつき、地域金融市場の発展に寄与し、ひいては地域経済の活性化につながるはずだ。このことは、PPPに参加しない民間企業にとっても地域経済の発展を通じた間接的な利益として還元され、自治体には税収をもたらすことになる。

しかしここで注意しなくてはならないのは、投資家の資金が必ずしも地元に落ちるとは限らないことだ。地元投資家がPPPに関心を示さない可能性もある。民間資金は収益の大きいところに向かっていくのであり、今日のようにグローバル化した経済では、投資家は国境を越えて有利な投資先を探している。これが市場のメカニズムである。したがって、PPPプロジェクトを企画したからといって、必ずしも投資家が地元のプロジェクトに投資してくれるとはかぎらない。投資家の資金が地元で活用されるためには、プロジェクトが、ビジネスとしてまた投資先として有利なリターン（収益）を提供できるものでなければならない。この点に関しては提言17で触れることにする。

❖ PPPは財政が厳しい自治体にとって救世主なのか？

図16-3は公共部門の支払いプロファイルを、従来方式とPPPとで比較したものである。ここでは市庁舎など従来型の公共施設を想定している。インフラの建設とインフラによって供給されるサービスに対して公共部門が民間事業者に支払うタイミングは、PPPと従来方式とでは大きく異なる。従来方式では、公共部門はインフラ建設時に建設費を支払わねばならないのに対して、PPPではインフラ建設の段階では支払いは発生せず、インフラ完成後にサービスが供給された時点でサービス購入のための支払いが発生する。

このように、PPPにおいては、公共部門の会計では事業会社からサービスを購入するための年々の支払いだけが計上され、プロジェクトの資産と負債は表面に現れない。したがって、インフラ整備が自治体のバランスシート（貸借対照表）に出てこないPPPは多くの借金を抱える自治体には

図16-3　公共部門の支払いプロファイルの比較

従来方式は建設段階で支出が生まれるが、PPPではサービス供給時から支払いが始まる。

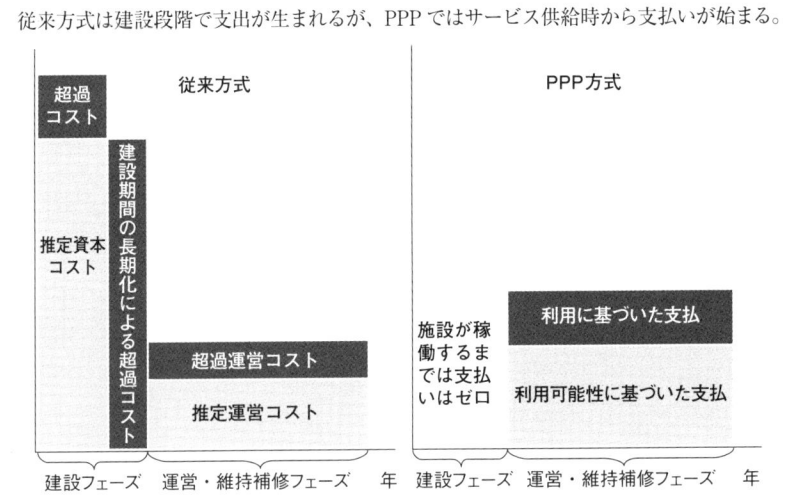

出所）PricewaterhouseCoopers（2005）*Delivering the PPP Promise: A Review of PPP Issues and Activity.*
https://www.pwc.com/gx/en/government-infrastructure/pdf/promisereport.pdf

魅力的だ。

　しかし、PPPの重要な点は、プロジェクトがバランスシートに出てこないことではなく、プロジェクトがVFMを生むかどうか、そしてPPPが他の調達方式に比べて最も有利な方式なのかどうかである。イギリス大蔵省のタスクフォースは次のように指摘している。「PFIの目的は納税者のためにVFMを生む質の高い公共サービスを提供することである。したがって、プロジェクトを進めるかどうかを決定する鍵はVFMであって、会計上の取り扱いではない」。

　近年の公会計改革においてバランスシートの作成が重要だとされるのは、資産と負債という「ストック」の面から自治体の財政状況を明らかにするためである。インフラプロジェクトがバランスシートに明示されないことは、むしろ政府債務を監視するメカニズムを弱めてしまうことになりかねない。したがって、VFMでプロジェクト推進の是非を判断することはもちろん大切だが、それ以前に、バランスシートに現れないことがプロジェクトの必要性や妥当性に関するチェックを甘くし、資源の浪費につな

がるという問題を防止するためのメカニズムが必要である（Delmon Jeffrey（2011）, *Public-Private Partnership Projects in Infrastructure: An Essential Guide for Policy Makers*, p. 72）。

❖「最初に PPP ありき」ではない

PPP はプロジェクトやサービスの調達方式の1つである。PPP が従来方式に比べて VFM などのメリットを持っていたとしても、調達方式を選択する前に、プロジェクト自体の是非が検討されなければならない。そのためにも、図 16-4 に示すように、インフラおよびインフラによって供給されるサービスを住民が求めているかを確認するとともに、インフラの整備が、自治体がめざす全体的目標や戦略と整合的であるかどうかを見極めなければならない。このチェックをクリアしなければ、計画自体が認められるべきではない。

これらのチェックを受けて計画が承認されたなら、次にプロジェクトの事前査定が進められ、投資が決定される。その際、インフラ整備の目的や、プロジェクトのアフォーダビリティ（費用負担能力）、VFM などを検討した「ビジネス・ケース」を作成しなければならない（ビジネス・ケースについては提言 13 の Column14 を参照）。また、インフラの調達戦略に関しての分析が行われ、PPP が最も効果的であることが明らかになって初めて、インフラ投資と PPP による調達が承認される。提言 13 の付録でとりあげた ROAMEF サイクルでは、「実行」の段階に至って初めてインフラの調達方式に関する選択問題が出てくるのである。

調達方式としての PPP の採用とプロジェクトの実施とが同時決定であると考えてはならない。ましてや、最初から PPP を採用することを決めてしまっていたり、「PPP を採用して、民間の資金が使えるならプロジェクトを承認しよう」というように、PPP をプロジェクト実施の条件にしたりすることがあってはならない。PPP は財源のないプロジェクトを実施する手段ではない。逆に、地域にとって必要不可欠なプロジェクトであれば、他の事業を削ってでも実施しなければならない。そのうえで、調達方式として PPP が適切なのかどうかが問われることになる。また、地域づ

図 16-4　PPP 承認のための主要なステップ

PPP を採用する前に、インフラそれ自体の是非が問われるべきである。

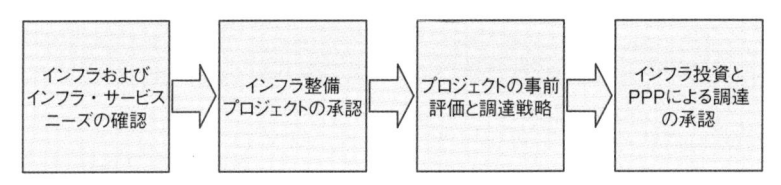

くりにおいて緊急度が小さかったり、優先順位が低かったりする場合には、民間資金の導入が可能だとしてもプロジェクトを実施すべきではない。この場合には、むしろ純粋に民間のプロジェクトとして実施できる道筋をつけるべきなのである。

　民間事業者の PPP への参加を促すために自治体が事業者にインセンティブを与えることがある。従来方式と異なり、PPP は初期の財政負担を軽減することになるために、自治体は民間事業者へのインセンティブに対して「これくらいの支出で事業が実施できるのなら安いものだ」と考えてしまう可能性がある。たしかにインセンティブは、事業者のリターンを改善（リスクを軽減）し、投資家にとってプロジェクトの魅力を大きくするのに役立つだろう。しかし、自治体による財政支援が民間事業者のビジネスを有利にしたとしても、住民ニーズに沿わないなどの理由で実施する価値がないと判断されるプロジェクトを、価値のあるものに転換することはできないのである。

　財務省は「平成 28 年度予算の編成等に関する建議」（2015 年 11 月 24 日、財政制度審議会）において、PPP/PFI の積極的活用を提唱しつつも、「一方で、PPP/PFI の件数や事業規模の確保が自己目的化することとなっては本末転倒であり、（中略）費用対効果が高く真に財政の効率化に資するものを進めていくことが必要である」とした。これは PPP においてきわめて重要な指摘であり、プロジェクトそれ自体の意義がまずは問われなければならない。

公民連携を成功させるために必要なこと

PPP は民間、公共の両部門にとってメリットを生み出すことが期待されている。しかし、PPP を採用しさえすればメリットが生まれるというわけではない。メリットが発生するかどうかは PPP の進め方次第なのである。PPP を成功させるためには、プロジェクト自体が民間部門にとって参加するだけのメリットをもたらすものであるとともに、公民が対等の立場で強いパートナーシップを築かなくてはならない。とくに地域・都市開発型プロジェクトに PPP を活用する際には、公民間の相互の尊重やビジョンの共有等、協働型連携を実現するための原則を満たす必要がある。

❖プロジェクトが市場のテストを合格しなければならない

PPP を採用すればメリットが生まれると考えるのは幻想だ。PPP が成功するためには、さまざまな課題を解決しなければならない。

提言 16 では、「最初に PPP ありき」ではなく、PPP の導入を検討する前に、プロジェクトそれ自体の是非を判断しなければならないことを指摘した。このチェックをクリアし、しかも PPP を採用することが望ましいと判断されたとしても、PPP がそのメリットを十分に発揮するという意味で「成功」するとはかぎらない。

PPP が成功するうえでもっとも重要なことは、プロジェクトを進める最高のパートナーを獲得することである。従来型調達方式においては、自治体と民間企業の関係は発注者と請負人（contractor）の関係であり、自治体が優位であったが、PPP のもとでは、自治体と民間企業は契約に基づく対等なパートナーでなくてはならない。そして、民間企業や投資家は強制されたり説得されたり、あるいは「おつきあい」で PPP に参加するのではなく、自治体との協働によってプロジェクトの目標を達成しようという意欲を持ち、自らの意思で積極的に参加するのでなければならない。

最高のパートナーを探し PPP のメリットを最大限に高めることができるかどうかは、オークションにおけるのと同様、競争的かつ透明性の高い入札プロセスを通して、多くの入札者を惹きつける能力が自治体に備わっているかどうかにかかっている。それは、入札者に対して、適正な価格で良質のオファー（たとえば投資の水準、効率性、テクノロジー）を提供するインセンティブを自治体が与えられるかどうかであるが、最大のインセンティブは、プロジェクトがビジネスとしての高いリターン（収益）や投資対象として高い配当を提供できることなのである。

インフラの調達方式として PPP を活用しようとするのであれば、自治体は資金と技術を民間から手に入れるための入札市場にプロジェクトを「出品」するのだということを忘れてはならない。自治体は民間投資家と同じ視点でプロジェクトをとらえ、それが市場のテストに合格するほどの魅力あるものなのかどうかについて事前に分析し、それを伝えなければならないのである。自治体自らがプロジェクトを分析し、事前評価を行ってお

くことは、民間企業が自治体に対して提示する契約内容が適切かどうかを判断するうえでも役立つはずだ。

　自治体は「企業にとってもビジネスチャンスなのだから、こちらの提案に乗ってくるはずだ」という甘い考えは捨てなければならない。「おつきあい」でPPPに参加するほどの力を持つ日本企業は多くない。自治体が「魅力あるプロジェクトだ」と自信満々で考えても、市場ではそのように評価されない可能性は十分にある。PPPに資金や技術を提供する民間企業は、プロジェクトにかかわる前にリターンとリスクを分析するとともに、リスクに対処するために時間とエネルギーを費やして契約を結ぶだろう。こうしたプロセスがあってはじめて、事業期間中に発生するリスクにともなうコストを吸収し、プロジェクトを計画どおりに実施することができるのである。

　資金を提供する民間の投資家にとって、自治体が提案したPPPプロジェクトは投資対象の1つにすぎない。したがって、こうしたプロセスに対応できるようにするためには、自治体はPPPプロジェクトを市場に出す前に、プロジェクトが競合する他の投資機会よりも強い市場競争力をもつものでなければならないということを十分に認識すべきだ。このように、PPPが成功するためには、プロジェクト自体が地域（住民）にとって必要不可欠であるというハードルをクリアするだけでなく、プロジェクトが民間企業にとって魅力あるビジネスになりうるというハードルを乗り越えなければならない。これはまさに、提言9で述べた「企業家主義的」自治体経営の神髄である。

　提言16でも示したように自治体実施のPFIが地方圏で少ないのだが、その理由として「地元に事業の受け手がいない」という声を自治体関係者から聞くことがある。しかし、PPPプロジェクトを進めるうえでの最高のパートナーを地元で見つけることが難しいなら、地元企業にこだわらず、場合によっては世界から選択するところまで調査範囲を広げるべきである。プロジェクト自体の魅力を高めることはもちろんだが、同時に、プロジェクトへの潜在的な投資家を掘り起こすための「マーケティング活動」も必要であろう。

多くの事業が経営破綻に陥った第三セクターが、共同で施設の建設と運営を行うという「寄り合い所帯」的性格をもつのに対して、PPP は、入札で選ばれた民間事業者が自治体との契約に基づいて事業を運営することになる。したがって、PPP においては、自治体は契約内容を通じて事業をコントロールするだけであり、それ以外は原則として民間企業のイニシアチブが保証される。事業の公共性・公益性という点では PPP プロジェクトは第三セクターよりもむしろ大きいとも考えられるが、事業運営の比重は民間企業にかかり、その分、民間の自由度は大きく、創意工夫を引き出すことによって高いリターンを手にする可能性が高まる。

　ただ、高いリターンはあくまでも「可能性」であり、それが実現できるかどうかは、自治体が PPP にどのように向き合うかにかかっている。民間企業に高リターンをもたらす1つの方法は、民間が負うべきリスクを軽減することによって負担を減らすというものである。これによって自治体にとっての VFM は低下するが、民間企業の PPP への参加意欲は強まり、競争が促されることで効率性が高まり VFM が大きくなる可能性も生まれる。自治体が契約時に民間リスクを軽減すると約束することの是非は、VFM に対してこのように逆方向に働く効果のいずれが大きいかを検証することによって判断すべきである。

　民間へのリターンを高めるもう1つの方法は、ビジネスとしてのプロジェクトの魅力自体を高めることである。民間にとってリスクは大きいがリターンも大きい。そして、リスクの公民間の配分を最適化することで VFM を高めることもできる。

　民間パートナーへのリターンは以上のように2つの方法で高めることができるが、バランスシートに現れないことを魅力と感じて自治体が PPP を採用しようとすれば前者の方法がとられる可能性がある。しかし、従来方式を上回る VFM を実現するという PPP の真の目的からすれば、後者の方法を選択すべきであろう。とくに「独立採算型」プロジェクトの場合にはそうである。

❖リスクの最適配分の考え方

　事業期間中に生じるリスクを特定し、それを公共と民間にいかに適正に配分できるかで PPP の成否が決まるといってもよいほど、リスクの扱いは重要である。つまり、PPP を成功させる鍵はプロジェクトリスクを的確に把握し、そのリスクを最もうまく管理し吸収できる者が負うようにするとともに、リスクの発生自体を抑える取り決めを事前に行っておくことも重要である。

　PPP プロジェクトは以下のようなリスクに直面する。

　　政治的リスク：法律や税法の改正

　　建設リスク　：工期の遅れや建築コストの上昇

　　不測のリスク：自然災害

　　需要リスク　：収入の不足

　　金融リスク　：為替相場の変動、金利変動

　一般的に、需要リスクや金融リスクについては、経験豊富な民間部門の方がうまく対処できると考えられている。これらのリスクを公共部門に負わせるならコスト高に直結する。将来の需要予測は民間の企業経営においても不可欠なものであるが、PPP の対象となるサービスは、公共部門自身の政策によって大きく影響されるところがある。たとえば、文化ホールを PPP で整備したとしても、それと競合するような施設が近い場所に建設されたり、そのほかにも制度変更によって需要が減少したりすることもある。こうした政策による需要の減少リスクは公共部門自らが負担すべきである。契約の段階で、このような行政側の動きによって生じるリスクを明示しておくことは、競合の可能性のあるインフラの建設を回避するといったように、リスクの発生を未然に防ぐ効果を持つ。

　公共部門はリスクをできるかぎり民間に負ってもらいたいと考えるだろう。しかし、公共部門のリスク軽減が必ずしも公共部門の負担の最小化に結びつかないことに注意すべきである。図 17-1 はこのことを示している。民間が管理することが困難なリスクを民間部門に過大に負わせれば、その分、契約時に設定されるサービス価格に反映され、かえって、公共部門にとってのコストが大きくなる可能性がある。また、多くのリスクを民

図17-1 効率的なリスクの配分

リスクは VFM が最大になるように公民間に配分しなければならない。

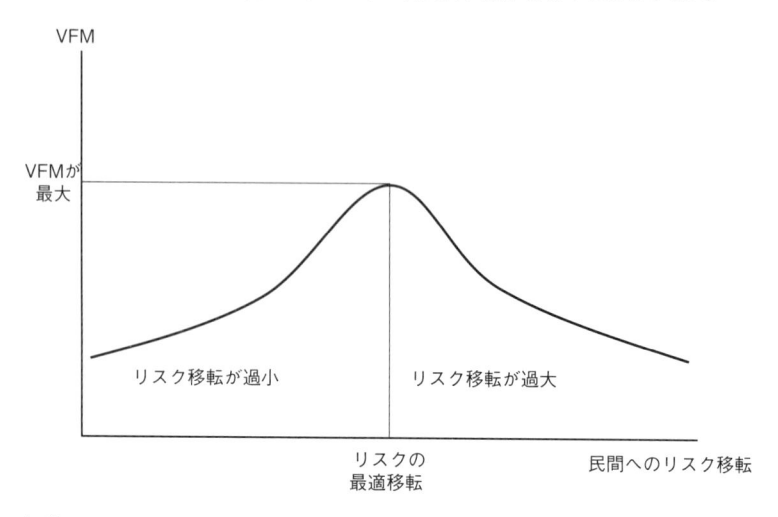

出所）Delmon Jeffrey（2011）*Public-Private Partnership Projects in Infrastructure: An Essential Guide for Policy Makers,* p. 97.

間に負わせると、そのリスクは下請け業者に転嫁され経営を圧迫したり、高い下請け価格に反映されたりする可能性もある。

　一方、PPP の実績が少ない地域では、民間企業や投資家にパートナーとなってもらうためには、サービスの一部を自治体が買い取り保証を行うなど、民間のリスクを軽減する必要が生じるかもしれない。しかし、この場合には、民間のリスク軽減措置が VFM にどのような影響を与えるのかを検証したうえでリスク配分を決定すべきであり、民間部門の要望を丸呑みにしてはいけない。

❖リスクとリターンのトレードオフにうまく対応すべき

　アジア開発銀行とドイツ政府によって設立されたCDIA（Cities Development Initiative for Asia）は、投資家の視点から、PPP プロジェクトのリスクを、①リターンの確実性と、②投資家がプロジェクトに対してどの程度の自由裁量の余地を保持しているか、という2つの基準によって図17-2のように

図 17-2　投資家から見たプロジェクトのリスク

投資家に与えられる裁量の大きさと、リターンの確実性の組み合わせでプロジェクトの
リスクは決まる。

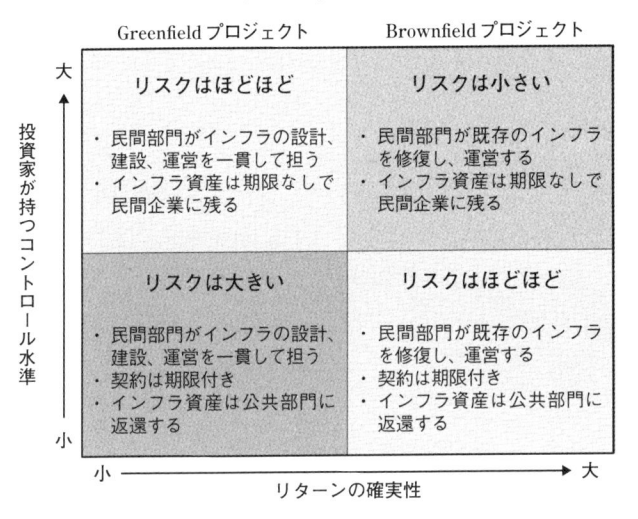

出所）CDIA（2010）, *PPP Guide for Municipalities*, p. 15.

表した。民間投資家に与えられる裁量の余地が小さいほど、そしてリター
ンの確実性が小さいほど、投資家にとってプロジェクトに参加することの
リスクは大きくなる。

　CDIAは第1の基準であるリターンの確実性について、インフラ投資を、①
「グリーンフィールド（Greenfield）」、②「ブラウンフィールド（Brownfield）」、
③両者の組み合わせ、に区分した。グリーンフィールドプロジェクトは、
これまで工場などが建ったことがない草の生えた土地に新たにインフラ投
資を行うケースであり、自分たちの思ったようにビジネスができる自由が
あるため高いリターンが見込める反面、施設が期日どおりに完成できな
かったり、施設の完成後に不測の事態が発生したりといった大きなリスク
を抱える可能性があるため、リターンの確実性は小さい。ブラウンフィー
ルドプロジェクトは、すでに建物が建っている敷地にインフラ投資を行っ
たり、既存の施設を修復したりするものである。新しく投資を行うグリー
ンフィールドほどには高いリターンは望めないが、すでに存在する施設を

利用するためリターンの確実性は大きい。

　第2の基準である裁量に関する自由度もリスクの大きさを左右する。事業期間が短く、しかも小さな自由度しか与えられないと、リターンを取り逃すというリスクは大きくなる。施設の設計から運営までを一貫して担うことができ、しかもインフラを活用する自由度が大きい PPP はリスクを小さくすることができる。

　このようにリターンとリスクとの間にはトレードオフの関係が存在するが、提案するプロジェクトが図 17-1 のマトリックスのどこに位置するかを事前に見極めることができれば、自治体は契約の時点で、発生するかもしれない事態を予測しそれに対処するとともに、民間事業者および投資家と自治体の両方がともに win、win になるような交渉にも利用できるはずだ。

❖ PPP の成否はパートナーシップの強さにかかっている

　PPP が成功するかどうかは、パートナーシップがうまくいくかどうかにかかっていると言ってもよい。公共部門と民間部門がプロジェクトにともなう責任とリスクを共有する PPP では、リスクを最適に配分することによって公民双方が自らの目標を実現することが可能となる。ここでは公共部門と民間部門が互いに「相手を利用してやろう」とか「できるだけ多くの責任や負担を相手に押しつけよう」と考えるのではなく、良きパートナーとして協働型連携（提言 14、15 における自治体連携と同様である）を実現することである。とくに注意しなければならないのは、公共部門が「行政の論理」で民間部門を利用するのではなく、公共と民間とが、自らの目標と、その目標達成のための知恵と手段を持ち寄ることである。

　図 17-3 は公共部門と民間部門が PPP プロジェクトに何を期待しているかを示している。公民が協働で 1 つのプロジェクトを進めるとしても、プロジェクトへの期待や重点の置き方は異なっている。たとえば、公共部門は VFM を重視するが、民間部門はコストの回収や高収益を重視する。公共部門にとっての VFM と民間部門にとっての高収益はお互い相容れないもののようにみえるが、そうではなく補完的なものととらえるべきであ

図 17-3　民間部門と公共部門の PPP への期待

PPP に対する期待は公共部門と民間部門とで異なっている。

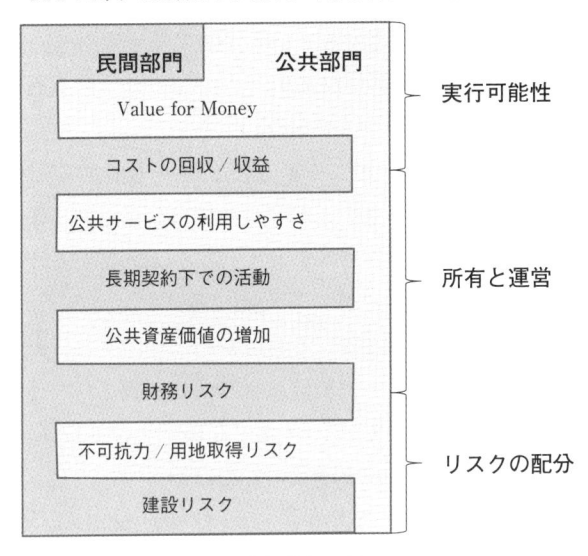

出所）CDIA（2010）*PPP Guide for Municipalities*, p. 5.

る。PPP においては公民両部門が互いに相手の求める目標を尊重し合うことがパートナーシップを強める秘訣である。

❖ PPP を成功させるためには強い政治的支持が不可欠

　PPP を成功させるためには、民間企業や投資家がプロジェクトに参加してくれるだけの経済的リターンを生むことはもちろん必要だが、同時に自治体の中に PPP を進める環境が整っているかどうかもきわめて重要である。PPP はとくにこれまで慣れ親しんできた伝統的な調達方式から大きく考え方を変化させるものであることから、その推進には自治体が一丸となって対応することが必要であり、そのためにも、強力な政治的支持が不可欠である。

　いったん PPP を進めることを決断したなら、揺るぎないコミットメント、つまり責任をもった約束が不可欠である。こうした PPP への強い政治的支持を手に入れられるかどうかは、PPP プロジェクトの推進の背景

にあるビジョンを明確にし、そのビジョンに沿ったメリットが手に入ることを社会に対して示すことができるかどうかにかかっている。つまり、PPP が成功するためには、民間部門だけでなく自治体内部の支持を得る必要があり、それには PPP プロジェクトに関しての十分な根拠と、その根拠を証明するに足りる分析が不可欠なのである。

PPP が成功するためには、国にも地方の PPP を推進するという強い意志が備わっていなければならない。イギリスでは公民連携による地域活性化策である Local Enterprise Partnership（以下 LEP とする）が強力に推し進められている。

2010 年の総選挙で労働党は敗れ、5 月に政権は保守党と自由民主党の連立政権に移った。連立政権は、労働党政権時代に創設された地域開発公社（RDA）の効果は小さいとして 2012 年までに廃止し、地域開発は LEP によって行うことを宣言した。連立政権の行動は迅速であった。2010 年 6 月 29 日に政府コミュニティ・地方自治省（the Department of Communities and Local Government）とビジネス・イノベーション・職業技能省（the Department for Business, Innovation and Skills）から自治体と地方のビジネス・リーダーに書簡が送られた。そのポイントは次のようなものである。

書簡のねらい

- この書簡は政府と共同で地域経済を強化することへの誘いである。
- どのような LEP を作り上げるかを、自治体とビジネス・リーダーがともに考えてほしい。
- RDA がこれまで行ってきた施策の一部は国が引き継ぎ、一部は廃止する。

LEP の目的

- LEP は経済の比重を公共部門から民間部門にシフトさせるための戦略である。
- 地域計画と住宅整備、地域交通とインフラ整備の優先順位、雇用と新規企業の立地、低炭素経済への移行といった課題を解決することによって、企業活動の環境を改善し成長を実現する。
- 小規模企業の創業を支援する。

- 大学や研究機関との密接な連携を促進する。

ガバナンス

- 企業と自治体とが協働することがきわめて重要である。
- パートナーシップの委員会（board）は民間と自治体の同数の代表によって構成される。
- 民間ビジネス・リーダーが委員会の座長を務める（ただし、地域のビジネス・リーダーと自治体のリーダーが明確に望むのであれば、投票で選ばれた市長が座長になることも可能）。
- 説明責任を確保するためにもガバナンスの透明性が要求される。

規模

- 現行の行政区域が経済圏域と一致していないことから、パートナーシップは実体経済圏や通勤圏をカバーするものとなることを希望する。

以上を内容とする書簡を送り、2010 年 9 月 6 日をタイムリミットとして、自治体と企業のパートナーシップによって各地域の LEP 計画のアウトラインを提出することを要請した。その結果、2010 年 10 月時点で 56 が提出され 24 が承認された。現在は 39 の LEP が存在する（2017 年 1 月。LEP Network の web-site より。https://www.lepnetwork.net/about-leps/）。

LEP の主な職務

- 交通ネットワーク整備等の優先投資対象事業を選び、政府と取り組んで実施する。
- 社会基盤整備と事業実現のための支援とコーディネートを行う。
- 地域の企業に対する規制の変更を行う。
- 戦略的な住宅供給を行う。

2011 年から 14 年の期間中に 14 億ポンド（約 2500 億円）の地域成長ファンドが準備された。ファンドの目的は地域経済の活性化あるいは継続的な雇用確保のための投資計画を支援することであり、利用申請は民間あるいは官民協働による事業主体に限られ、公共部門単独での申請は認められない。ここで重要なのは、申請に民間が参加することが必須だという点である。

わが国の「地方版総合戦略」では、多くの自治体で有識者や各種機関の

代表を集めた大人数の策定委員会が設置された。このように委員会に幅広い参加を求めたのは、総合戦略が幅広い分野に及ぶこともあるが、国の「策定の手引き」に、住民、産業界・市町村や国の関係行政機関・教育機関・金融機関・労働団体・メディア等で構成される推進組織で審議・検討するなど、「広く関係者の意見が反映されるようにすることが重要」と示されたことに最大の理由があると考えられる。LEP が戦略の対象を主として経済開発分野に絞り込み、民間経済人と自治体代表とが完全に対等の立場で地域発展戦略を立てているのとは大きく異なっていると言わざるを得ない。

付録
地域・都市開発型 PPP の 10 原則

> PPP は公民が連携してインフラを整備することが中心である。しかし近年、アメリカでは都市や地域の経済開発分野で PPP が用いられるようになってきた。わが国でも、大都市では都市の再整備に PPP を導入することが期待されている。地域・都市開発に PPP を活用するためにはどのような点に留意しなければならないのだろうか。

❖地域・都市開発型プロジェクトへの PPP 活用の意義

　伝統的な都市開発では、土地利用に関して自治体が開発をコントロールするといったように、自治体と民間ディベロッパーは対立関係にあった。高度経済成長期のように都市が膨張する時代にあっては、人口や経済活動が集中することによって生じる過密の弊害を取り除くためにも、自治体は民間の都市開発や住宅建設を管理し抑制する必要があったからである。

　しかし時代は大きく変わった。大都市でも企業の転出による産業空洞化や居住環境の悪化といった問題が、とくにインナーシティと呼ばれる、業務機能が集中している都心部と郊外の良好な住宅地とにはさまれた地区において発生している。また、衰退した商業集積地の再生や大規模工場跡地の有効活用も都市の大きな課題である。こうした課題に直面している自治体は、開発をコントロールするという管理者主義的発想から、再開発によって居住環境や企業の活動環境を改善し、収益を生むものに変えていくという企業家主義的発想で政策を行うことが求められるようになった。一方、民間企業もこれまで収益を支えてきたビジネスが停滞するなかで、新しいビジネスチャンスをまちづくりに求めている。

しかし、民間企業には、用地を買収し、再開発用に集約するために必要なコストを負担する体力はないし、自治体も厳しい財政制約から従来の方法でインフラを整備することは困難である。また、土地利用に関する規制や計画が硬直的で、土地の有効活用の障害になっている可能性もある。こうした状況下で、都市や地域の経済活動を中心とした活性化のためには、公民がパートナーとして共同で事業を進めることが必要になってきた。

　協働型連携によって、自治体をはじめとした公共部門にはその資産を有効活用したり、自然、建築物、インフラ、住民等がかかわり合うことによって生まれる生活環境を意味する「構築環境（built environment）」を改善したりできるというメリットがある。一方、民間部門にとっては公共部門と協働することによって土地の利用可能性が大きくなり、開発に際してより大きな自由度が得られるというメリットがある。

　さらに、今日の都市開発プロジェクトは、住宅、商業施設、保健・医療、教育・文化など、さまざまな機能を複合的にもつものが主流となっている。これは大都市のビッグプロジェクトに限ったことではない。地方都市においても、人口減少に効率的に対応するため、人が歩いて行ける地理的範囲内にさまざまな機能を集約することをめざすコンパクトシティ構想も、公民の協働型連携によらなければ進まない。

　複合型開発・再開発プロジェクトは、利害関係者が広範囲に及ぶことから、連携は自治体とディベロッパーだけでなく、コミュニティ、地域住民など幅広い主体を巻き込んだ「クリエイティブ・アライアンス（創造的同盟）」を築くことが求められるだけに、単独プロジェクトの PPP 以上に、連携を成功させるためには多くのエネルギーと工夫が必要とされる。

❖地域・都市開発型 PPP を成功させる 10 原則

　ワシントン D.C. や香港などにオフィスを構える非営利の研究・教育機関である Urban Land Institute は都市開発の事例から、PPP が成功するための 10 の原則を提示した（Urban Land Institute (2005), *Ten Principles for Successful Public/Private Partnerships*）。

1.　周到な準備を早めに行うこと。

　自治体は開発計画を作成・更新し、その情報を流すことによって、投資機会を民間に知らせることになるが、その際、開発の目標に加えて、民間部門に提供できるインセンティブについても知らせなければならない。自治体は税の減免、土地利用計画と規制といった政策ツールをもっており、それらを提示することによって民間部門を交渉のテーブルにつかせ、プロジェクトのアフォーダビリティ（費用負担能力）が生まれるのである。これによって、民間ディベロッパーは開発プロジェクトに参加することのメリットを理解しやすくなる。

　なお、自治体は、民間部門が事業を進めるにあたって必要とされる手続きの簡素化、たとえば許認可のワンストップ化等を進めなければならない。規制や手続きの複雑さは民間パートナーにとって開発上のリスクであり、こうしたリスクを取り除くことが地域づくり型 PPP を成功に導くからである。この点は米国・ダーラムの経済開発において活かされている（提言 18）。

2.　全パートナーが共有できるビジョンを策定すること。

　「ビジョンがないプロジェクトは失敗する」と言われるほどにビジョンは重要である。わが国でも「地域づくりやまちづくりにはビジョンが必要だ」と言われる。理想像、未来像、展望、見通しといった意味で使われるビジョンであるが、それは単なる理想や思いつき、あるいは模倣であってはならない。ビジョンはプロジェクトが達成しようとしている目標の枠組みを示すものであり、プロジェクトの成否を判断するベンチマーク（比較のために用いる指標）の役割を果たすものでなければならない。

　協働型連携によってプロジェクトを進める場合には、開発プロジェクトがコミュニティにどのような利益をもたらすべきか、開発の目的は何で最終目標をどこに置くかについて、ステークホルダーの合意を取り付けながら決定していかねばならない。ビジョンは単なる「美しい絵」であってはならず、プロジェクトを実行するために必要な資金調達方法、パートナーとその責任、プロジェクトを実現するためのアジェンダ（行動計画）、タイムフレームなども視野に入れたものでなければならない。そうでなければプロジェクトを評価するためのベンチマークとしては機能しない。

開発型、再開発型プロジェクトは長期に及ぶことから、ビジョンは社会経済状況の変化に耐えうる頑健なものでなければならない。すべてのステークホルダーがビジョンの策定にかかわり、共有が実現すれば、後になってプロジェクトへの反対が出てくるのを防ぐことができ、策定後も長く受け継がれていくであろう。

3. お互いに他のパートナーの立場を理解し尊重すること。

　協働型連携を成功させるためには、パートナー全員が他のパートナーを尊重することが不可欠であり、そのために時間と努力を惜しんではならない。PPP プロジェクトに参加するパートナーが多くなればなるほど、互いの信頼と尊重が必要とされる。たとえば、自治体は、民間企業は利益がなければ活動が成り立たないことを理解すべきであるし、民間企業は、自治体というのは迅速な行動が困難であり、多様な住民ニーズに対応しなければならないことを理解すべきである。とはいえ、自治体には可能なかぎりの柔軟性も求められる。もし、自治体が民間パートナーと最低限必要な妥協すらできなければ、PPP は成功しないだろう。

4. リスクとリターンを明確にすること。

　民間企業の経済原則は「ハイリスク・ハイリターン、ローリスク・ローリターン」である。PPP が成功する秘訣もこの経済原則を貫けるかどうかである。しかし PPP は、自治体、民間企業など広範囲のステークホルダーがリスク負い、連携がうまくいって初めてリターンを手にすることができる。民間企業がどれほど頑張っても、他の関係者が歩調を合わせなければ高いリターンは手に入らない。つまり、地域開発型 PPP は、ステークホルダーが多いだけに、一般的な民間投資案件に比べてリスクとリターン、あるいは努力と報酬との間の関係が複雑で見えにくい。だからこそ、すべてのステークホルダーが「モラルハザード」（倫理の欠如）を起こさないようにするためにも、各ステークホルダーが負うべきリスクと、連携が成功したならどのようなリターンを手にすることができるかを、明確に提示しなければならないのである。これを提示し損なうと連携は成功しない。

5. 明確かつ合理的な意思決定プロセスを確立すること。

　パートナーとなる民間ディベロッパーの選定が終わったら、プロジェク

トを進めるうえでの必要事項について意思決定を行うことになるが、その
ためには「ロードマップ」(Road Map)を作成することが有効である。ロー
ドマップとは、プロジェクトの目標、目標を達成するためにやらなければ
ならないこと等を列挙し、目標達成までの大まかなスケジュールを示した
行動計画のアウトラインのことである。これによって各ステークホルダー
がプロジェクトの実施において果たすべき責任が公式なものになる。パー
トナー間の関係や意思決定プロセスを簡略的に書き記した「覚え書き」が
利用される事例も多い。

6. 入念に下調べを行うこと。

　PPP の全参加者はプロジェクトの実施期間中にどの程度の時間、エネ
ルギー、資源を投入しなければならないかを事前に知っておく必要があ
る。そのためにもプロジェクトについて入念に下調べを行うべきである。

7. 考え方がぶれず、調整能力をもつリーダーを確保すること。

　広範囲のステークホルダーが参加する地域開発型 PPP を成功させるた
めには、プロジェクトをけん引するリーダーが必要だ。とくに、PPP の
事業期間は長いのに対して政治家の任期は短いことから、PPP は首長の
交代や議会の勢力図の変化を超越したリーダーシップによって進められな
ければならない。しかし、あるべきリーダーシップの考え方は近年大きく
変化している。つまり、かつての上意下達のピラミッド型から、よりフ
ラット化した組織を調整する能力を活かすことがリーダーの資質として求
められている（リーダーシップについては提言9を参照）。

8. 早い段階でパートナー同士の意思の疎通を十分に図っておくこと。

　パートナー同士が定期的にコミュニケーションを取ることによって連携
がもたらすメリットの共通認識が深まるとともに、目標達成のための戦略
について効率的な意思決定が可能となり、実行のプロセスが確かなものに
なる。しかも、コミュニケーションはパートナー間で情報やアイデアの交
換を促すだけでなく、住民との意見交換も含めた住民参加の機会を生むこ
とによって、より効率的な意思決定プロセスを確保するのにも役立つはず
である。

9. 公正な取り扱いについて交渉を行うこと。

民間企業にとっての公正な PPP とは、大きなリスクをこうむる代わりに、それに見合うリターンが手に入ることである。一方、自治体にとっての公正とは、公共インフラの整備、開発に関する権利の付与、その他の公的資源を民間に提供する代わりに、公共財産の価値の増加、雇用や税収の増加といった、有形、無形の公的便益を手に入れることである。すべてのステークホルダーが利益を手に入れる、つまり「win、win」になるための取り決めを結ぶには、契約締結という最初の段階だけで交渉を終えるのではなく、プロジェクトの全段階を通じて交渉を積み重ねることが必要である。それによって、協働型連携が成功するための基礎的条件であるパートナー間の信頼が生まれる。

10. PPP を成功させるためにもパートナー同士の「信頼」を築くこと。

　PPP が成功するうえで最も重要な要素である「パートナー同士の信頼」はプロジェクトを実行する過程で育っていくものである。つまり信頼は、各パートナーがプロジェクトの中でどのような貢献ができるかを認識することを通して強まっていく。各パートナーは、他のパートナーも同じように頑張っているという仮定の下で誠実に行動しなければならない。それこそが信頼関係を築く基礎になる。とにかく、すべてのパートナーが、自分たちの利益は他のパートナーとの信頼関係によってのみ獲得できるのだということを強く認識しておく必要があり、そのためにも、PPP のプロセス、ガバナンス、マネジメントが透明で、各パートナーがプロジェクトの目標を目指して自らの責任を全うすることこそが重要となる。

米国・ダーラムの発展に学ぶ

マスター・プランはどうあるべきか

米国ノースキャロライナ州ダーラム。世界的な経済誌「フォーブス」(2013) はダーラム (Durham) ／ローリー (Raleigh) 都市圏を企業立地の際の有望な 10 都市の 1 つに選ぶとともに、ダーラムはビジネスに理想的な都市のランキングで第 10 位に選ばれた。古くはたばこ産業や繊維産業で栄えたダーラムであったが、その後の衰退を克服し、現在はデューク大学を抱える大学町として、またハイテク産業の研究・開発拠点として発展している。しかし、こうした発展の背景には、地域開発に関しての地元のさまざまな工夫と実践がある。都市再生に果たしたマスタープランの役割とその中間評価のあり方、公民連携による開発戦略の実行等、ダーラムの戦略から学ぶことは多い。

❖ 米国ノースキャロライナ州ダーラムの経済発展戦略 ── 力強く多様な地域経済

　ダーラム郡の郡庁所在市であるダーラム市は、人口25万1893人（2014年7月現在）のそれほど大きくない町だ。古くから栄えたたばこ産業、繊維産業の衰退によって頭打ちになった人口は、図 18-1 に示すように、1990 年代に入って急増している。

　その原動力になったのが、デューク大学、ノースキャロライナ州立大学等の高等教育機関、州政府、地方政府（郡、市）および研究開発企業の連携によって 1959 年に設立され、世界的に有名になったリサーチ・トライアングル・パーク（Research Triangle Park: RTP）である。約 28km² の敷地には、170 を超えるバイオサイエンス、製薬、IT 企業が集まっており、常勤職員換算で 3 万 9000 人が働く、現在では、シリコンバレー、ルート 128、シリコンアレーと並ぶ全米最大級の研究推進地域となっている。

　ダーラムはまた、才能をもった人材、それを育てる教育とコミュニティ、高品質の生活等、企業の立地にとって不可欠なこれらの条件を戦略的に発展させており、近年、企業家やハイテク新興企業の拠点として数多くのスタートアップ（新しいビジネスで成長し、市場開拓の段階にある企業や事業所）がダウンタウンを中心に立地し、イノベーションの文化と大

図 18-1　ダーラム市の人口推移
市の人口は近年、大きく増加している。

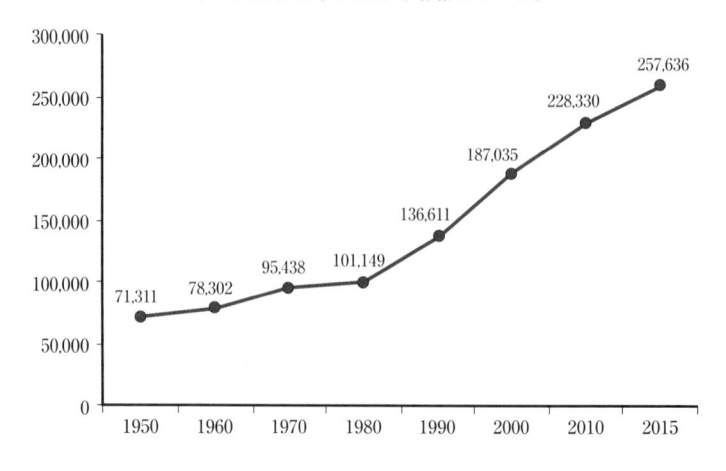

胆な開発を生み出している。

　ダーラム市のホームページには、ダーラムのビジョン、ビジョンに基づ
いたミッション、そして各分野でのゴールを含めた戦略プランが掲げられ
ている（表18-1）。これを見るかぎり、わが国の総合計画とそれほどの違
いはない。しかし、そこから先に大きな工夫がなされている。

　ダーラムの戦略プランには経済発展、コミュニティ形成等、5つのゴー
ルが盛り込まれているが、その1つである経済戦略は Durham Joint
Economic Development Strategy Plan（以下、「経済戦略プラン」とする）
に詳細に示されている。図18-2 はダーラムの経済発展戦略の策定と評価
のプロセスである。経済面でのゴールである「力強く多様な地域経済の実
現」についてその内容を簡単に紹介しよう。

　めざましい発展を遂げてきたダーラムであるが、「経済戦略プラン」は以
下の課題が残っているとした。

　第1は失業問題である。ダーラムの失業率は全国平均および州平均より
低いものの、若者と低学歴者の失業が残っている。

　第2はダウンタウンの開発である。ダーラム市とダーラム郡はダウンタ

表18-1　ダーラム市の戦略プラン

日本と同様、ダーラムの戦略プランのゴールは幅広い。

- ビジョン
  ダーラムは優れた持続可能な生活の質を提供するリーディング・シティ（先導的都市）となる。
- ミッション
  ダーラムを、生活、仕事、楽しみのための優れた場とするために上質のサービスを提供する。
- 5つのゴール
  ① 力強く多様な地域経済の実現
  ② 安全で安心できるコミュニティの形成
  ③ 活発な活動と住みよさをそなえた近隣地域の創造
  ④ イノベーティブで高いパフォーマンスをもった組織への改革
  ⑤ 物的・環境的資産の適切な計画と管理

出所）ダーラム市ホームページ。
　　　http://durhamnc.gov/183/Strategic-Plan

図 18-2　ダーラムの経済発展戦略策定と評価プロセス

経済発展戦略は、ビジョン設定から評価という一連の流れのなかで作られる。

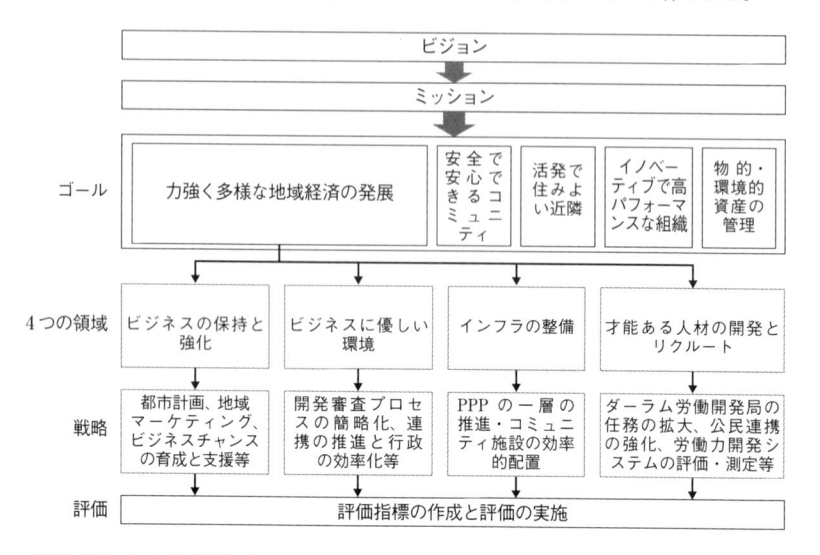

出所）Web-site から著者作成。

ウン地区の再開発に取り組んできたが、今後もプロジェクトを継続しなければならない。

第3はマーケティングとプロモーション戦略の展開である。オースチン、ボストン、サンフランシスコ等、ダーラムと競合する他都市に対して競争力を維持しなければならない。

❖地域経済発展に取り組む3つの原則と戦略

以上の課題に対応するために、「経済戦略プラン」は戦略の基礎となる3つの原則を示した。

第1はダーラム市とダーラム郡の連携である。市の政策は都市内部の特定エリアの開発（コミュニティ開発）をめざし、一方、郡の政策は都市の境界の内部と外部の両方で大規模な商工業の開発を担うというように、通常、市と郡はそれぞれが異なった役割を果たしている。しかし、ステークホルダーにとっては市と郡ができるかぎり分断されない方が良く、市・郡

が共通のターゲットエリアを設定し、相互補完的政策と手続きの統一化を
図ることを望んでいる。

　ダーラムではすでに市と郡が共同で「計画・審査部」を創設しており、
開発プロジェクトの審査過程の効率性を向上させてきた。また、市／郡労
働開発局は、リクルート、訓練、若年労働者の雇用プログラム等を効率化
してきたところである。しかし、「経済戦略プラン」は、プロジェクトへの
投資に際して投資家が要する時間や直面する不確実性を削減する等、経済
開発とインセンティブに関する交渉、審査、承認のプロセスの効率性を改
善する余地がダーラムには残されている、と指摘した。

　第2は公民連携（Public Private Partnership）の推進である。ダーラム
の経済と労働力の開発は民間パートナーのネットワークによって支えられ
ている。グレーター・ダーラム商工会議所とダウンタウン・ダーラム株式
会社は、ダーラムに仕事を呼び込み、そして維持するために、地元経済団
体と密接な連携を進めてきた。ダーラム観光コンベンションビューローは
観光旅行客の誘致のための環境づくりと誘致活動を行っており、ダーラム
公立学校、ダーラム工科コミュニティ・カレッジ（Durham Technical
Community College）、ノースキャロライナ中央大学（North Carolina
Central University）、デューク大学は次世代の労働者と地域社会の指導者
（コミュニティ・リーダー）を育てている。その一方で、地方のリーダー
は、ダーラムがリサーチトライアングル地域を発展させる方法についてた
えず対話できるように、ノースキャロライナ州の商務省、RTP財団、他州
や地域のパートナーと連携を取りあっている。ダーラム市の零細企業諮問
委員会は零細企業の新設および発展に対して相談業務を行っているほか、
地方政府とダーラム大学は連携して地元企業への支援業務を行っている。

　このように、ダーラム市と郡はグレーター・ダーラム商工会議所等の民
間あるいは準公共機関と連携し、経済発展のための良好な環境を維持して
おり、その取組みは「最大のサクセス・ストーリー」と評されるほどであ
るが、「経済戦略プラン」は、今後さらに連携を強めることによって、ダー
ラムにおける民間企業投資家への支援を効率化すべきだと提言している。

　第3は市場と産業の推進力を重視することである。労働市場、住宅市

場、商業市場こそが企業活動を左右するのであり、市／郡は消費者の需要、技術革新、マーケティングといった市場の推進力について常に注意を払わなければならない。民間の経済活動は市場メカニズムを基本に営まれている。したがって、政策は市場の推進力を十分に考慮し、それらを活用するものでなければならないという発想であり、わが国の地域政策が学ぶべき最大のポイントともいえる。

　以上のように、ダーラムの発展には、市場の諸力を重視したうえで、自治体連携、公民連携を進めてきたことが大きく貢献しているが、「経済戦略プラン」の策定それ自体が連携の賜<ruby>賜<rt>たまもの</rt></ruby>なのである。計画の策定過程で、零細企業の代表、企業家、ディベロッパー、研究機関、政府、地域団体等、多くの部門からのステークホルダーが参加し、計画策定に時間と知恵を提供した。つまり、「経済戦略プラン」はダーラム市とダーラム郡がこれまで強力に推し進めてきた連携の延長線上に生まれたものである。これらの連携の背景には、ダーラム市、郡、その他のステークホルダーがダーラムの課題を十分に把握し、あるべき将来像を共有し、連携することによってはじめて参加者全員の利益が手に入るという認識を持つために、大きな努力を払ったことがある。多くの参加者から意見を聞くだけという「アリバイ作り」的な会合では決してない。

　ダーラムは「力強く多様な地域経済の発展」というゴールを実現するために、4つの戦略的焦点領域を設定した。これらは経済発展の計画策定と実施の骨組みを提供するものであり、今後さらに発展しようとしているダーラムにとってのチャンスと、直面する障害を明確にしている。

焦点領域1：ビジネスの維持と補強

　ダーラム市とダーラム郡は、既存のビジネスを存続させ成長させることを目的として、経済開発パートナーや民間部門との協働をより強めなければならない。既存ビジネスの拡充と新ビジネスの誕生の可能性は、産業の推進力となる財やサービスを提供できる産業クラスターが地域内に存在するかどうかによって決まる。「経済戦略プラン」はビジネスの保持と拡充を実現するために4つの戦略目標を立てた。

戦略目標1：さまざまなタイプのビジネスチャンスを生み出す「生活
　　　　－仕事－学び－遊び」クラスターを戦略的に創り上げる。そのため
　　　　の土地利用を促進するとともにインセンティブを与える。

戦略目標2：ビジネス、文化、スポーツの開発において、ジェン
　　　　ダー、人種、宗教の多様性を推進することを含めて、零細企業と企
　　　　業家機会（entrepreneurial opportunities）を育てる。

戦略目標3：地域マーケティング手法を改善する。

戦略目標4：市場と産業推進力を重視した支援を行う。

　そして、戦略達成度を評価する指標として、開発によって生じた不動産
価値の増加、自治体支援策が呼び水となって生まれた開発投資額等を用い
た。開発によって得られる便益を不動産価格の上昇によって評価する（こ
れを「ヘドニック・アプローチ」と呼ぶ）という発想は日本ではほとんど
存在しないが、政策の重要な評価方法として海外では位置づけられている。

焦点領域2：ビジネスに優しい環境

　力強く多様な経済を実現するためには、ビジネスの保持と拡充（焦点領
域1）が必要であるが、そのためにもビジネス環境にはとくに注意を払わ
なければならない。企業の活動環境には、生活の質、高学歴・高技能労働
者、雇用の容易さ、ビジネス・コスト（税金や料金）、規制の強弱などがあ
るが、ダーラムはこれらの要因の多くをすでに整えてきた。しかし、「経
済戦略プラン」は、運用を改善し規制緩和を進める余地はまだ残されてい
ると指摘した。

　ビジネスに優しい環境というのは、企業がその地域で活動するうえでの
予測可能性を高めるとともに、行政の効率性や納税者への説明責任を果た
すことであり、日本のように補助金や税の優遇を行うこととは考えられて
いない。また、企業活動や地域・都市開発に関する規制は、コミュニティ
の環境保全や、良好な居住環境という地域のイメージの向上には役立つ
が、ダーラム市・郡は環境保全という目的に役立っていないにもかかわら
ず、発展を妨げ、市場へのスピーディーな対応をできなくしている規制を
緩和することによって企業の成長を推進することを重視している。そし

て、戦略目標として以下の３つを設定した。

　　戦略目標１：開発審査の分かりやすさと審査プロセスの簡略化。

　　戦略目標２：経済開発のための連携の推進、効率的な政府の実現。

　　戦略目標３：望ましい開発を促進するための、効果的かつクリエイ
　　　　ティブな投資刺激策の提供。

　そして、この戦略がどの程度成功しているかを評価するために企業を対象にアンケート調査を実施し、開発審査プロセスについて「きわめて効率的」あるいは「効率的」と答えた調査対象者の割合、受け取った計画策定意見と開発情報の明確性と整合性とが「きわめて良かった」「良かった」と答えた調査対象者の割合を評価指標として採用した。地域経済政策の受益者である企業を対象に、いわば「顧客満足度調査」を取り入れているのである。

焦点領域３：インフラの整備

　地域が経済的成功をおさめるためには高品質のインフラが不可欠である。人やモノの移動、コミュニケーション、通勤、会議やコンベンションの会場、高い質の生活を手に入れるためのさまざまな要素、これらは企業や高技能労働者を惹きつけ、成長させるうえで不可欠なものである。ダーラムはこれまで、多くのインフラを整備してきたが、今後もインフラ整備を継続して行う必要があるとし、以下の６つの戦略目標を設定した。

　　戦略目標１：インフラに対するニーズと資金供給とのギャップの調査
　　　　と、優先度の高いニーズに対応する。

　　戦略目標２：経済開発に補助的な効果をもち、民間の領域にあるとさ
　　　　れてきたインフラへの投資とPPPをさらに推進する。

　　戦略目標３：コミュニティ施設の配置の工夫、利用の効率性を最大限
　　　　に高める。

　　戦略目標４：民間部門にとってのインフラ要件の予測可能性、透明性
　　　　の向上を図る。

　　戦略目標５：用途混合型（生活、就業、学習、余暇）のセンターを整
　　　　備する。

　　戦略目標6：停留所付近に低中所得層の住宅を整備するなど、将来の
　　　　　バスや路面電車の拡張を踏まえたインフラ整備を推進する。

焦点領域4：才能ある人材の開発とリクルート

　才能ある人材の存在は企業立地のきわめて重要な決定要因である。ダー
ラムはこれまでにも人材の育成を優先的に行い、企業に有能な人材を供給
することに力を注いできた。今後もこの政策を進めるために、ダーラムは
以下の戦略目標を掲げた。

　　戦略目標1：高技能労働力の需給調節や多くの機関が担っている雇用
　　　　　と職業訓練関連サービスの調整を容易にするためのダーラム労働力
　　　　　開発局の任務を調整し拡大する。

　　戦略目標2：ダーラム公立学校、ダーラム労働開発局、Made in
　　　　　Durham（教育と職の橋渡しを行う連携組織）等と共同で、教育と
　　　　　仕事のパイプラインの開発と改良を行う。

　　戦略目標3：労働力強化プログラムを改善するため、公共、民間、非
　　　　　営利団体のコミュニケーションと連携を強化する。

　　戦略目標4：労働力開発システムの評価・測定システムを実践する。

　　戦略目標5：有用な人材確保のためのインセンティブを提供する。

❖ダウンタウンの開発と公民連携

　めざましい発展を遂げたダーラムであるが、その地域経済戦略において
きわめて大きな役割を果たしたのがダウンタウン・エリアの再整備であ
る。たばこ産業や繊維産業が立地していたダウンタウンは、これら産業の
衰退にともなって「負の遺産」になった。しかし、ダーラムはダウンタウ
ンを再整備することによって、収益を生む「正の財産」への転換を成し遂
げた。

　ダウンタウンの再開発は2000年に市と郡によって承認された「ダウンタ
ウン・ダーラム・マスタープラン」の指針に沿って進められた。マスター
プランはインフラのような特定の開発関連だけでなく、ダウンタウンを、
生活、仕事、余暇を楽しむ場に変えるという幅広いゴールを設定した。そ

のとき以来、市の投資と民間の開発の両方によってダウンタウンは活性化した。その成果の一端を紹介しよう。

約 1.9km^2 のエリアに民間投資額は 2010 年末までに約 7 億ドル、公共投資額は 2012 年末までに約 3 億ドル（公民とも計画段階のものも含む）、ダーラム市のホームページによると、直近までの投資額は 12 億ドルに上り、現在も 2.5 億ドルのプロジェクトが進行中だという。投資によって、立体駐車場、芸術センター、街路の景観整備、交通センター、郡庁舎、ヒューマンサービスセンター等が整備された。ダウンタウンの総税収は 2000 年から 2005 年にかけて 16%増加し、2008 年には倍増すると予想された。また、2000 年以降、ダウンタウンで 5000 人の新規雇用が生まれている。

たばこ倉庫のリノベーションによって 100 万平方フィートのオフィス空間が生まれ、3000 人の新規雇用がダウンタウン内で創出されるとともに、新たなエンターテイメントセンター（コンサート会場、レストランなど）が完成した。マスタープランは 2020 年までに 220 万平方フィートのオフィスを拡充するとしていたが、2007 年現在で 150 万平方フィートが実現し、その後の 2 年で 40 万平方フィート、次の 10 年で 50 万平方フィートの拡充が可能になると予想するなど、再整備は順調に進んだ。このように、ダウンタウンの再整備はダーラムの経済的発展に大きく貢献したのである。

人、企業、資金を惹きつけるために、ダーラムの公民両部門のリーダーはマスタープランの策定と実行のプロセスにおいて公民連携を積極的に進めた。そこで大きな役割を果たしたのが公民連携の開発組織であるダウンタウン・ダーラム株式会社（Downtown Durham Inc.）である。DDI はアメリカ合衆国の内国歳入法（USC 26）の規定により課税を免除された非営利団体であり、ダウンタウン活性化の触媒としての役割を果たすため 1993 年に設立された。マスタープランの策定において大きな役割を果たすとともに、経済開発、駐車場整備、景観保全、プロモーションなど、ダウンタウンの再生事業の指揮もとっている。

ダウンタウンの再整備を公民連携によって円滑に進めるためには、再生に参加する公民パートナーと、再生によって影響を受ける利害関係者が、再生ビジョンを共有するとともに、再生戦略への幅広い支持を得る必要が

あった。そこで、DDI は会議、インタビュー等を通じて、将来ビジョンを確認し、公式化するための努力をかさねるとともに、ダウンタウンを活力あるエリアに作り替えるための拠点として、さまざまな戦略を実施していった。

❖ダウンタウン・マスタープランの見直し

　「ダウンタウン・ダーラム・マスタープラン」は 20 年先を見据えたものであったが、マスタープランは長期計画であるため、策定後の社会経済情勢の変化や、計画の進捗状況等を踏まえた見直しが必要になり、2007 年に見直しが行われた（*2007 Downtown Durham Seven Year Review and Updated Work Plan*. 以下、2007 年プランとする）。地域づくりは長期に及ぶ事業が大きなウェイトを占めるため、事業を取り巻く環境の変化を計画見直しの契機とすることはもちろん重要である。わが国でも総合計画改訂の理由は「策定後の社会経済情勢の変化を見据えて」ということが多い。

　しかし、プラン見直しの意義はそれだけではない。DDI の代表が指摘しているように、「オリジナル・マスタープラン策定時点ではコミュニティのメンバーではなかった者を認識する」ことが改訂の大きな意義なのである。つまり、計画の実施期間中に住民や立地企業が入れ替わっている可能性もあるため、オリジナルの計画に関する意思決定に参加していなかった住民や企業への説明責任やビジョンの共有化を図ることも必要になる。オリジナル計画が民主的なプロセスを経て決定されたとしても、その後の人口構成の変化を踏まえるなら、計画を確かなものとし、新しい住民や企業を発展戦略に組み入れる必要が生じる。そのため、改訂をきっかけに説明責任を果たそうとするのである。

　2007 年プランで注目すべきは 2000 年計画の進捗度調査が綿密に行われたことである。そして検証は、①ゴール、②目標、③戦略的原則に分けて行われている。2000 年計画で設定されたゴールは以下の点であった。

　　ゴール 1：ダウンタウンをダーラムおよびその地域の中枢活動センターとする。

　　ゴール 2：雇用や課税ベースを増やすとともに、地域の密度や活動を

活発にするために、エリアの多様な活動を推進する。雇用や税収は増加したが、地域の活動をさらに活発にするためには人口をさらに増やす。

ゴール3：街路を歩行者、自転車、その他の交通手段全般にとって優しいものにする。

ゴール4：開発インセンティブの助言を含めてダウンタウンのマーケティングを進める。

ゴール5：歴史保全地区において、新規開発と保全との調和を図る。

ゴール6：将来の開発のチャンスを活かすために計画に弾力性をもたせる。

ゴール7：上記のゴールを推進するインフラの改善に要するコストを検証し、計画どおりに進める。

　続いて、2000年計画で設定された目標がどの程度達成されたかを、「Significant」「In Progress」「Limited」（解釈は表18-2の下で説明）のランクづけで評価するとともに、評価の理由についても説明している。そのうえで、目標実現のための勧告を行っている。目標は歴史的建造物の保全といったダウンタウンの特性に関するものから、マネジメントの効率性に至るまで幅広い。表18-2はこれら評価をまとめたものである。

　マスタープラン2000の点検によって指摘された主要な点を示しておこう。

① 民間投資と開発を促進するためには、公共投資とPPPを継続すべき。

② 居住人口の増加と住民の多様化を推進すべき。

③ ダウンタウン・ダーラムのプレゼンスを高めるためにも、エリア中心部に特徴的な建物を建設すべき。

④ 再整備の対象エリアを再検討すべき。

⑤ ダウンタウン内の主要エリア間の接続を良くし、エリア全体を有機的に結びつける計画的な整備を行うとともに、ダウンタウンと周辺近隣との接続性を強化すべき。

⑥ DDIは活動のための資金を調達する非営利団体であり、保証され

表 18-2　ダウンタウン・マスタープランの評価結果

オリジナルプランの評価を具体的に行っている。

		Significant	In Progress	Limited
目標	ダウンタウンの特性 歴史的建造物等の保全等	3	5	1
	ダウンタウンの循環 マルチモーダル輸送システムの導入等	0	5	1
	ダウンタウンの体験 コミュニティ・イベントの推進、祭りのため のスペース提供等	3	3	0
	ダウンタウンの経済 空地率を減らすための公民再投資の促進等	2	1	1
	ダウンタウン・マネジメント 既存組織のマネジメントの効率化等	2	5	1
	合計	10	19	4
戦略	両面交通に適し、エンターテインメントにも使え る主要道路の再生等	2	5	3

【目標】
　Significant： 目標に向けて大きく前進。ただし、仕事が完成したわけではない。
　In Progress：目標に対して一定の成果はあったが、さらなる取り組みが必要。
　Limited： 　最大限の努力が必要。ただし、目標に対してまったく前進がゼロというわけではない。
　　　　　　　ない。

【戦略】
　Significant： ダウンタウン・ダーラムにおける再生への取り組みにおいてきわめて効果的であった。
　In Progress：現在、実行中。
　Limited： 　戦略を実行するための手段があまりとられていないか、あるいは戦略の効果がなかった。
　　　　　　　かった。

　た資金源を持たないために、やれることには限界がある。財源の候補として Business Improvement District（BID）（不動産所有者に便益を与える改良を行うために不動産所有者に課税する）が考えられる。

⑦　DDI とダーラム市はダウンタウン開発、イベント、マーケティングの進行、調停者としての DDI の役割を拡大する可能性を探るべき。

　以上のように、ダーラムの発展の背後には、十分な分析に裏付けられた経済発展戦略、公民連携、市と郡の連携、マスタープランの点検等、わが国の都市整備や地域開発に欠けている点を見いだすことができる。

東京一極集中を抑える勇気が必要

地方創生には自治体を含む地元の取り組みが不可欠である。しかし、現在の東京一極集中の勢いを弱めないかぎり、地方がいくら努力しても激流に流される可能性が大きい。「東京集中は市場のなせる技であり、ストップをかけてはいけない」という主張は本当に正しいのだろうか？　市場の力以外の要因、とくに制度的要因が東京一極集中を促してはいないか。もし、こうした要因が存在するなら修正すべきだ。ヨーロッパでは現在、グローバル時代において国の経済競争力を強化するためにも、首都以外の都市とくに第二階層都市（second tier city）を活性化させることが必要だとする認識が強まり、都市政策に影響を与え始めている。東京一極集中の原因と問題を検証するとともに、地方創生の環境整備として東京一極集中を抑える勇気をもつべきである。

❖ナンバーワン都市への集中は先進国では異例

首都を初めとしたナンバーワン都市に経済活動が集中する傾向があるのは日本にかぎったことではない。しかし他の先進国では一極集中に歯止めがかかっている。図 19-1 は主要先進国の最大都市人口（都市圏単位）の全国人口に占める割合の変化と将来予測を示したものである。第二次世界大戦直後の 1950 年には東京のシェアは 13.7％であり、パリ、ロンドンを下回っていた。しかし、東京は 2010 年には 29.2％に達し、今後もシェアを拡大すると予測されている。

ニューヨーク（ニューアークを含む）の人口シェアは 7％程度であり、ローマ、ベルリンも人口シェアは小さく、ほぼ横ばいだ。80 年代まで急激にシェアを拡大してきたソウルも、90 年代に入ってシェアは低下しはじめた。このように、先進諸国の最大都市の人口シェアが一定か、低下しているのに対して、東京だけがシェアをさらに大きくしようとしている。先進国のなかで 1 つの都市にこれほど集中している日本は異例である。

図 19-1　世界の大都市と人口のシェア

東京の人口シェアだけが上昇し続けている。

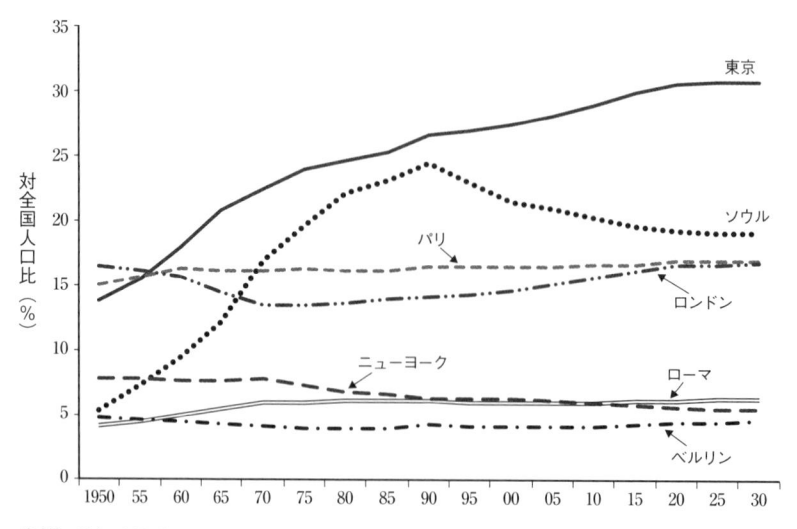

資料）United Nations：*World Urbanization Prospects*, the 2014 revision, https://esa.un.org/unpd/wup/cd-Rom/

　出生率の低下によって国全体の人口が減少する日本において、東京のシェアが将来的に拡大するのは、他の地域から人口を吸引し続けるからだ。全国的には東京集中が続くが、地方では中枢都市への集中が生じている。札幌市の人口は増え続けているが、実態は北海道内の他地域から人口を吸引しているだけで、北海道全体では人口が減少している。札幌は職を求めた若者の「避難地」なのである。札幌以外の地域の収縮を放置すれば、いずれは札幌の成長も止まり、衰退する。福岡も同様だ。北海道や九州は東京一極集中が進む日本の縮図といえよう。つまり、東京は全国の若者にとっての避難地なのである。東京に送り出す若者が地方に存在しなくなった時点で、提言1で指摘したように東京での高齢化は急速に進むことになる。

❖東京一極集中の落とし穴

　フォーチュン誌（2013年版）によると、売上高上位500社のうち日本企業62社の本社所在地は、東京が45社（72.6％）と大阪の8社（12.9％）を大きく引き離している。海外の大都市では、北京53.9％（89社中48社）、パリ61.3％（31社中19社）、ロンドンは63.0％（27社中17社）であり、ニューヨークは13.6％（132社中18社）にすぎない。

　表19-1はアメリカ企業の売上高上位1000社の本社所在都市を示している。ニューヨークは114社と最多であるが、本社は全国に分散している。アメリカでは、企業は活動に最も有利な条件を備えた場所を選択しているのである。日本経済新聞（2014年8月18日）は次のように報じている。「米国に進出する日本、ドイツなどの有力製造業では自動車を軸に産業が集積する中西部から、ミシシッピやジョージア、フロリダなどの南東部に『南下』して拠点を開く動きが強まっている。移民などを背景に人口増が見込まれ、消費市場としても潜在力が大きいだけでなく、『有能な人材を確保しやすい』ことがその背景にある」。

　大企業の大部分が本社を置くほどに東京は有利な場所なのだろうか。「かぎりある資源を最も有効に使えるのが東京であり、東京一極集中は日本全体の活性化のために不可欠だ」という考えに落とし穴はないのだろう

表 19-1　アメリカ企業の売上げ上位 1000 社の本社所在地（2014 年版フォーチュン）

アメリカでは主要企業の本社は全国各地に散らばっている。

都市	州	本社数	市人口	都市圏人口	人口調査年
ニューヨーク	ニューヨーク	114	8,175,133	18,897,109	2010
シカゴ	イリノイ	62	2,695,598	9,461,105	2010
ヒューストン	テキサス	46	2,099,451	5,920,416	2010
ダラス	テキサス	38	1,197,816	6,810,913	2010
サンノゼ	カリフォルニア	32	1,000,536	1,975,342	2014
ワシントン DC		30	601,723	5,582,170	2010
アトランタ	ジョージア	27	420,003	5,286,728	2010
ミネアポリス	ミネソタ	26	382,578	3,348,859	2010
フィラデルフィア	ペンシルベニア	26	1,463,281	5,800,614	2010
サンフランシスコ	カリフォルニア	24	805,235	4,335,391	2010
ボストン	マサチューセッツ	23	617,594	4,590,000	2010
ブリッジポート	ニューヨーク	19	144,229	916,829	2010
デンバー	コロラド	19	634,265	2,900,000	2012
セントルイス	ミズーリ	18	353,837	2,828,990	2010
デトロイト	ミシガン	17	701,475	4,452,559	2012
シャーロット	ノースカロライナ	15	731,424	2,243,960	2010
ピッツバーグ	ペンシルベニア	15	305,704	2,356,285	2010
シアトル	ワシントン	15	634,535	3,905,026	2012
シンシナティ	オハイオ	14	297,517	1,503,262	2010
クリーブランド	オハイオ	14	396,815	2,077,240	2010
コロンバス	オハイオ	14	787,033	1,967,066	2010
マイアミ	フロリダ	13	419,777	5,564,635	2013
ミルウォーキー	ウィスコンシン	13	594,833	1,566,981	2010
フェニックス	アリゾナ	13	1,445,632	4,398,762	2010
ナッシュビル	テネシー	10	601,222	1,589,934	2010
オマハ	ネブラスカ	10	408,958	895,151	2010
リッチモンド	バージニア	10	204,214	1,231,675	2010

注 1)　対象は米国企業であり、売上げ上位 1000 社。
注 2)　都市名はその周辺を含むエリア（urbanized area）である。
資料)　情報サイト Geo Lounge より作成。市人口および都市圏人口は Wikipedia。

か。この点を検証してみよう。

①　高コスト体質の固定化

　東京のオフィス賃貸料、地価、賃金は国内他地域に比べてきわめて高い。しかし、こうした生産要素の価格が高くても、高い生産性がそれを補うことができるなら、企業にとって東京は有利な活動拠点となる。賃金に

ついてこの点を検証してみよう。賃金は労働市場におけるさまざまな条件の影響を受けるが、基本的には労働者の生産に対する貢献度に依存する。つまり、集積の利益などの存在によって東京の労働者の生産性が高ければ、賃金は高くなるのである。そして、高い労働生産性が高賃金をカバーして余りあるなら、企業が支払っても良いと考える賃金は高くなる。

　厚生労働省「毎月勤労統計調査年報　地方調査」の従業者数 30 人以上の事業所の現金給与月額と、労働生産性（労働者 1 人当たり県内総生産）格差を調整した後の現金給与を比較したものが図 19-2 である。1990 年、2014 年ともに東京都の給与月額は他の道府県に比べて高く、東京の労働コストは高いようにみえる。しかし、90 年においては、労働生産性調整後の東京都の給与は、神奈川県や滋賀県などの一部の地域を除けば低水準となっており、企業にとって東京は労働者を雇用する場として有利な都市であった。ところが 2014 年になると、生産性調整後の東京都の給与は、全国でも高い水準になっている。このことは、高賃金を高い生産性でカバーするという東京のメリットが失われたことを意味している。

　生産要素の 1 つである土地については東京都の高コストがさらに目立っている。総務省「固定資産の価格等の概要調書」から法人所有の宅地（免税点以上）について 1m² 当たりの価格（2015 年度）を調べた。東京都の価格は 40 万 7630 円であり、全国平均 4 万 602 円の約 10 倍、第 2 位である大阪府 9 万 7181 円の約 4 倍だ。東京の土地生産性は高いが、給与と同様に土地の生産性格差を考慮して地価を調整したとしても、東京都の地価は飛び抜けて高いことが容易に予測できる。

　生産要素価格と生産性との関係についてはさらに詳細な検討が必要ではあるが、労働、土地といった生産要素において東京が高コスト都市であることは間違いない。にもかかわらず、東京集中に集積の利益といった市場要因だけでなく、公共部門の活動や制度的要因が影響しているとするなら、現在の東京への人や企業の移動は資源の効率的な配分を歪めていることになる。

図 19-2　労働コストの地域間比較

2014 年には生産性を考慮しても東京での労働コストは高い。

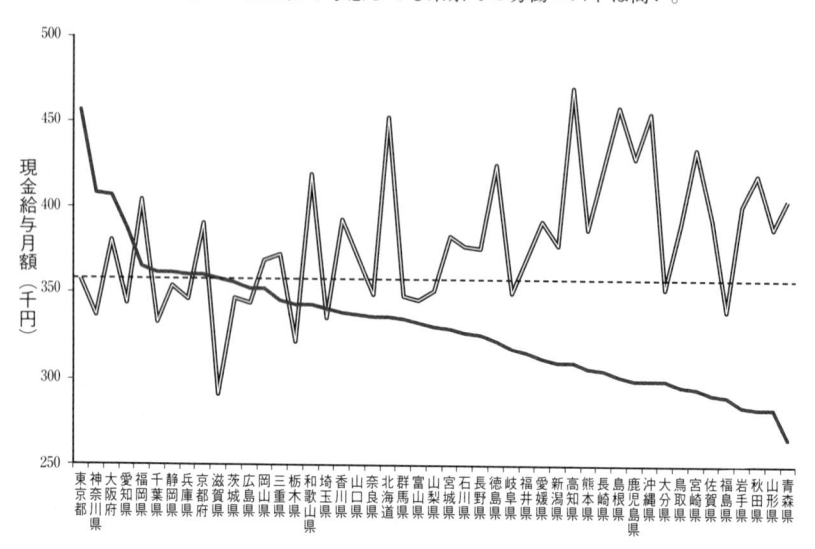

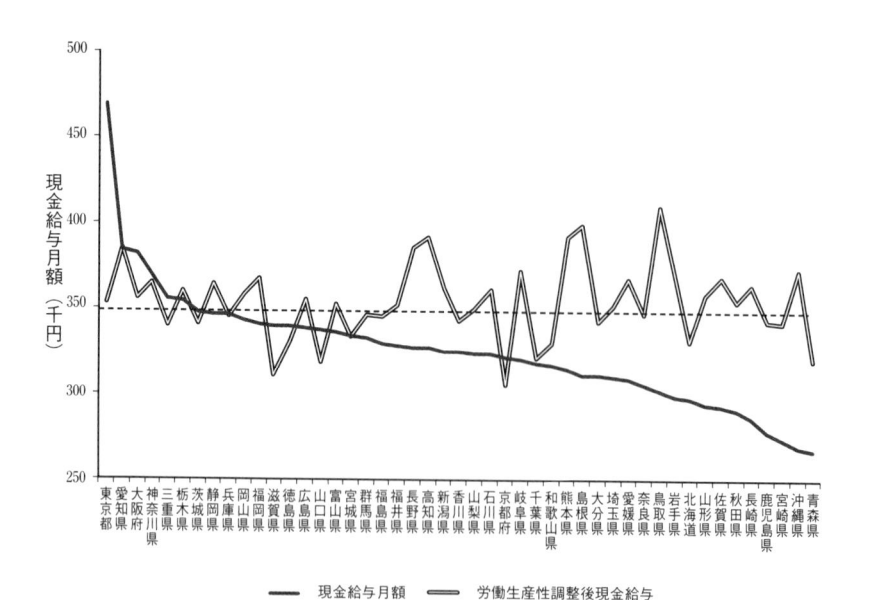

――― 現金給与月額　　――― 労働生産性調整後現金給与

注）　現金給与月額は事業所規模 30 人以上全産業の金額。
資料）　内閣府「県民経済計算」、厚生労働省「毎月勤労統計調査年報　地方調査」

②　見過ごされている混雑による「負」のコスト

豊富な就業機会、高い所得水準といった生活の糧を得るうえで東京が有利だということはもちろんだが、そのほかにも文化的環境とのふれあいなど、東京はさまざまな楽しみを住民に与えている（提言2）。住民が受けるこうした便益は、東京の規模が大きくなるにつれて「集積の利益」によって増加していくであろう。しかし、便益の増加はいつまでも続くわけではない。また、東京に人や企業が集中するのは良いことばかりではない。住民は同時に、高い家賃、長い通勤時間といったコストも負担しなければならない。企業にとっても同様である。交通混雑による時間のロスは経済的に大きなコストである。また、長い通勤距離は交通費の支給額を増加させるし、オフィスの賃貸料も高くなるだろう。

東京一極集中の容認派は次のように言うかもしれない。「たしかに、集中によって住民や企業にとってのコストはかさむ。しかし、それを上回るメリットがあるから東京に移るのだ」と。しかし、この主張には見過ごされている点がある。東京に人や企業が移動することで、すでに立地している企業や既存住民に対して混雑の増加というコスト（混雑費用）が及ぶ可能性である。

東京に移動するかどうかを決めるときに考慮するのは、移動によって生まれる私的メリットと、移動にかかる私的コストの大小であり（提言1を参照）、混雑という社会に及ぼすコストは計算に入っていない。混雑が発生しても、それでも私的メリットが私的コストを上回れば東京への移動は起こってしまう。この点を高速道路の渋滞を例に考えてみよう。

順調に車が流れている高速道路に、自動車が新たに進入することによって渋滞が発生すれば、すべての利用者に到着時間が遅くなるというコストを与えることになる。しかし、新たに高速道路に進入しようとしているドライバーにとって大切なのは、一般道から高速道路に移ることによって短縮される時間（私的メリット）と高速道路の通行料（私的コスト）の大小関係であり、前者が後者を上回るかぎり高速道路を利用する。その際、渋滞によってほかの車が受けるコストは考慮の外である。

このような高速道路に対しては、混雑税をかけることによって交通量を

適正化するという考えもある。混雑コストに対して負担を求めることを
「社会的費用の内部化」と言うが、東京一極集中も同じだ。東京への新規移
動によって発生する社会的費用を内部化する手段を講じなければ、東京に
は過度の集中がおこってしまう。

　本来なら社会的費用を内部化する仕組みを作ることで東京への集中を抑
えるべきであるが、現実には東京の混雑現象の解消やインフラの不足を補
うために新たな公共投資が行われている。これによって東京の収容能力は
高まり、東京への移動がさらに生じるという循環に陥っている。そして一
方で、人口や企業が減少している地方では、せっかく整備された公共・民
間のインフラが遊休化するなどの資源のロスが生じたり、インフラを維持
していくために住民1人当たり費用が割高になったりという問題が生じて
いる（図19-3）。

　東京への集中を放置して良いのは市場が完全に機能している場合であ
る。社会的費用を内部化する制度が存在しないこと以外にも、東京への集
中を促進する非市場的要因が存在する。

図19-3　東京集中の循環現象

東京では混雑現象はインフラ整備によって緩和され、
さらなる転入の受け皿になっている。

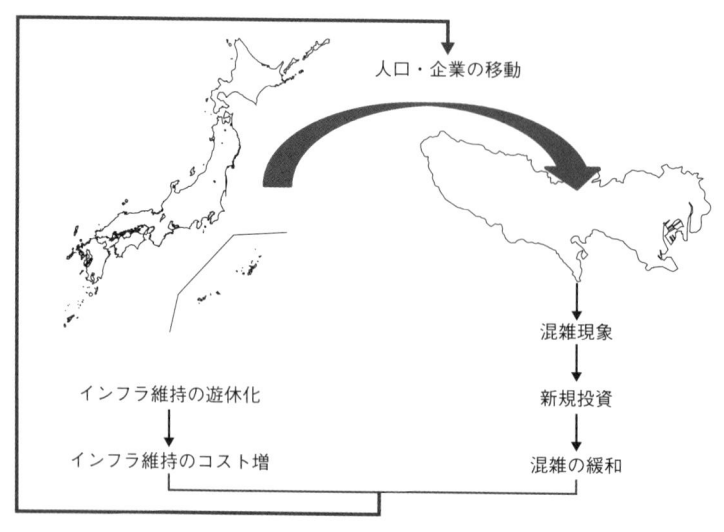

❖情報化社会の進展と東京一極集中

　全国的に情報ネットワークが整備されれば、地方でも最新の情報がリアル・タイムで入手できる。このことが企業の東京指向を弱めることになるし、東京に集中している機能の一部を地方に分散することもできる。したがって、「情報インフラが整備されれば、東京一極集中は抑えられるはずだ。」これが情報化の進展によるステレオタイプの地方分散推進説である。しかし現実はそれほど甘くはない。

　第1は情報通信ネットワーク整備における地域間のタイムラグだ。情報通信ネットワークの地域間格差は縮小してきたが、それでも図19-4にみるように、インターネット普及率は最高の東京都が87.3%であるのに対して、最低の島根県が68.8%（全国平均は79.5%）、ブロードバンド契約数世帯比率は最高の東京都の105.7%に対して最低の鹿児島県では43.1%（全国平均は73.8%）と依然として格差は存在する。インターネットの活用がさまざまな利益をもたらすようになった今日、インターネットの普及や使い

図 19-4　情報化の地域間格差

情報インフラの整備には地域間格差が存在する。

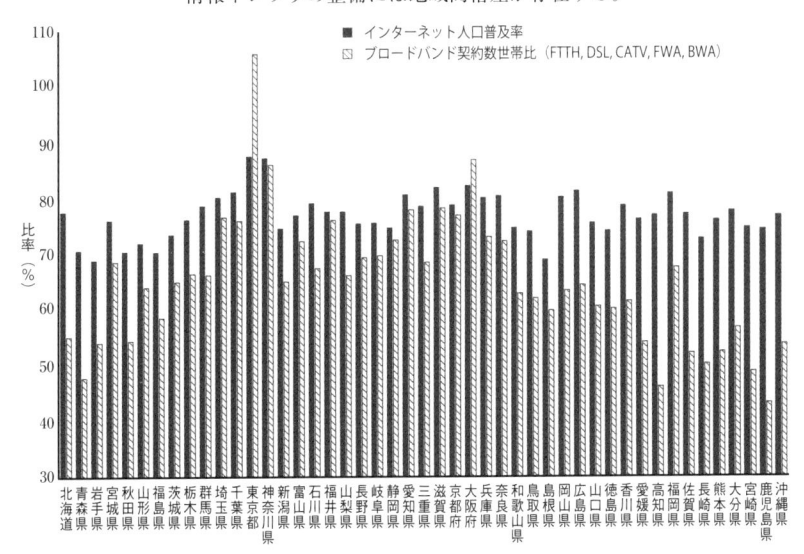

資料）総務省「情報通信白書」平成 25 年版。
http://www.soumu.go.jp/johotsusintokei/whitepaper/ja/h25/html/nd1c0000.html

勝手の良さに関する地域間格差は地域住民の利益享受にも差をもたらしている。提言5で示したように、スコットランド農村部の開発戦略の1つとしてハイスピード・ブロードバンドの整備があげられたのも農村部における情報メットワーク整備の遅れを取り戻すためだ。

第2は情報ネットワークの形成による地域の均質化だ。情報化の進展は地域の個性を育てるよりも、むしろ企業の本社機能や行政機関が集中する東京の情報発信能力によって全国各地を東京色に塗りつぶしてしまう可能性がある。地方で生まれた情報は「ストロー現象」によって東京に吸い上げられ、東京風に味つけされたうえで東京発信情報として地方に伝えられる。

各地方は東京と情報通信で結ばれていても、地方間の横のネットワークが形成されていない。これでは、地方都市が情報発信基地として他地域に情報を送ることはできない。つまり、東京を中心とした放射線状の情報ネットワーク（これではネットワークとは言わないのだが）の形成では、東京と地方の間にある階層性は強まることはあっても弱まることはない。

第3はフェース・ツー・フェース（対面的）情報の重要性が情報化の進展によって高まることだ。情報通信システムを通じた情報が多くなればなるほど、その情報の詳細あるいは発せられた背景を知りたいという欲求が生まれる。こうした非定型情報は、フェース・ツー・フェースでなければ入手が困難である。

約30年前、国土庁（当時）が実施した「事務所、研究所等の地方立地促進方策に関する調査」（1988年3月）では、事務所立地の条件として情報入手の容易さが上位を占めるという結果がでていた。その後、情報通信インフラの地域間格差はかなり縮まった。しかし、情報化が先行した東京にすでに企業は集中し、地方でのインフラ整備が進んだときにはすでに手遅れとなっていた。しかも、規制が多い日本では国の関係省庁との連絡・調整を行うためにもフェース・ツー・フェース情報はきわめて重要である。国との交渉は権限が集中している東京で行う方が効率的だ。

国と地方とが中央集権的な関係で結ばれている日本では、自治体も国との関係を密接に保つことが求められる。そのため、すべての都道府県と多くの市町村が東京事務所を置き、中央省庁との連絡調整や情報収集、国に

派遣されている職員のサポート、地元の PR 活動などを行っている。この
ように、規制と中央集権という日本型行財政システムは東京一極集中の要
因の 1 つとなっている。規制を緩和し、地方分権改革を進めるなら、東京
でのフェース・ツー・フェースの情報収集の必要性は小さくなるはずだ。

❖首都であることも一極集中の大きな要因

　東京への集中は市場メカニズムだけでなく、現在の行財政システムにも
原因があるとするなら、中央集権的な色彩の強い日本では、国の政策にか
かわる人的、物的資源が首都に集中し、それが東京の経済活動のエンジン
になっている可能性がある。表 19-2 は 2013 年度の行政投資総額と可住地
面積 1km² 当たり投資額について、東京都と大都市（政令指定都市）を有
する他の道府県とを比較したものである。総額ベースでは東京都は 2 兆
2560 億円と、大阪府の約 2.5 倍、愛知県の約 2.3 倍にのぼっている。可住
地面積 1km² 当たりでは東京都の総投資額は 16 億 2100 万円であり、大阪

表 19-2　行政投資の規模（2013 年度）

東京での行政投資額は他の大都市に比べて圧倒的に大きい。

	総額（10 億円）			可住地面積 1km² 当たり額（100 万円）		
	総投資額	国費	地方費	総投資額	国費	地方費
北海道	1692	870	821	63	32	30
宮城県	1162	555	607	370	177	193
埼玉県	755	215	540	294	84	210
千葉県	673	239	434	191	68	123
東京都	2256	636	1620	1563	441	1122
神奈川県	910	273	637	622	186	436
新潟県	761	322	439	170	72	98
静岡県	594	195	399	217	71	146
愛知県	993	294	699	335	99	236
京都府	430	164	266	367	140	227
大阪府	911	317	594	691	240	451
兵庫県	834	258	577	301	93	208
岡山県	337	110	227	152	50	103
広島県	457	171	285	202	76	126
福岡県	850	303	547	309	110	199
熊本県	453	193	260	164	70	94

資料）　総務省「行政投資実績」（2013 年度）
　　　　http://www.soumu.go.jp/menu_news/s-news/01gyosei09_02000046.html

府の2.3倍、愛知県の4.9倍となっている。国費、地方費ともに、東京都の投資額は他の府県を大きく上回っている。

この背景としては、東京が首都であることが大きい。行政投資額には用地費も含まれており、「地価が高い東京都で投資額が大きくなるのは当然」という考えもあるかもしれない。しかし、このように地価の高い都市に公共インフラ整備を集中させること自体が効率的とはいえない。

東京における行政投資が圧倒的に大きい背景には、東京が首都であることの他に、法人関係税を中心に地方税収が東京都に偏在していることがある。図19-5は、地方税を個人分と法人分に区分し、東京都のシェアを示したものである。東京都の人口シェアは10.4％であるが、固定資産税（個人宅地分）は17.0％、個人住民税所得割は17.0％、地方消費税は13.4％と個人に係る基幹税はいずれも人口シェアを上回っている。法人関係税を東京都の民間産業活動が生み出した県内総生産額（付加価値額）のシェアと比較してみると、固定資産税（法人宅地分）は29.5％、法人住民税法人税割は30.3％、法人事業税は24.2％と、県内総生産のシェア19.4％を大きく

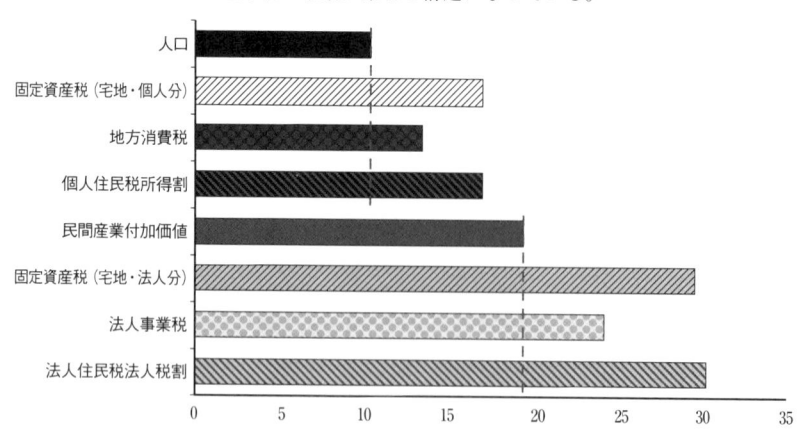

図 19-5　地方税における東京のシェア

地方税は東京に集まる構造になっている。

注）　県内総生産は 2013 年度、人口、地方税（固定資産税を除く）は 2014 年度、固定資産税は 2015 年度の課税標準額である。

資料）　県内総生産は内閣府「県民経済計算」、地方税（法人住民税法人税割、法人事業税、地方消費税、個人住民税所得割）は総務省「地方財政統計年報」、固定資産税は総務省「固定資産の価格等の概要調書」

上回っている。地方の行政投資の財源は国からの補助金、地方債、一般財源である。東京都は地方交付税の不交付団体であるが、多くの地方税をもつことによって投資総額を増やすことができるのである。

　東京に偏在するのは行政投資のようなハード行政だけではない。首都であり、しかも多くの地方税収を獲得している東京には、ソフト行政においても多くの資源が投入されている。公務員数の対全国シェアをみると、東京都内の地方公務員数は 14 万 3001 人、対全国（135 万 235 人）シェアは10.6％と、人口にほぼ見合っている。ところが、東京都内で働く国家公務員は 11 万 5415 人であり、全国総数 54 万 6344 人の 21.1％を占めている。国家公務員の 5 人に 1 人が東京で勤務していることになる。一方、神奈川県 4.3％、愛知県 3.9％、大阪府 4.3％、兵庫県 2.6％と、国家公務員の対全国シェアは人口シェアを下回っている（総務省・経済産業省「経済センサス」2014 年）。

　図 19-6 は人口規模と公務によって生じる県内総生産の人口 1 人当たり金額との関係をみたものである。行政サービスの多くは規模の経済が働くた

図 19-6　人口規模と公務による人口 1 人当たり県内生産額の関係（2013 年度）

東京では人口 1 人当たり公務生産額がトレンドから外れて大きくなっている。

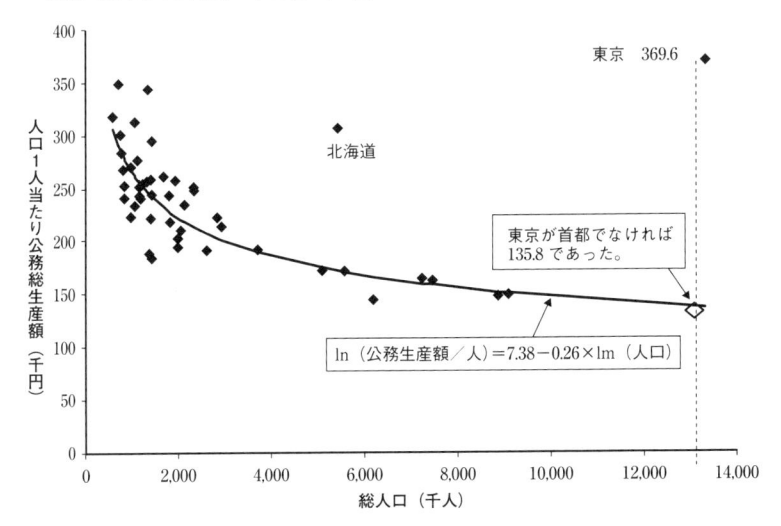

ln（公務生産額／人）＝7.38－0.26×lm（人口）

資料）内閣府「県民経済計算」

め、人口が多くなるにつれて1人当たり金額は低下していく傾向がある。ここで、人口規模と人口1人当たり県内総生産額（公務による分）の関係式を用いて、東京都の人口1330万人に対応する人口1人当たり県内総生産（公務）の理論値を計算すると、13万5800円となり、現実値36万9600円に比べて約23万円少なくなる。ここからも東京経済が国の行政の集中によって恩恵を受けていることが分かる。

　国や自治体の活動が地域経済に与える影響は、公務員に支払われる給与だけではない。公共部門はさまざまな産業部門から中間投入物を調達し公務サービスを提供している。これがさらに波及効果を生み出すのである。表19-3は各都府県が発表している産業連関表から、公務の中間投入の規模を比較したものである。東京都における中間投入額は2兆1240億円に達し、神奈川県の4767億円、愛知県の5234億円、大阪府の8410億円、兵庫県の3694億円を大きく上回っている。

　中間投入のなかでも、現代の都市経済において重要な役割を果たす情報・通信、対事業所サービスに注目すると、東京都は情報・通信が1451億円、サービスが4585億円であるのに対して、大阪府は情報・通信が789億円、サービスが1984億円、愛知県は情報・通信が448億円、サービスが1332億円にすぎない。東京都においては、情報・通信産業、サービス産業

表19-3　公務サービスの中間投入

東京の公務サービスは情報通信等の民間企業に対して大きな需要を作り出している。

（単位：100万円）

		東京都	神奈川県	愛知県	京都府	大阪府	兵庫県	広島県	福岡県
		2011	2011	2011	2005	2011	2011	2008	2011
生産額		6,037,952	1,800,328	1,699,606	591,495	2,103,874	1,234,434	906,763	1,360,085
中間投入		2,124,025	476,748	523,435	144,984	841,042	369,437	225,928	534,039
	情報通信	145,156	39,178	44,797	941	78,925	32,672	1,862	36,402
	サービス	458,475	107,591	133,171	27,850	198,383	100,105	45,184	101,151
	その他	1,520,394	329,979	345,467	116,193	563,734	236,660	178,881	396,486
粗付加価値		3,392,736	1,323,580	1,176,171	446,512	1,262,832	864,997	680,836	826,046
	雇用者所得	2,544,696	790,110	623,539	251,633	768,527	474,046	345,638	495,793
	その他	848,040	533,470	552,632	194,878	494,305	390,951	335,197	330,253

資料）各都府県の産業連関表。

ともに、公務による中間需要のウェイトはそれほど大きいわけではない。しかし、他地域に比べてその金額の差は歴然としている。これらの産業にとって東京は大きな市場なのであり、東京に集中するのは当然だ。しかし、これも、東京が首都であることによるところが大きい。

❖都市政策におけるヨーロッパのトレンド ──第二階層都市の成長促進

　日本型行政システムのなかで、非市場的要因が首都である東京への集中に拍車をかけていることは間違いない。このまま東京集中を放置することは決して日本の将来にとって望ましいことではない。東京の超高齢化が進み、地方では人や企業の転出によって消滅が現実となる前に、行財政システムに内在する東京集中要因を取り除き、限られた資源を有効に活用する道を模索することが喫緊の課題である。

　首都が他の都市に比べて国から優遇されているのは、日本にかぎったことではない。というのも、首都以外の都市に成長の芽を見つけるよりも、首都に資源を集中させる方が容易であると国の意思決定者は考えがちだからである。その背景には、政治・行政の中心であり、多くの国家公務員が活動する首都においては、リアル・タイムで、しかも詳細に地域情報を収集できるといったことや、国家公務員にとって、首都は国の権限と責任によって遠慮なく都市づくりを行うことができる場所だ、といったことがあげられよう。また、リスク回避傾向のある民間の投資家にとっても、地域情報が不十分で、しかもリスクの大きい地方に投資するよりも、現時点で活力のある首都に投資する傾向がある。

　しかし近年、ヨーロッパでは、グローバル化時代における競争の激化という共通課題に直面するなかで、国民経済の発展のためにも首都以外の第二階層都市を強化すべきという認識が広まってきている。それは、たとえばフランス第二の都市リヨンに具体的に現れている。国は「国・州間プロジェクト協定」（the Region-State Project Agreement）によってリヨンのプロジェクトにかかわり、地下鉄建設、TGV の乗り入れといった公共交通の整備を進めた。

　イギリスでも、ロンドン一極集中の問題が広く認識されるようになって

いる。民間シンクタンクである NLGN（New Local Government Network）は、ロンドン以外のイギリスの都市がヨーロッパ先進国の他の第二階層都市に比べて経済的に見劣りしていると指摘し、次のように述べている。「もしこのままイギリスがロンドンやロンドンのおこぼれに依存し続けるなら、国民経済全体の持続可能性は失われるという認識が広まっている。私たちには（ロンドンだけでなく）すべての地域の経済的再生が必要なのである」（City Regions, A discussion paper 2005）。

　M. パーキンソンは、政策決定者へのインタビュー、国の政策の調査、31 か国の 124 の第二階層都市と首都のデータ分析、EU 地域の 9 都市を対象としたケーススタディを用いて、ヨーロッパの第二階層都市のパフォーマンス、政策、将来見通しを検証した。その結果、首都集中にともなうコストを重視し、突出した首都をもつよりも、むしろ高い経済パフォーマンスをもつ第二階層都市を多く形成することによって潜在的な経済力を総力として強化すべきであるとした。地方中枢都市を含めた第二階層都市がもっている産業活動、民間資本や社会資本、人的資本、創造性といった大きなストックを活用しないのは損失だというのである。そして、これらの都市が適切なインフラ、権限と財源を持ちさえすれば、首都に匹敵する集積の経済を持ちうるとしている。

　このように、各国では第二階層都市の発展が重要であるという国の認識とともに、都市のガバナンスを強化するための地方分権改革も進んでいる。一方、わが国では首都圏とそれ以外の地域との格差が拡大し、大阪、名古屋といった大都市ですら、東京一極集中のなかで中枢業務機能を失いつつある。ヨーロッパの先進国で進められている第 2、第 3 の都市を戦略的に活性化することは、東京一極集中にともなう副作用を取り除くためにも喫緊の課題といえる。

地方分権改革は地方創生の環境づくり

本来、地方あってこその国であるはずが、日本では「国あってこその地方」と考えられ、地方は国が描いた設計図にしたがって地域づくりを行ってきた。現在でも国に依存する地方の体質が残されたままだ。地方分権改革は住民ニーズに沿った行政サービスを提供するためだけのものではない。地方創生において国が果たすべき役割は重要だが、同時に地域の問題に地方が主体的に取り組むための環境を整えることによって、地域力を強化するための地方分権改革が求められている。また、地方分権改革によって地方の主体性を強化することは、東京一極集中の原因ともなっている制度的要因を減じることにもなる。

❖新たな地域政策パラダイム

ヨーロッパの先進国では国民経済の発展のために都市が果たす役割が再認識され、地域経済政策は都市、とりわけ提言19でも触れたように第2、第3都市の成長エンジンを強化すること、そのためにも地域固有の強みを活用することが重視され始めた。こうした地域政策の転換は先進国における地方分権改革の推進とも関係している。地域における経済基盤の強化を目指すという政策アプローチは、停滞地域において雇用を創出する企業に財政支援を行うという従来型の政策とは大きく異なっているからである。

グローバル化時代は国境を越えて地域と地域が競い、一方で連携することが求められている。しかし、国の役割が消滅するわけではなく、新しい時代にふさわしい地域政策のパラダイムが求められているのである。表20-1はOECDのレポートで示された地域政策の新旧パラダイム比較である。旧パラダイムは停滞地域を補助金などの財政手段で支援するという格差是正型であり、国（中央政府）が中心となって再分配政策を実施するものであった。

これに対して新しいパラダイムは地域のポテンシャルを掘り起こし競争力を強化することを目的としている。政策手段はソフトからハードまで多様であり、地域の特性に応じて組み合わせを最適化する必要がある。したがって、政策の地理的範囲は、旧パラダイムが行政区域単位であったのに

表20-1　地域政策におけるパラダイム・シフト

目的、戦略等、地域政策パラダイムは大きく変化している。

	旧パラダイム	新パラダイム
目的	停滞地域の立地上の不利な条件を改善するために時限的に支援	地域競争力向上のために全地域を対象に、地域ポテンシャルの掘り起こし
政策の地理的範囲	行政区域単位	経済活動という機能上の圏域単位
戦略	部門別アプローチ	総合的発展プロジェクト
政策手段	補助金等の財政支援	ソフト・ハード（資本ストック、労働市場、企業活動環境、ソーシャル・キャピタル、ネットワークの組み合わせ）
実施主体	中央政府	複数段階の政府

出所）OECD, *Territorial Reviews*.

対して、新パラダイムでは経済活動という機能上の圏域となる。そのた
め、それぞれの圏域にあわせて国、地方を含む複数段階の政府が政策の意
思決定と実施を担うことになる。そしてこのことは、ガバナンスがますま
す複数段階化していくことを意味している。

❖地方分権は地方創生の環境整備

　都市重視の地域政策は先進国のトレンドとなっているが、都市がもつ資
源を十分に活用し、その特性を踏まえた政策を実現するために地方分権改
革が進んでいる。たとえば、地域経済成長にとって重要な役割を果たすイ
ノベーションは、地域にとって外から与えられる外生的なものばかりでな
く、地域内で生み出される内生的な部分もある。イノベーションは一般
に、①創造、②利用者間での共有と配分、③応用、という 3 つの側面から
なるといわれている。イノベーションを生み出すためには教育機関、企業
の R&D（研究・開発）活動、人的資本が必要であるだけでなく、イノベー
ションがどのように配分され応用されるかは、教育、研究、企業、訓練が
有効に協働できるかどうかにかかっている。イノベーションにおいて安定
的なマクロ経済情勢、税制や規制といった公共政策など、企業が活動しや
すい環境を創造するための国レベルでの取り組みが重要であることはいう
までもない。しかし、異なった技術と資源の融合に必要な企業の集積、生
産物の開発にともなうリスクの負担、研究・開発、企業間の取引は地域で
行われるのであり、地方レベルでの取り組みが不可欠である。

　M. パーキンソンは分権度と国別にみた第二階層都市の人口 1 人当たり
GDP との関係を観察した。結果は図 20-1 に示されている。分権度が大き
い国ほど、第二階層都市の経済パフォーマンスが大きくなっている。第二
階層都市の経済力に影響する要因は多く存在するだろう。しかし、パーキ
ンソンは別の論文で次のように指摘している。「重要な点は、地方分権が
地方により大きな自治と政治的な余地を生み出したことであり、そのこと
がヨーロッパの最もダイナミックな都市や地域の多くのリーダーに対し
て、自らが新たな政治的役割を展開し、地域のための新たな経済戦略を発
展させたのである。対照的に、地方分権が余り進まなかった国では、都市

や地域の権限は小さく、経済の再構築に対する地方の対応力は小さいままであった」。

　「地方でできることは地方で」という「補完性の原理」は地方分権改革の拠り所としてたしかに重要だ。しかし、地方分権改革のこの根拠は現在の行政の守備範囲を前提としたものである。地方の力が衰退すれば、国に頼らなくては行政サービスの供給はストップする。地域政策のパラダイムを変化させ、「地方が元気になってこそ、国も元気になる」という当たり前の考え方に立ち戻ることこそが重要なのである。主要先進国が都市力を強化するために地方分権を進めているなかで、現行制度から出発して地方自治法や地方財政法の枠内で議論を展開するだけでは、日本の遅れを取り戻すことはできない。地方分権は地方創生の環境整備であり、成長戦略の効果を上げるためのものと位置づけるべきである。

図 20-1　地方分権と第二階層都市の経済パフォーマンス

地方分権が進んでいる国ほど、第二階層都市の経済パフォーマンスは大きい。

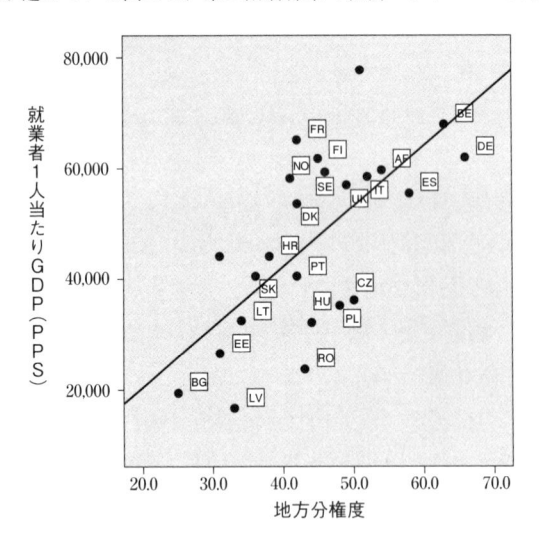

注)　PPS：購買力平価基準。物価格差を考慮して GDP（ユーロ表示）を調整。地方分権度は
　　　スイスの民間研究機関 BAK Basel Economics が作成した指数であり、歳入、歳出の両面
　　　からみた地方の比重等を指数化したもの。
出所)　Parkinson M. *et al.* (2012), *Second Tier Cities in Europe: In an Age of Austerity Why Invest Beyond the Capitals?* p. 25.

【執筆者略歴】

林　宜嗣 （はやし・よしつぐ）

1951 年　　大阪市生まれ。
1978 年　　関西学院大学大学院経済学研究科博士課程修了
現　在　　関西学院大学経済学部教授、経済学博士
　　　　　政府税制調査会委員、第 27 〜 30 次地方制度調査会委員（第 29 次は専門小
　　　　　委員会委員長）、国土審議会委員等を歴任

[主要著書]
『現代財政の再分配構造』有斐閣 (1987)、『都市問題の経済学』日本経済新聞社 (1993)、『地方分権の経済学』日本評論社 (1995)、『財政危機の経済学』日本評論社 (1997)、『地方財政　新版』有斐閣 (2008)、『分権型地域再生のすすめ』有斐閣 (2009)

中村欣央 （なかむら・よしお）

1966 年　　東京都生まれ。
1990 年　　東京大学文学部社会学専修課程卒業
2014-16 年　㈱日本政策投資銀行地域企画部担当部長として地方創生関連業務に携わる
現　在　　㈱日本政策投資銀行経営企画部審議役

地方創生 20 の提言
考える時代から実行する時代へ

2018 年 1 月 25 日初版第一刷発行

著　者　　林宜嗣　中村欣央

発行者　　田中きく代
発行所　　関西学院大学出版会
所在地　　〒 662-0891
　　　　　兵庫県西宮市上ケ原一番町 1-155
電　話　　0798-53-7002

印　刷　　協和印刷株式会社